별이 천 년마다 한 번씩 나타나면 온 세상이 하나님에 대한 경외감에 젖을 것이라는 말이 있다. 하지만 별이 매일 밤 나타나니까 우리는 무심하게 텔레비전이나 본다. 시게마츠의 책은 세상을 새롭게 바라보라는 초대장이다. 텔레비전을 끄고 눈을 떠 주변에 가득한 경이로운 것들을 보라.

쉐인 클레어본
《믿음은 행동이 증명한다》 저자

사업가에서 목회자로 변신한 일본계 캐나다인 켄 시게마츠는 아일랜드에 갔다가 생명을 주는 삶의 방식이라고 하는 귀한 선물을 발견했다. 시게마츠는 기계적인 공식과 모호한 추상 사이에 있는 '좁은 길'을 발견했다. 당신도 그 길을 발견하도록 그가 도와줄 것이다.

존 오트버그
멘로파크장로교회(Menlo Park Presbyterian Church) 담임목사

나는 이 책이 마음에 쏙 들었다. 그리스도 중심의 온전하고 생명력 넘치는 삶을 전하는 시적이고도 실용적인 책이다. 믿음의 여행을 막 시작한 사람, 오래도록 이 길을 걸어온 사람 모두에게 꼭 필요한 메시지다. 현실적인 조언과 통렬한 이야기, 온전하고 기쁜 삶으로 인도하는 탁월한 처방! 강력히 추천한다.

수지 웰치
저널리스트, 《텐 텐 텐 인생이 달라지는 선택의 법칙》 저자

기업 경영자, 어린 자녀를 둔 엄마, 의대 학생 등 정신없이 사는 모든 사람을 위한 책이다. 바빠서 예수님을 보지 못하고 자기 자신도 잃어버린 사람들, 그래서 양쪽 모두 회복하길 갈망하는 모든 이를 위한 필독서다. 나도, 우리 교회도 이 책이 필요하다.

마크 부캐넌
캐나다 앰브로즈신학교(Ambrose Seminary) 목회신학 교수

성령 충만한 삶을 갈망하는 모든 사람은 이 책을 통해 영혼이 살찌는 경험을 하게 될 것이다. 이 책에서 켄 시게마츠는 어떻게 과거와 현재의 영적 훈련으로 영혼이 풍요로워져 에너지 넘치는 그리스도의 제자로 자라게 되었는지와, 우리도 어떻게 하면 그렇게 될 수 있는지를 자세히 풀어놓았다.

토니 캠폴로
이스턴대학교(Eastern University) 사회학과 석좌교수, 미디어 비평가

오랜 목회와 리더십이라는 용광로에서 탄생한 보기 드문 책이다. 영적 보석과 통찰, 시련 가운데 얻은 교훈으로 가득한 이 책을 우리 교회의 모든 리더와 성도에게 적극 추천할 생각이다.

피터 스카지로
《정서적으로 건강한 영성》 저자

켄 시게마츠는 영적 양식이 널려 있는 드넓은 땅으로 우리를 인도하며, 하나님을 더 깊이 누리는 삶으로 초대한다. 스트레스와 피곤한 삶에 지치고 믿음 생활도 지지부진해진 모든 사람에게 이 책이 큰 격려와 감동을 안겨 줄 것이다.

팀 휴즈
찬양사역자, 런던 홀리트리니티브롬튼교회(Holy Trinity Brompton) 워십 리더

상황에 끌려다니지 않기로 했다
God in My Everything

God in My Everything

ⓒ 2013 by Ken Shigematsu
Originally published in English as *God in My Everything: How an Ancient Rhythm Helps Busy People Enjoy God* by Zondervan, Nashville, TN, U.S.A.
All rights reserved.

This Korean translation edition ⓒ 2019 by Duranno Ministry, Seoul, Republic of Korea
Published by arrangement with The Zondervan Corporation L.L.C.,
a division of HarperCollins Christian Publishing, Inc. through rMaeng2, Seoul, Republic of Korea

이 한국어판의 저작권은 알맹2 에이전시를 통하여 Zondervan과 독점 계약한 두란노서원에 있습니다.
신 저작권법에 의하여 한국 내에서 보호 받는 저작물이므로 무단 전재와 무단 복제를 금합니다.

상황에 끌려다니지 않기로 했다

지은이 | 켄 시게마츠
옮긴이 | 정성묵
초판 발행 | 2019. 1. 16.
6쇄 발행 | 2025. 4. 10.
등록번호 | 제1988-000080호
등록된 곳 | 서울특별시 용산구 서빙고로65길 38
발행처 | 사단법인 두란노서원
영업부 | 02)2078-3333 FAX | 080-749-3705
출판부 | 02)2078-3330

책값은 뒤표지에 있습니다.
ISBN 978-89-531-3366-2 03230

독자의 의견을 기다립니다.
tpress@duranno.com www.duranno.com

두란노서원은 바울 사도가 3차 전도 여행 때 에베소에서 성령 받은 제자들을 따로 세워 하나님의 말씀으로 양육하던 장소입니다. 사도행전 19장 8-20절의 정신에 따라 첫째 목회자를 돕는 사역과 평신도를 훈련시키는 사역, 둘째 세계선교™와 문서선교단행본·잡지 사역, 셋째 예수문화 및 경배와 찬양 사역, 그리고 가정·상담 사역 등을 감당하고 있습니다. 1980년 12월 22일에 창립된 두란노서원은 주님 오실 때까지 이 사역들을 계속할 것입니다.

지혜자들에게서 찾은 크리스천 생활 수칙

상황에
끌려다니지
않기로 했다

켄 시게마츠 지음
정성묵 옮김

두란노

나의 가장 좋은 친구 사키코(Sakiko)와
사랑하는 아들 조이(Joey),
텐스교회(Tenth Church) 식구들에게
이 책을 바친다.

CONTENTS

레이튼 포드 서문. 12
프롤로그. 동분서주하다가 삶의 중심을 잃어버렸다 15

1부 **사방에서
내 시간을 달라고
아우성친다**
—
더는 끌려다니지 않기로 했다

2부 **영적 환경을
정돈하다**
—
멈춤에서 시작하는
지혜자들의 '뿌리' 수칙들

1장   정신없이 살고 싶은 사람은 아무도 없다 20
　　　　바쁨이 일상이 된 시대

2장   나의 하루, 내가 택한 '영적 질서'대로 돌아간다 28
　　　　'상황 중심'에서 '예수 중심'으로

3장   복잡한 일상에 건강한 경계 정하기 42
　　　　지금 할 수 있는 작은 일을 시작하다

4장   시간 속의 성소, 안식일 60
　　　　공급자 하나님께 나를 맡기다

5장   보통의 순간들을 신성하게 바꾸는 힘, 기도 78
　　　　'내 안의 하나님'을 실제로 경험하는 시간

6장   믿고 먹는 하나님표 상차림, 말씀 묵상 99
　　　　삶으로 소화될 때까지 성경을 먹다

3부 **더불어
자라 가다**
—
믿음의 완주를 위한
지혜자들의 '관계' 수칙들

4부 **보배로운 선물들,
보배롭게 쓰는 연습**
—
세밀한 돌보심을 경험하는
지혜자들의 '회복' 수칙들

5부 **어둠에 끌려다니는 세상,
생명 길로 이끌라**
—
세상 속으로 들어가는
지혜자들의 '사명' 수칙들

7장   보폭을 맞추며 함께 걷기, 영적 우정   116
            속을 터놓는 영혼의 친구

8장   창조 설계 안에서 빛을 발하는 에너지, 성(性)   135
            생각보다 훨씬 더 크고 넓은 '연결 욕구'

9장   내 진짜 인격이 빚어지는 훈련장, 가정   155
            사랑으로 '나 중심주의'를 태우다

10장   '하나님의 영'이 사시는 영적 공간, 몸   176
             잘 먹기, 잘 자기, 운동하기

11장   방전된 마음을 재창조하는 힘, 놀이   198
             '하나님의 즐거움'에 뛰어들다

12장   주인이거나 종이거나, 돈   216
             하나님의 셈을 믿는 믿음

13장   창조주와 함께하는 창조 작업, 일   240
             월요일이 기다려지는 평일 영성

14장   '하나님 사랑'에 대한 최고의 화답, 섬김   262
             영원히 남는 수고

15장   내가 받은 생명을 나누는 일, 전도   282
             성령으로 두드리면 성령이 여신다

에필로그. 하루를 사는 모습이 곧 평생을 사는 모습이다   306
부록. 생활 수칙 예시   310
주   319
감사의 말   333

레이튼 포드 서문

책에 진정한 삶, 살 만한 가치가 있는 삶의 틀을 제시했다고 해도 저자 본인은 과연 그렇게 살까 하는 의구심이 드는 게 정상이다. 그러나 안심해도 좋다. 켄 시게마츠는 자기가 말한 대로 실천하는 사람이다.

처음 시게마츠를 만났을 때 그는 휘튼칼리지(Wheaton College) 학생이었다. 이후 시게마츠는 당시 내가 이사로 있던 고든콘웰신학교(Gordon-Conwell Seminary)의 학생회장이 되었는데, 한번은 그가 먼 곳에 있는 약속 장소까지 나를 태워다 줬다. 가는 동안 나는 그에게 그의 인생에 관해 물었다. 시게마츠는 일본계 캐나다인 특유의 신중함으로 다소 망설이다가 이내 솔직 담백하게 자기 이야기를 나누었다. 그때 생각했다. '이 젊은이는 진국이구나.'

나중에 시게마츠는 우리 애로우 리더십 프로그램(Arrow Leadership Program)에 참여했다. 프로그램이 시작되자마자 나는 그의 지식뿐 아니라 겸손에 깊은 감명을 받았다. 그는 매우 똑똑하고 해박하면서도 단 한 번도 그것을 뽐내지 않았다. 그 뒤로 세월이 흐르면서 시게마츠는 내게 동생, 아니 거의 아들 같은 존재가 됐다. 목회와 결혼 생활, 자녀 양육, 리더십의 끝없는 부침과 시련 속에서 나는 그가 진짜배기라는 사실을 계속해서 확인할 수 있었다. 지금 시게마츠는 훨씬 젊은 리더들로 이루어진 우리 멘토링 그룹 중 하나를 이끌고 있다. 그 젊은이들도 그를 진정 믿을 수 있는 사람으로 여길 것이라 확신한다.

몇 년 전 어느 가을 오후가 지금도 생생히 기억난다. 시게마츠가 개인 수련을 위해 샬럿(Charlotte)으로 찾아왔다. 그때 시게마츠는 내게 젊은 목사이자 남편으로 살면서 겪는 고충을 털어놓았다. 우리 집 안뜰에서 오후의 따사로운 햇살 아래 앉아 이야기를 나누다가 문득 그는 어떤 식으로 살고 하나님을 섬기고 싶은지 쓴 글이라며 내게 읽어 줬다.

그렇다. 시게마츠가 여기에 솔직하게 풀어놓은 내용은 이미 그의 삶에서 오랫동안 펼쳐 온 것들이다. 그뿐만 아니라 여기서 그가 소개하는 '생활 수칙'들은 삶의 어느 한 부분(영적 훈련들)에만 초점을 맞추지 않는다. 이 생활 수칙은 삶 전체에서, 즉 기도만이 아니라 놀이에서도, 영으로만이 아니라 육으로도, 친구나 가족과 함께하는 삶에서도, 돈을 쓸 때도, 일터에서도, 예배 가운데서도 하나님을 누리게 해 준다.

시게마츠가 소개하는 생활 수칙들은 예수님의 가장 큰 명령을 실천하는 방안이다. 마음과 목숨과 뜻과 힘을 다해 하나님을 사랑하는 것이 첫째 명령이요, 이웃을 내 몸처럼 사랑하는 것이 둘째 명령이다. 시게마츠는 수 세기나 묵은 생활 수칙의 전통을 현대를 사는 자신의 일상에 적용했다. 바쁘고 지독히 세속적인 도시 한복판에서 그는 목사로서만이 아니라 한 명의 그리스도인으로서 생활 수칙을 열심히 실천하고 있다.

진짜배기를 찾고 있다면 바로 이 책을 강력히 추천한다.

바울은 이렇게 말했다. "몸[실재]은 그리스도의 것이니라"(골 2:17).

이 책을 집중해서 읽는다면 실재에 맞닿은 삶에 끌리고, 당신이 모든 것에서 그리스도와 동행하도록 도와줄 좋은 안내자를 만나게 될 것이다.

레이튼 포드(Leighton Ford)
_레이튼포드미니스트리 대표

프롤로그

**동분서주하다가
삶의 중심을
잃어버렸다**

내가 도쿄에 있는 '〈포춘〉(Fortune) 선정 500대 기업'의 전도유망한 자리를 박차고 나와 캐나다 브리티시컬럼비아주 밴쿠버의 한 도심 지역에서 목회를 시작했다고 말하면 하나같이 호기심과 놀라움이 가득한 표정으로 나를 쳐다본다. 겉으로 보면 두 직업은 하늘과 땅만큼이나 차이가 나 보인다. 하지만 한 가지 공통점이 있다. 둘 다 사람을 완전히 탈진시킬 수 있다.

도쿄에서 일할 때 나는 '세븐일레븐맨'으로 통했다. 아침 7시에 집을 나서서 밤 11시에 귀가했기 때문이다. 밴쿠버의 쇠퇴해 가는 오래된 교회에 처음 부임했을 때도 나는 꼭두새벽같이 일어나 밤늦게까지 일했다. 자정에 드라이브스루 식당을 얼마나 자주 찾아갔던지 점원이 내 얼굴을 알고 이름을 부를 정도였다. 기업에서 성공의 사다리를 오를 때와 마찬가지로 쇠퇴해 가는 교회를 쇄신하고 부흥시키기 위해 동분서주할 때도 내 삶은 피폐했다. 그렇다 보니 영적으로도 제자리걸음이었고 하나님과의 관계는 시들해져만 갔다.

사업가나 목사가 아니더라도 일이나 공부, 가족, 교회나 지역사회 활동으로 지친 사람이 너무도 많다. 이런 활동은 그 자체로는 좋은 것이지만 그 때문에 하나님과의 관계가 뒷전으로 밀려날 수 있다. 문득문득 하나님과 더 깊고 풍성한 관계를 맺고 싶은 갈망이 일어나지만 그것이 잡힐 듯 잡히지 않는 바람처럼 느껴지는가? 이젠 그런 관계가 아예 불가능하게까지 느껴지는가?

기도하고 성경을 읽을 때만이 아니라 공부하고 일하고 운동하고 노는 중에도 하나님을 삶의 깊은 중심으로 경험할 방법이 있다. 조용한 골방에 앉아 묵상하고 기도할 때만이 아니라 하루를 살아가는 동안에 하나님을 누릴 방법이 있다. 세속을 떠나 수도사가 되지 않고도 일상에서 그리스도와 교제할 수 있다.

몇 년 전 나는 뜻밖의 장소와 시대에서 현재의 내 삶을 버리지 않고도 내 모든 일에서 하나님을 경험할 수 있는 삶의 수칙들을 발견했다. 그러고 얼마나 지났을까, 한번은 동료 목사 한 명이 주일에 우리 교회에서 설교하기로 되어 있었는데 갑작스럽게 일이 생겨 내게 대신 설교를 해 달라고 부탁했다. 설교를 준비할 시간이 없었던 나는 옛 수도사들의 가르침을 바탕으로 내가 실험하고 있던 생활 수칙 이야기를 즉흥적으로 나누었다. 그런데 뜻밖에도 반응이 열화와 같았다. 내가 이곳 밴쿠버 텐스교회(Tenth Church)에서 15년간 목회하면서 그토록 뜨거운 반응을 얻기는 처음이었다. 그때부터 두어 달간 내 이야기를 더 듣고 싶다는 사람들의 발길이 끊이질 않았다.

일면식도 없던 우리 지역의 한 변호사가 커피를 마시자며 연락을 했다. 그는 내 설교 동영상을 아홉 번이나 봤다면서 자신만의 생활 수칙을 개발하고 싶다고 말했다. 우리 교회의 한 예술가는 약간 짜증 섞인 투로 이렇게 말했다. "체계나 스케줄 같은 건 믿지 않아요. 그런 건 생각만 해도 짜증이 나죠. 하지만 목사님 이야기는 좀 더 듣고 싶네요. 더 말씀해 주세요."

그 후로 나는 옛 사람들의 지혜와, 사업가이자 목사, 남편, 아버지로서의 내 인생 경험을 바탕으로 개발한 이 생활 수칙들을 수많은 사람과 나누었다. 그 과정에서 나는 바쁜 모든 현대인의 깊은 내면에 삶의 주변이 아닌 중심에서 하나님과 동행하길 원하는 강한 열망이 있다는 사실을 발견했다. 우리를 자유로이 해방시켜 줄 이 오래된 길로 당신을 초대한다.

GOD IN MY EVERYTHING

1부   사방에서
　　　　내 시간을 달라고
　　　　─────────────── 아우성친다

더는 끌려다니지 않기로 했다

1장

정신없이
살고 싶은
사람은

아무도 없다

바쁨이 일상이 된 시대

　　　　　　　　　　　몇 년 전 나의 멘토이자 경험 많은 장로교 목사인 레이튼 포드 목사님이 열흘간의 아일랜드 순례를 준비하는 중이라는 편지를 보내왔다. 원래 은퇴한 목사님의 친구들을 위한 순례 여행이었는데 여행사에서 정한 인원을 채우지 못해 젊은 지인들도 초대하고 있다고 했다. 나는 아일랜드는 물론이고, 순례 여행도 가 본 적이 없었다. 마침 그때 우리 할머니가 뜻밖의 돈을 보내 주신 덕분에 나는 그 여행에 참여할 수 있었다.

더블린(Dublin)에 도착해 버스로 한 시간쯤 달리니 푸르른 계곡에 두 개의 호수가 반짝이는 글렌달록(Glendalough) 마을에 도착했다. 버스에서 내려 작은 다리 하나를 건너니 세상이 갑자기 1,500년 전으로 돌아갔다. 우리는 말 한마디 없이 옛 돌집과 교회들, 높은 돌탑, 대성당을 돌아보며 장엄한 아름다움에 넋을 잃었다.

글렌달록은 6세기에 성 케빈(Saint Kevin)이란 젊은이가 세운 수도원이었다. 원래 그는 왕실 후손으로 근처의 한적한 동굴에서 하나님을 찾고자 이 마을에 온 것이었다. 우리는 그의 첫 거처를 찾아가기 위해 두 호수 중 하나의 주변을 돌았다. 동굴은 암벽 중간에 뚫린 너비 약 1.2미터, 깊이 약 2미터의 구멍이었다. 아일랜드 성공회 교구 목사였던 우리 여행 가이드는, 케빈이 겨울이면 호수의 얼음물 속에 서서 두 팔을 하늘로 뻗은 채 몇 시간씩 기도를 드렸다고 설명했다. 이 지역의 전설에 따르면 한번은 케빈이 호수에서 기도를 드리는데 지빠귀가 그의 손바닥에 내려앉아 알을 낳았다고 한다. 좀 괴이한 이야기이긴 했지만 하나님을 향한 케빈의 간절한 마음이 이상하게 내 마음을 울렸다.

그렇게 꽤 오랜 세월 기도하던 케빈은 세상으로 돌아가 예수님의 복음을 전하라는 하나님의 인도하심을 느꼈다. 세속으로 돌아간 그는 한 가정에 하나님의 도를 가르쳤다. 그런데 그렇게 시작한 것이 금세 수십 가정으로 늘어났다. 더 많은 가정들이 모여서 배울 공간의 필요성을 느낀 케빈은 글렌달록에 수도원을 세웠다.

차츰 다른 수도사들이 그곳에 찾아와 정해진 시간에 기도하고 시편을 낭송했으며 찾아오는 모든 사람에게 가르침을 펼쳤다. 우리가 본 돌집과 대성당은 마을 농부들이 힘을 합쳐 지은 것이었다. 이 수도사들에게 배우고 함께 기도하기 위해 아일랜드와 유럽 전역에서 순례자들이 찾아왔다. 가이드에게서 성 케빈과 글렌달록 수도원에 관한 이야기를 듣노라니 거룩한 땅을 걷고 있는 기분이 들어 왠지 신발을 벗어야 할 것만 같았다.

순례 여행 동안 우리는 이 옛 수도사들의 본보기를 따르려고 노력했다. 예를 들어 아침과 저녁마다 정해진 시간에 모든 일을 멈추고 성무일과 기도문을 읽었다. 아울러 틈틈이 성경을 읽고 침묵의 시간을 보냈으며 고대 켈트족의 기도문을 배웠다. 성 패트릭(Saint Patrick)과 킬데어의 브리젯(Bridget of Kildare) 같은 다른 시대 성도들의 이야기와 전해 내려오는 이야기도 들었다.

수도사에 관해 대중이 추측하는 것과는 달리 켈트의 수도사들은 홀로 시간을 보내기 위해 세속을 '떠난' 것이 아니었다. 오히려 그들은 거주지 근처나 잘 알려진 언덕 꼭대기, 주요 항로 근처의 섬에 수도원을 세웠다. 세상 사람에게 그리스도의 사랑을 실질적으로 보여 주기 위해서였다.[1] 켈트 수도원은 단순히 기도와 예배의 장소만이 아니라 숙소, 비상 대피소, 병원, 도서관, 대학, 예술 센터, 선교 기지 같은 역할도 담당했다. 영적 순례자인 수도사들은 단순히 자신의 영적 성장에만 관심이 있지 않았다. 그들은 정의의 실현

과 사회 변화의 중심에 있었다.[2]

아일랜드에서 돌아온 뒤 수도사와 수도원을 바라보는 내 시각은 완전히 달라져 있었다. 수도사들이 전에 없이 존경스러워 보였다. 원래는 나도 여느 사람들처럼 그들이 안전한 담벼락 안에서 기도만 드릴 줄 알지 사회에는 아무런 유익도 끼치지 못한다고 생각했다. 아일랜드에서 나는 기도를 열심히 하면서도 세상을 더 좋은 곳으로 만드는 일에 적극 참여하는 게 가능하다는 것을 새롭게 깨달았다.

당시에는 명확히 깨닫지 못했지만 아일랜드에서의 경험은 결국 나의 두 번째 '회심'으로 이어졌다. 그것이 수도원적 삶의 방식이 얼마나 아름다운지를 점점 더 깊이 깨달아 가는 여행의 출발점이었다. 하지만 내가 수도원 방식으로 회심했다고 해서 그 옛 방식의 '모든' 관행을 그대로 채택한 것은 아니었다. 나는 두건이 달린 흰색 예복을 입지도, 침묵의 식사를 하지도 않았다. 나는 여전히 도시에 살았고 곧 결혼도 했다. 목회도 해야 하고 삶의 요구도 나날이 늘어갔기 때문에 세속을 떠날 수 없었고, 하나님도 내게 그것을 요구하시지 않았다.

대신 나는 이 책의 근간이 되는 질문을 던지기 시작했다. '바쁜 현대인의 한 사람으로서 매일같이 동분서주하는 동안에도 수도사처럼 삶의 모든 영역에서 하나님을 누리는 것이 가능할까?'

혹시 당신도 이런 질문을 던져 왔는가?

나는 수도원에서 생활하지 않는다. 그저 평범한 사람일 뿐이다.

직장을 다니다가 목사가 된 사람으로 여느 사람들과 똑같은 문제로 씨름하고 있다. 나는 아버지요 남편이다. 또한 나는 예수님의 제자다. 그리고 이런 다양한 소명을 단순한 삶의 방식으로 통합하는 일, 지혜와 은혜로 온갖 요구로부터 적절한 균형을 잡는 일이 얼마나 힘든지를 잘 알고 있다.

그러나 마침내 나는 내 여러 관계와 역할 속에서 철저히 그리스도께 순종하며 살 수 있는 방법을 찾아냈다. 바로 옛 수도사들이 "생활 수칙"(rule of life; 혹은 규율)이라고 부른, 생명을 주는 리듬이다. 생활 수칙은 모든 일에서 하나님을 경험함으로써 잘 살게 하고 예수님을 닮도록 해 주는 활동 리듬을 의미한다. '수칙'이라는 말이 뭔가 가혹하고 제한적인 뉘앙스를 풍기지만 나는 수칙을 따르면 오히려 내가 내내 원하던 삶을 추구할 자유가 생긴다는 사실을 경험했다. 내가 갈망하는 삶은 바로 예수님과 더 깊이 교제하며, 성장하고, 세상에 실질적인 유익을 더해 주는 삶이다.

오래된 지혜에서 오늘 살길을 찾다

당신이 어떤 이유로 이 책을 집어 들었는지는 모르겠다. 혹시 시급해 보이는 일이 산더미처럼 쌓여 있고 스케줄이 꽉 찬 삶에서 예수님의 제자로서 어떻게 살지 막막해서 이 책에 눈길을 주게 되었는가? 수도원 생활 방식에 호기심은 생기지만 실질적으로 도움이 될지 의심스러운가? '수도원'이나 '수도사' 같은 단어를 들으면 왠지 구시대 유물 같은 생각이 들 것이다. 뭔가 색다르고 매력적인 느낌은 들지만 오늘날에는 별로 쓸모가 없어 보인다. 수 세기 전 지금과 전혀 다른 시대와 장소에서 살았던 수도사가 오늘을 사는 믿음의 순례자에게 무엇을 가르쳐 줄 수 있단 말인가. 세상이 변해도 너무 변했다.

하지만 사실 그렇지 않다. 수도원의 삶이 오늘 우리 삶과 한없이 거리가 멀어 보이지만, 사실 성 베네딕토(Saint Benedict, 480-547년)와 켈트 수도사들이 살던 6세기는 우리 시대와 많은 공통점을 갖고 있었다. 당시에도 지금처럼 사람들이 경제적인 불안정, 높은 세금, 무너진 윤리, 성적 타락으로 몸살을 앓았다.

젊은 시절 로마에서 공부하던 베네딕토는 주변에 만연한 부패에 역겨움을 느꼈다. 그 속에서 거룩한 삶에 목이 말랐던 그는 도시 외곽의 한 동굴로 들어갔다. 하지만 아무도 모르는 동굴에서도 그는 거룩한 사람으로 유명해졌다. 유럽 전역에서 사람들이 그를 보기 위해 찾아왔고, 나중에 그는 몬테 카시노(Monte Cassino)에 수도원을 세웠다. 그 수도원은 지금도 계속해서 사람들을 그리스도의 도로 이끌고 있다. 자신의 본을 따라 그리스도를 닮기 원하는 수도사들이 계속 찾아오자 베네딕토는 그들을 인도하기 위해 규율을 만들었다. 또한 그는 열두 개의 수도원을 더 세워 혁명적인 운동을 탄생시켰다.[3]

베네딕토 이후 1,500년 동안 세상은 몰라보게 변했다. 하지만 오늘날에도 하나님을 갈망하는 사람이 여전히 필요하다. 아니, 전에 없이 더 필요하다. 눈에 보이는 세상 사람들 앞에서가 아니라 눈에 보이지 않는 하나님 앞에서 사는 사람이 필요하다. 일하고 쉬고 기도하고 놀고 교제하고 자녀를 키우고 노부모를 돌보고 가난한 사람과 동행하면서 하나님과 함께하는 삶을 경험하는 사람들이 필요하다.

깊이 있는 삶, 지금 여기서

수도원적 삶은 소수 엘리트 제자만을 위한 배타적인 모임이 아니다. 그것은 누구나 갈 수 있는 길이다. 도스토옙스키(Dostoevsky)의 고전 소설 《카라마조프가의 형제들》(The Brothers Karamazov)에서 조시마(Zossima) 신부는 수도원적 삶의 방식이 특별한 종류의 사람만을 위한 삶이 아니라 모든 사람이 추구해야 할 삶이라고 말한다. 그는 우리 모두에게 수도사의 "배아"가 내재해 있다고 말한다.

우리 모두는 진정한 삶을 살지 못하고 극심한 생존 경쟁 속에서 정신없이 살아가는 것에 회의를 느낀다. 우리는 깊이 있는 삶을 원한다. 아름다움과 진리, 의미를 경험하기 원한다. 그러나 그런 삶을 위해 꼭 수도원에 들어가 수도사가 될 필요는 없다. 누구나 일과 쉼, 공부와 놀이, 공동체와 고독 사이의 적절한 리듬 속에서 하나님의 임재를 누릴 수 있다.

그런 의미에서 이 유명한 찬양 가사가 참으로 옳다.

우리가 살아갈 때도

우리가 호흡할 때도 함께 계시는 하나님

우리가 깨어 있을 때도

우리가 쉴 때도

우리가 일할 때도 함께 계시는 하나님

우리가 생각할 때도

우리가 말할 때도 함께 계시는 하나님.[4]

옛 수도원의 생활 수칙들은 모든 일에서 하나님께 초점을 맞춘 삶이 무엇인지를 배울 수 있게 해 준다. 그것은 가끔 기도하는 삶이 아니라, 삶이 기도 그 자체인 삶이다. 하나님께 늘 깨어 있어 온 세상이 우리의 수도원이 되는 삶이다.

/ 새로운 시작을 위해 묻고 답하기 /

1. 하나님과 함께하는 삶이 중요하다는 사실을 언제 처음 깨달았는가?
2. 수도사가 훌륭하게 기여한 것에는 어떤 것이 있는가? 우리가 옛 수도사들의 본보기와 지혜에서 배울 수 있을까?
3. 도스토옙스키는 우리 모두에게 수도사의 배아가 내재해 있다고 주장했다. 자신을 돌아보면 정말로 그런 것 같은가? 구체적으로 어떤 면에서 그런가?

2장

나의 하루,
내가 택한
'영적 질서'대로
돌아간다

'상황 중심'에서 '예수 중심'으로

지난 장에서 나는 '생활 수칙'(규율)이라는 수도원적 삶을 형성한 옛 패턴을 소개했다. 물론 '수칙'이란 표현이 대부분의 사람에게 부정적인 뉘앙스를 풍긴다는 것을 잘 안다. 늘 규율을 강요했던 엄한 교장 선생님의 얼굴이 떠오를지도 모르겠다. 혹은 주변에 차 한 대 없는데도 교차로에서 정확히 정지하지 않았다고 딱지를 떼는 꽉 막힌 경찰관이 떠오를 수도 있다. 하지만 이 단어 때문에 당장 책을 덮지 말고 조금만 더 읽어 보라.

사실 수칙(rule)이란 단어는 '격자 구조물'(trellis)을 의미하는 헬라어에서 비롯했다.[1] 격자 구조물은 포도덩굴이 타고 올라가 열매를 맺을 수 있게 해 주는 지지대다. 포도덩굴이 좋은 열매를 맺으려면 올바른 방향으로 성장하도록 도와주는 격자 구조물이 필요하다. 그게 없으면 포도덩굴은 땅에 떨어져, 열매를 맺기도 전에 썩어 버린다. 야생의 포도덩굴은 나무나 바위를 비롯해서 근처에 있는 건 뭐든 구조물로 삼는다. 구조물을 찾아 따라가는 것이 포도덩굴의 타고난 특성이다.

격자 구조물과 마찬가지로 생활 수칙은 올바른 방향으로 성장하는 것을 도와준다. 생활 수칙은 우리가 그리스도의 인격이라는 열매를 맺고 그분의 풍성하게 하는 생명을 다른 이들에게 전해 줄 수 있도록 우리와 그분의 관계를 지탱해 준다. 이런 의미에서 수칙의 '목적'은 괴롭히거나 구속하는 것이 아니라 열매를 키워 주는 것이다. 수칙은 매 순간 예수님의 임재를 경험함으로 사람들에게 그분의 사랑을 보여 줄 수 있게 해 주는 삶의 패턴이다.

성령의 바람이 불 때를 준비하라

하늘 높이 날아올라 덩크슛을 성공시키는 르브론 제임스(LeBron James)나 바흐 조곡을 멋들어지게 연주하는 첼리스트 요요마(Yo-Yo

Ma) 같은 사람을 보면 하나님께 특별한 재능을 받았다는 생각이 든다. 우리는 스포츠나 음악 같은 분야에서 놀라운 성취를 이룬 인물이 성공할 수밖에 없는 남다른 잠재력을 품고 있다고 생각한다.

우리는 영적으로 위대한 인물에 대해서도 같은 생각을 할 때가 많다. 예를 들어, 아시시의 프란치스코(Francis of Assisi)의 사랑이나 마더 테레사(Mother Teresa)의 희생에 관한 놀라운 이야기를 들으면 그들이 하나님께 특별한 기름부음을 받은 사람이라고 단순히 생각하기 쉽다. 우리는 하나님이 그들에게 우리와 다른 특별한 은사를 주셨다고 믿고 싶어 한다. 그래야 우리가 예수님을 닮기 위해 스스로 노력해야 할 당위성이 사라지기 때문이다.

우리를 위대한 운동선수나 세계적인 음악가, 목공의 대가, 지혜로운 부모로 만들어 주는 '마법의 알약' 같은 건 없다. 놀라운 재능이나 소질을 갖고도 결국 잠재력을 발휘하지 못한 채 아쉬운 생을 마감하는 사람이 너무도 많다. 의식적으로 추구하든 무의식적으로 추구하든 위대함으로 가는 길은 꾸준한 연습의 반복을 필요로 한다.

특별한 재능'만으로' 위대한 운동선수나 음악가가 될 수 없는 것처럼 하나님이 주시는 특별한 은사'만으로' 예수님을 닮아 갈 수는 없다. 위대한 믿음의 사람으로 성장하여 자신의 진정한 소명을 이룬 것은 빈둥대다 갑자기 하나님의 영감을 받았기 때문이 아니라 하나님의 은혜에 대한 반응으로 의식적인 노력을 하고 성령의 도우심으로 받은 은사를 갈고닦았기 때문이다. 늘 하나님과 함께 살아가는 사람들은 성령이 주도하시는 생활 수칙, 예수님을 환영하고 그분께 반응하게 해 주는 활동 습관을 갖추고 있다.

영적 삶의 성장은 '주로' 하나님의 역사다. 우리 자신의 힘만으로는 절대 그리스도의 인격이라는 열매를 맺을 수 없다(요 15:5 참조). 스스로 하려는 것은 우리 악력으로 조약돌을 압축시켜 다이아몬드를 만들려는 것만큼이나 부질없는 짓이다. 하지만 하나님은 이토록 연약한 우리가 자신의 변화에서 한 몫을 하도록 불러 주신다. 하나님은 우리 안에서 행하시는 분은 '하나님'이시니, 두렵고 떨림으로 우리의 구원을 이루라고 말씀하신다(빌 2:12-13 참조).

달라스 윌라드(Dallas Willard)에 따르면 은혜는 '노력'이 아니라 '노력으로 얻어 내는 것'(earning)에 반대한다.[2] 우리 노력으로는 하나님과 함께하는 삶을 얻을 수 없다. 그 삶은 전적으로 선물이다. 하지만 분명 우리는 "더욱 힘써 …… 믿음에 덕을, 덕에 지식을, 지식에 절제를, 절제에 인내를, 인내에 경건을, 경건에 형제 우애를, 형제 우애에 사랑을" 더해야 한다(벧후 1:5-7).[3]

나는 캐나다에서도 태평양 인근의 브리티시컬럼비아주 밴쿠버에 산다. 바람이 없는 날 바다로 나가 본 적이 있는데 바람이 불어올 때까지 기다리는 것만큼 답답한 일도 없다. 우리는 바람을 만들어 낼 수 없다. 하지만 바람이 없을 때도 우리가 할 수 있는 일은 있다. 언제라도 바람이 불면 배가 원활하게 나아갈 수 있도록 돛을 정돈하고 키를 조정하는 것이다. 이런 활동 없이는 바람이 불어도 항해를 할 수 없다. 그와 마찬가지로 우리가 우리 삶에서 성령의 바람을 일으킬 수는 없지만 성령의 바람이 불 때를 준비하기 위해 우리가 할 수 있는 일이 있다.

항해로 더 비유해 보면, 하나님과 함께하는 삶은 마치 눈 덮인 높은 산들이 즐비한 브리티시컬럼비아주의 들쭉날쭉한 해안선을 따라 항해하는 것처럼 느껴질 수밖에 없다. 때로는 하나님과의 관계가 흐리고 춥고 심지어 풍랑이 이는 것처럼 느껴진다. 또 때로 바람의 방향이 바뀌면 그에 따라 항로를 조정해야 한다. 하지만 하나님과 함께하는 항해는 숨 막히도록 아름답고 기쁜 경험이기도 하다. 웨스트민스터 요리문답에서처럼 우리는 "영원히 하나님을 즐기고 영화롭게 하기" 위해 지음받았다.

많은 활동을 하고도 자라지 못할 수 있다

하나님의 한없는 사랑에 대한 반응으로 우리는 생활 수칙을 세워야 한다. 삶의 모든 영역에서 예수님을 경험하고 그분의 지혜와 사랑을 발휘하는 데 도움이 되는 활동들을 주기적으로 반복하는 습관을 들여야 한다.

사도 바울은 예수님을 닮아 가는 훈련에 대한 비유로 연습하는 운동선수의 이미지를 사용한다. "이기기를 다투는 자마다 모든 일에 절제하나니 그들은 썩을 승리자의 관을 얻고자 하되 우리는 썩지 아니할 것을 얻고자 하노라"(고전 9:25).

'훈련'하지 않고 당일에 '노력'하기만 하면 마라톤에서 우승할 수 있다는 생각은 망상이다.[4] 경주를 위해 연습하지 않고 그저 "나는 강하다. 챔피언이다. 그 무엇도 나를 저지할 수 없다"라는 말만 반복해서는 죽었다 깨어나도 마라톤에서 우승할 수 없다. 아무리 긍정적인 생각을 품어도, 심지어 경기 당일에 '죽도록' 노력해도 마라톤을 성공적으로 마칠 수는 없다. 의도적 '훈련'을 통해서만 마라톤을 완주할 능력을 갖춘 사람이 될 수 있다.[5]

내 친구 엘리자베스 아처 클라인(Elizabeth Archer Klein)은 마라톤 선수로서의 경험을 통해 '노력'과 '훈련'을 구분했다.

> '노력'은 내일은 다를 거라고 말하지만 낡은 패턴에 계속해서 머무는 것이다. '훈련'은 자신이 실질적으로 변할 수 있도록 행동이나 습관의 의도적 패턴을 정하는 것이다. 매일 같은 길을 같은 속도로 달리면 단순히 건강만 유지할 수 있다. 하지만 일주일에 5일씩 적정 속도의 달리기, 전력 질주, 느린 장거리 달리기를 병행하여 훈련하고 나머지 시간에는 웨이트 트레이닝을 하며 한 달에 몇 번 등산을 하는 일을 규칙적으로 반복하기 시작하면 몸이 강해진다. 열쇠는 '점점 더 세게' 훈련하는 것이다. 다음번 경주에서는 더 열심히 '노력'하겠다는 말은 반복해 봐야 아무런 소용이 없다. 하지만 점점 더 세게 훈련하면 점점 더 빨라진다.

단순히 '많이' 달리거나 음악을 '많이' 연주한다고 해서 실력이 반드시 늘지는 않는다. 달리기 선수든 음악가든 성장하려면 '의도적 연습'이 필요하다. 기술을 향상시키려면 생태계 곧 성장을 촉진시키는 환경을 만들어야 한다. '의도적 연습'이 이 생태계의 일부다. 우리의 영적 삶도 전혀 다르지 않다. 하나님과 함께하는 삶이 자라려면 의도적 연습을 포함한 영적 생태계가 필요하다.

많은 '영적' 활동을 하고도 전혀 자라지 못할 수 있다. 마르틴 루터(Martin Luther)가 지적했듯이 주기도문을 수천 번을 읊고도 진정한 기도는 단 한 번도 못할 수가 있다. 즉, 살아 계신 하나님과 의미 있는 교제를 전혀 하지 못할 수 있다. 매주 교회에 가도 마음에서 우러나오는 진정한 예배를 드리지 못하고 하나님의 음성에 귀를 기울이지 못할 수 있다. 많은 영적 활동을 하고도 예수님과의 관계가 깊어지지 않을 수 있다. 아이러니하게도 한꺼번에 너무 많은 영적 활동을 시도하면 그 어떤 활동에서도 예수님을 깊이 경험할 수 없기 때문에 오히려 그분과의 관계가 표면에만 머물 수 있다. 이것은 마치 스피드 데이트와도 같다. 수없이 '데이트'를 하고도, 아니 너무 많은 '데이트'를 하기 때문에 어느 누구와도 진지한 대화를 나눌 수 없다.

의도적인 연습을 하면 강점은 더 강화하고 약점은 보완할 수 있다. 절제가 부족하면 의도적으로 금식을 실천하면 좋다. 금식은 자제력의 '근육'을 기르는 데 탁월한 효과를 발휘한다. 이 훈련을 하면 성령의 도우심으로 육체적 욕구에 좌우되지 않는 사람으로 변할 수 있다. 세상 삶에 너무 빠져 있다는 판단이 들때 10-20분간 조용히 기도를 드리거나 짧은 성경 구절 하나를 묵상하면(lectio) 큰 도움이 된다.

반대로 천성적으로 관상 기도를 좋아해서 개인 기도와 고독 훈련에 너무 많은 시간을 할애하고 있다면 거기에 다른 기도를 더하는 것은 도움이 되지 않을 수 있다. 오히려 '공식적인' 기도 시간을 줄이고 '행동하는' 관상으로 성장할 수 있도록 정의를 실천하거나 섬기는 활동에 참여할 필요성이 있다.[6]

이런 사례에서 보듯이 각자의 약점과 인생의 계절에 따라 다른 영적 훈련을 사용해야 한다. 영적 성장을 낳기 위한 단순하고 기계적인 공식 같은 것은 없다. X를 입력하면 Y가 도출되는 식이 아니다. 이것이 영적 훈련이 성령의 인도하심에 따라 이루어져야 하고 의도적이어야 하는 이유다. 삶의 환경이 변하고 성령이 움직이시면 우리 훈련도 변해야만 한다.

가뜩이나 바쁜데 할 일을 또 추가하라고?

가끔 이런 말을 듣는다.

"너무 바빠서 그렇게 살 시간이 없어요."

"그럴 여유가 없어요."

이런 훈련이 우리 삶을 더 무겁게 만들거나 또 하나의 해야 할 일처럼 느껴진다면 십중팔구 그것은 성령이 주신 수칙을 받아들인 게 아니라 '스스로' 수칙을 정한 탓이다. 분명 예수님은 그분의 멍에는 쉽고 그분의 짐은 가볍다고 말씀하셨다. 예수님은 그분의 "멍에"를 멜 때, 즉 그분을 따를 때 우리 영혼이 쉼을 얻는다고 가르치셨다(마 11:28-30 참조).

토머스 머튼(Thomas Merton)은 《새 명상의 씨》(New Seeds of Contemplation, 가톨릭출판사 역간)라는 책에서 "탐욕이나 두려움의 압박 아래서 부자연스럽고 조급하고 걱정 가운데서 하는 일"은 "절대 하나님이 직접 명하신" 것이 아니라고 말했다.[7] 이블린 언더힐(Evelyn Underhill)도 비슷한 말을 했다. "안달, 과열, 걱정, 격렬함, 불관용, 불안정, 비관주의, 동요, 온갖 서두름과 걱정, 이런 것은 다 자기 힘으로 살아가는 영혼의 증상들이다."[8]

수칙은 새로운 훈련을 요구하지만 그것이 삶이 더 바쁘게 느껴지게 만들지 않아야 한다. 성 베네딕토 규율을 접한 불교도들은 수도원 삶이 포기하는 삶이라고 말했다.[9] 예를 들어, 수도사의 서원을 하고 나서 사도행전에 기록된 초대 교회의 삶을 실천하면 개인적인 소유를 포기한다. 자신의 전 재산을 수도원에 헌납하거나 친구나 가족에게 주게 된다. 물론 우리가 수도원에 전 재산을 바칠 일은 없겠지만, 이 수칙에 따라 살면 특정한 것들(물질적인 것만이 아니라 습관과 행동까지)을 버릴 수 있다. 그렇게 되면 삶이 덜 복잡하고, 더 가벼워진다.

예수님과 관계를 맺은 지 오래지 않을수록 자기 수칙을 만들 때 특정한 영적 훈련을 더하게 된다. 하지만 예수님과 함께하는 것이 삶의 일부로 자리 잡을수록 특정한 훈련을 멈추게 될 가능성이 높다. 또한 성령의 역사에 따라 수칙을 만들면 예수님과의 '관계'를 가꿀 수 있도록 특정한 훈련을 단순하게 만들 수 있다.

간호사 게일(Gail)은 우리 교회에 다니는 십 대 자녀 둘을 둔 엄마인데 최근 자기만의 생활 수칙을 세우기 시작했다. 그녀의 말을 들어 보자.

> 지난 3개월간 저는 하나님께 좋은 수칙을 만들게 도와 달라고 구했습니다. 지나치게 거창한 계획을 버리라는 하나님의 음성을 느꼈어요. 하나님은 영적인 과제를 해치우는 일이 아니라 그분과 '관계'를 맺는 것이 가장 중요하다는 사실을 제게 보여 주셨습니다. 하나님과 조용히 대화하는 시간이 성경을 정해진 양만큼 읽기 위해 허둥거리는 것보다 더 많은 열매를 맺을 수 있다는 사실을 깨닫기가 처음에는 힘들었어요. …… 하나님은 제게 하루를 얼마나 꽉 채우느냐보다 관계가 열쇠임을 가르쳐 주셨습니다. 하나님이 당분간은 제가 그저 그분을 즐기고 음미하기를 바라신다고 생각합니다. 지금은 그분과의 관계라는 측면을 탐구하는 것이 그분의 뜻이라고 생각해요.

게일의 이야기를 보면 영적 훈련은 그 자체로서 목적이 아니다. 우리는 해야 할 일 목록에 임무를 완료했다는 체크를 하기 위해서 성경을 읽고 기도를 하고 '영적 숙제'를 하는 것이 아니다. 영적 훈련은 우리 안에 예수님과의 동행을 즐길 공간을 만들어 내기 위한 것이다. 영적 훈련을 통해 우리는 하나님의 생명을 받을 수 있다. 이것이 영적 훈련을 '은혜의 수단'이라고 부르는 이유다.

죄책감 없이 내 한계 속에 사는 것

수도사의 삶이 사실은 우리가 상상하는 것처럼 한가롭지 않고 꽉 차 있지만, 그들의 일상은 '그리스도 중심'의 삶을 유지하게 해 주는 수칙들로 깔끔하게 정돈되어 있다.

이상적인 수도사의 삶은 각 영역에 더도 말고 덜도 말고 꼭 필요한 만큼의 시간을 할애하는 삶이다. 수도사는 자신의 시간이 자기 것이 아니라는 사실을 수시로 떠올린다. 종이 울리면 그들은 하던 일을 모두 멈추고 자신에게 요구되는 일을 해야 한다. 성 베네딕토는 수도사는 t의 세로획을 긋거나 i의 점을 찍지 말고 펜을 내려놓아야 한다고 가르쳤다.[10] 이런 식의 반복된 훈련으로 수도사들은 자든 먹든 기도하든 읽든 일하든 놀든 다 적절한 때와 장소가 있음을 배운다.

이것은 '생활 수칙을 따르는 삶'의 아름다움을 보여 주는 한 가지 예일 뿐이다. 우리가 이런 것을 상기시켜 주는 종을 실제로 마련하지는 않더라도 우리 시간이 우리의 것이 아니며 매 순간 적절하게 시간을 할애해야 한다는 점을 매일 혹은 매주 기억나게 해 주는 뭔가를 나름대로 개발해야 한다. 사방에서 우리의 시간을 달라고 아우성치는 이 시대에, 이런 생활 수칙은 온갖 방해의 잡음을 뚫고 우리에게 모든 것을 멈추고 그리스도를 경험하라고 일깨워 준다.

내 생활 수칙의 기초적인 부분은 일주일에 한 번 24시간의 안식일을 갖는 것이다. 내 안식일 '종'이 울리면 나는 플러그를 뽑고 일과 관련된 것은 일절 하지 않는다. 안식일 수칙으로 나는 일하지 않는다는 죄책감 없이 마음 편히 가족과 시간을 보낼 수 있다. 그리고 일할 시간이 되면 가족과 시간을 보내지 않는다는 죄책감 없이 마음 편히 일에 전념할 수 있다. 매우 실질적인 의미에서 이 수칙은 내게 생명을 주는 한계들을 정해 준다. '수도원의 종'은 죄책감 없이 자기 한계 속에서 살아갈 수 있게 해 준다.

'균형 잡힌 삶'이 아니라 '예수 중심의 삶'

생활 수칙을 세우는 목적은 '균형 잡힌 삶'을 얻는 것이 아니라 그리스도를 모든 일의 중심에 모시고서 사는 것이다. 삶의 모든 측면을 이상적인 크기로 유지함으로써 균형을 이루려는 사람들이 있는데, 그렇게 하면 그리스도 중심의 삶을 놓치기 쉽다.

예수님은 언제나 우리가 흔히 생각하는 균형 잡힌 삶을 사시지는 않았다. 예수님은 고독을 경험하기 위해 수시로 무리에서 벗어나셨지만, 하루 종일 사역하고도 아픈 이들을 환영하고 치유하기 위한 시간은 내셨다(마 14:13-14 참조). 예수님이 모든 상황에서 천편일률적으로 사용하신 단순하고 따르기 쉬운 패턴은 없었다. 따라서 균형이 항상 가능하지는 않지만 그리스도를 우리의 깊은 중심에 모시면 우리의 우선순위가 분명해지고 더 많은 기도와 평안 가운데 살 수 있다.

궁극적으로 수칙은 토머스 켈리(Thomas Kelly)가 말하는 "중심, 하나님의 중심으로부터의" 삶 곧 "놀라운 능력과 평안, 고요의 삶, 통합과 확신, 단순화된 다양성의 삶"을 살 수 있게 해 준다."

한 친구의 말이 계속 내 귓가를 맴돈다. "인생의 유일한 비극은 성자가 되지 못하는 것이다."

크고 좋은 집에서 살지 못하는 것이나 부유하고 힘 있는 자와 어울리지 못하는 것이나 이국적인 휴양지에 가 보지 못한 게 비극이 아니다. 인생의 유일한 비극은 성자가 되지 못하는 것이다. 모든 그리스도의 제자는 성자가 될 잠재력을 갖고 있기 때문이다. 삶의 모든 영역을 그리스도께로 향하면 하나님이 부르신 대로 성자가 될 수 있다. 다른 이들에게 그리스도의 빛과 사랑을 보여 주는 사람이 될 수 있다. 예수님처럼 되는 것이야말로 우리가 이웃에게 줄 수 있는 '최고의' 선물이다.

/ 새로운 시작을 위해 묻고 답하기 /

1. '규율'이나 '수칙'이라는 단어가 긍정적이든 부정적이든 당신에게는 어떤 의미로 다가오는가?
2. 생활 수칙은 하나님과 함께하는 삶이 꽃을 피우도록 도와주는 격자 구조물이 될 수 있다. 어떻게 그럴 수 있을까?
3. 당신의 신앙이 자라는 데 의도적인 영적 훈련이 어떤 역할을 했는가?
4. 어떤 의미에서 영적 훈련이 '은혜의 수단'인가?
5. 어떻게 생활 수칙이 우리 삶을 더 가볍게 해 줄 수 있을까? 그런 경험을 해 본 적이 있는가?

3장

복잡한 일상에

건강한 경계 정하기

지금 할 수 있는 작은 일을 시작하다

사려 깊은 사람들은 글로 쓰지는 않더라도 자신만의 패턴이나 리듬, 즉 생활 수칙을 갖고 있다.[1] 잠시 당신이 고수하는 수칙을 생각해 보라. 아침마다 개와 산책을 하는가? 주일마다 교회에 가는가? 목요일 저녁마다 온 가족이 모여 함께 식사를 하는가? 이런 패턴이 수칙의 일부다. 이런 패턴은 의식적으로든 무의식적으로든 당신이 중요하게 여기는 것을 말해 준다. 즉 당신은 개를 돌보는 것이나 믿음의 형제자매와 함께 예배하는 것이나 가족과 함께 시간 보내는 것을 중시하는 사람이다.

수도사들이 수도원 삶을 선택한 것은 하나님 중심으로 삶을 정비하고 싶어서였다. 수도사는 아니더라도 수도사만큼이나 그리스도 중심의 삶을 갈망한다면 우리에게도 이런 의도적인 생활 리듬이 필요하다. 생활 수칙은 교회 사역자만 아니라 워킹맘, 주부남편, 치과의사, 배관공, 회계사, 부동산 중개업자, 학생, 예술가처럼 세상을 사는 모든 신앙인에게 유용하다. 사실 하나님에게서 멀어지게 하는 요인이 가득한 세상에 깊이 들어가 있는 사람일수록 생활 수칙이 더 유용하다.

자, 이제 실제로 어떻게 수칙을 만들지 좀 더 자세히 살펴보자.

도쿄에서의 작은 실험

대학원 공부를 마친 뒤 나는 일본 도쿄에 있는 소니(Sony) 본사에 입사했다. 그 시절 나는 매일같이 달걀과 두부로 간단한 아침 식사를 마친 뒤 재빨리 양복을 입고, 제시간에 지하철을 타기 위해 아침 7시에 아파트를 나섰다. 출근하면 종일 다른 직원들에게 영어와 서구 문화, 비즈니스 의전을 가르쳤다. 내게 배운 직원 중 일부는 나중에 북미나 유럽으로 파견될 인력이었다. 정신없는 하루를 보내고 대개 밤 11시에 귀가했다. 물론 회식이 있는 날에는 더 늦었다.

그렇게 일주일에 6일씩 일하니 돈은 많이 벌었다. 나는 미국 유명 경영대학원을 졸업한 사람과 연봉을 비교하곤 했다. 동료들이 나를 존중하고 심지어 흠모하는 것이 느껴졌다. 같은 일본 사람으로서 내게 친근감과 편안함을 느끼는 동시에 내가 영국과 북미에서 어린 시절을 보냈다는 사실에 이국적인 매력을 느끼는 듯했다. 여성들도 내게 많은 관심을 보였다. 겉으로 보기에 내 삶은 화려했다.

그러나 정작 나는 전혀 행복하지 않았다. 불안했고, 내 영혼이 시들어 가는 것을 느꼈다. 그때까지만 해도 수도원의 규율에 관해 전혀 들어 본 적이 없었지만 절박한 심정에 엉성하게나마 몇 가지 다짐을 정해서 지키기 시작했다.

먼저 주말에는 일하지 않기로 결심했다. 그 대신 내가 사는 아파트에서 걸어서 10분 정도 거리에 있는 작은 교회에 다니기 시작했다. 아침 출근길에는 하품을 하며 반쯤 졸면서도 기도하며 내 하루를 하나님께 맡겼다. 도쿄에 온 지 6개월쯤 되었을 무렵부터는 주말에 가끔 조깅을 하고, 틈틈이 근처 대학교에서 즉흥 농구 시합을 벌였다. 그리고 내 수입의 많은 부분을 일본에서 이루어지는 하나님의 역사에 투자하기 시작했다. 한 믿음의 친구와 자주 오랜 시간을 걸으며 현재 하나님과의 관계가 어떠하며 성적 유혹을 어떻게 다루고 있는지와 같은 깊은 대화를 나눴다.

내 작은 다짐과 실천들은 비록 어설프긴 했지만 삶의 나머지 모든 영역에 영향을 미치는 '가장 중요한 부분'을 유지하는 데 큰 도움이 됐다. 바로 하나님과 함께하는 삶이다. 당시는 몰랐지만 내가 그런 생활 수칙을 세운 것은 바로 초대 교회의 교부보다도 더 오래된,

최소한 고대 바벨론으로 거슬러 올라가는 옛 전통을 따른 것이었다.

타협 없는 다니엘의 수칙

내가 알기로 다니엘은 성경에서 처음 의식적으로 생활 수칙을 정하고 실천했던 인물이다. 다니엘서는 BC 586년에 일어난 사건의 기록으로 시작된다. 그해는 다니엘의 고국 유다가 바벨론 느부갓네살왕에게 포위를 당한 해였다. 유다가 바벨론 군대에 패한 뒤 다니엘을 비롯한 당대의 인재들은 바벨론으로 압송되었다. 젊은 다니엘은 가족과 친구, 스승들, 자신의 문화와 언어권을 떠나야 했다. 하지만 그는 바벨론에서 제국의 차기 리더로 선정되어 바벨론의 '하버드'로 보내졌다. 거기서 다니엘은 철저히 이교도적인 역사관과 과학, 철학, 종교를 주입받았다. 또 그는 이스라엘에서 우상숭배로 여겨지던 점성술과 마술을 배워야 했다. 강력한 힘이 그를 하나님에게서 떼어 내기 위해 그야말로 한꺼번에 달려들었다.

한번은 바벨론 왕이 자기 외에 어떤 신에게도 절하지 말라는 법을 만들었고, 그 법을 어기는 자는 죽이겠다고 엄포를 놓았다. 이 법을 어기면 사자 밥이 될 수밖에 없는데도 다니엘은 꿋꿋이 살아 계신 하나님께 기도를 드렸다.

다니엘은 견줄 데 없는 지혜로 국가의 일을 해서 큰 공을 세웠다. 이는 주변의 존경과 시기를 동시에 불러일으켰다. 심지어 하나님을 믿지 않는 자들조차 그를 가리키며 "네 안에는 신들의 영이 있으므로"라고 말했다(단 5:14 참조).

다니엘은 바벨론 문화의 파도에 휩쓸려가지 않고 끝까지 하나님께 충성을 다했다. 어떻게 그럴 수 있었을까? 어떻게 다니엘은 그토록 적대적인 환경에서 하나님과의 관계를 지키는 정도가 아니라 더욱 돈독히 할 수 있었을까? 그것은 하나님과 함께하는 삶을 유지하고 키우기 위한 한 가지 수칙을 갖고 있었기 때문이다. 다니엘의 모든 결정과 행동, 반응을 형성하는 한 가지 수칙이 있었다. 그것은 바로 하루에 세 번씩 자신의 집에 돌아가 무릎을 꿇고 기도하는 것이었다(단 6:10 참조). 심지어 그 수칙을 고수하면 목숨을 잃을 수밖에 없는 상황에서도 다니엘은 전혀 흔들리지 않았다. 그는 언제나 하나님 중심으로 살았다. 다니엘은 세상 속에서도 오직 하나님께 충성하며 살게 해 주시는 성령을 받았다.

당신만의 생활 수칙을 세우라

"좋다. 당신의 수칙과 다니엘의 수칙이 무엇인지는 알겠다. 하지만 나는 어디서부터 시작해야 하는가?"

그래서 당신이 이 과정을 시각적으로 이해할 수 있도록 2장에서 소개한 격자 구조물의 비유로 돌아가 보겠다. 이 구조물에 당신 삶의 '요소들'을 붙여 보라(48쪽 그림 1 참조). 생활 수칙(격자 구조물)의 맨 밑바닥에는 세 가지 '뿌리' 훈련이 있다.

뿌리 수칙

- 안식일: 몸과 영혼을 위한 오아시스와 쉼 찾기
- 기도: 하나님과 더 깊은 관계 속으로 들어가기
- 말씀 묵상(렉시오 디비나): 하나님의 말씀 먹기

※ 이 기초 위에 일상의 요소(가족과 친구, 일과 놀이 등)가 세워진다. 생활 수칙은 각 사람마다 다르지만 (내가 세 범주로 나눈) 이런 요소들은 모두 똑같다.

관계 수칙

- 영적 우정: 믿음 여정의 동반자 찾기
- 성(性): 하나님의 설계에 맞게 건강하게 즐기기
- 가정: 세상을 위해 함께하기

회복 수칙

- 몸: 온 존재를 하나님께 드리고 이웃에게 내주기
- 놀이: 어린아이처럼 되기
- 돈: 돈을 주인 삼지 않고 다스리기

사명 수칙

- 일: 월요일에도 하나님 찾기
- 섬김: 하늘을 땅으로 가져오기
- 전도: 내가 만난 예수 증언하기

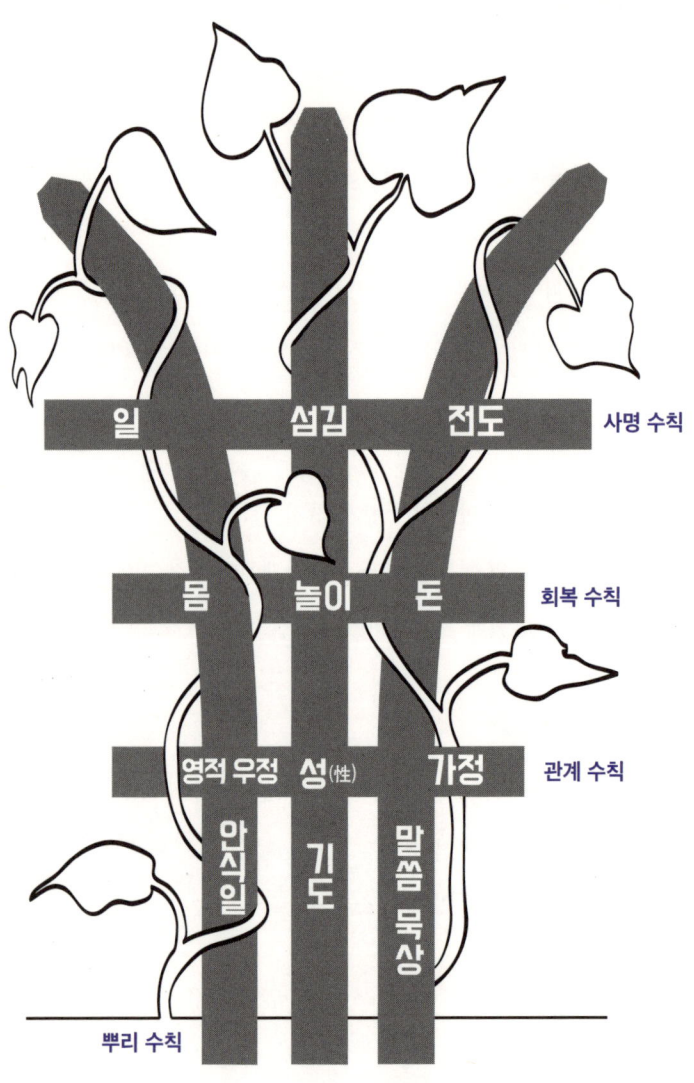

그림 1

이 책에서 이런 주제를 차례로 파헤칠 것이다. 하지만 이번 장의 나머지 부분에서는 생활 수칙을 세울 때 가장 흔히 부딪히는 함정들을 피해 이 여행이 풍요로워질 수 있도록 해 주는 여덟 가지 중요한 가이드라인을 살펴보자.

1 간단하게 시작하라

처음 시작하는 사람이 가장 흔히 저지르는 실수는 너무 많은 것을 너무 빨리 하려는 것이다. 변화는 하루아침에 이뤄지지 않는다! 하나님을 더 의식하게 도와주는 작은 훈련 하나부터 시작하라. 예를 들어, 알람을 맞춰 놓고 가끔씩 (잠시라도) 하나님께 관심을 집중하면 좋다. 짧은 침묵으로 자신이 하나님께 의존하는 존재라는 점을 인정하며 하루를 시작하라. 저녁에는 잠시 하루를 되돌아보며 감사한 일을 음미하는 시간을 가지라. 이런 간단한 활동을 통해 하나님을 더 의식하게 될 수 있다.

작은 습관이 큰 변화를 만들어 낼 수 있다. 캐슬린 노리스(Kathleen Norris)는 무엇이 행복하고 안정적인 가정을 일구어 내는지 확인하기 위해 부부의 일상 습관을 관찰한 연구 결과를 언급했다. 100퍼센트 효과를 나타낸 한 가지 행동은, 하루의 시작과 끝에 서로를 안아 주는 것이었다. 서로 격정적으로 안든 입이 찢어져라 하품을 하며 안든 그건 중요하지 않다. 잠시 안아 주며 하루를 시작하고 마치는 단순한 의식이 평생을 가는 연합을 만들어 냈다.[2] 단순한 행동도 좋다. 뭐든 우리가 반복하는 것은 우리를 형성해 간다. 매일 하나님과 함께 시간을 보내는 습관이 우리를 형성한다.

2   천천히 세우라

생활 수칙을 지속적으로 유지하려면 천천히 정해야 하고, 그 뒤로도 수시로 점검하며 조정해야 한다.

누군가의 생활 수칙에 관해 읽고서 이렇게 말하는 것은 도움이 되지 않는다. "그동안 나는 너무 게으름뱅이였어. 기도 생활과 식습관, 운동 습관이 너무 엉망이었어. 이제 내일부터는 새벽 4시에 일어나서 한 시간씩 기도하고 성경을 읽은 뒤에 공원에 나가 10킬로미터를 달리고 영양 가득한 아침 식사를 하겠어. 저녁 6시면 칼같이 집에 와서 가족과 저녁 식사를 하고 아내의 집안일을 도와주는 모범 남편이 되겠어. 집에서는 회사 일을 하지 않고 가족과 함께 텔레비전을 보거나 책을 읽으며 쉬겠어."

그 남자의 삶은 과연 어떻게 될까? 무엇보다도 여전히 회사에 늦게 출근할 것이다. 샤워할 시간도 없어서 온몸에서 땀 냄새가 진동하는 채로 출근할지 모른다. 퇴근해서는 밀린 수칙을 지키기 위해 새벽 2시에야 겨우 잠자리에 든다. 새벽 4시에 알람이 울리지만 계속해서 알람을 끈다.[3]

기도하고 찬찬히 고민하면서 수칙을 세우는 것이 중요하다. 수칙의 핵심 훈련을 돌아보라. 당신의 상황에서 가장 큰 열매를 맺을 것처럼 보이는 훈련(안식일, 기도, 영적 우정, 전도 등)이 있는가? 성령이 당신을 특정한 어느 수칙으로 이끌고 계시는가?

3   주기적으로 가지치기하라

생활 수칙의 핵심은 삶에 더 많은 것을 '더하는' 것이 아니다. 실제로 수도원 삶은 포기와 버림을 실천하기 위한 것이다. 예수님은 이렇게 말씀하셨다. "나는 참포도나무요 내 아버지는 농부라 무릇 내게 붙어 있어 열매를 맺지 아니하는 가지는 아버지께서 그것을 제거해 버리시고 무릇 열매를 맺는 가지는 더 열매를 맺게 하려 하여 그것을 깨끗하게 하시느니라"(요 15:1-2). 포도나무는 가지치기하지 않으면 마구잡이로 자라 버린다. 그렇게 되면 포도 열매의 씨알도 작고 품질도 떨어진다.

가지치기는 "우리 안에서 자라는 하나님의 생명의 힘에 불필요한 것들을 없애 준다. 동시에 소모적인 일, 심지어 얼핏 가치 있어 보이는 일에 낭비되던 에너지를 모아 집중시켜 준다."[4] 이런 가지치기 작업은 힘들고, 때로는 고통스럽기까지 하다. 뭔가를 버릴 때 우리는 자연스럽게 상실감과 슬픔을 느낀다. 하지만 하나님의 선한 뜻에 따라 가지치기를 하면 슬픔 가운데서도 더 깊은 평안과 행복을 경험할 수 있다.

내 천성은 더하고 더한 뒤에 또 더하는 것이다! 그래서 가끔은 삶이 너무 꽉 차서 주변 사람들에게 온전히 집중하지 못했다. 그렇게 되면 '더 많이'가 사실은 '더 적게'가 되는 셈이다. 한 지혜로운 멘토는 내게 이런 말을 했다. "자신의 접시에 뭔가를 더 놓으려면 접시 위에 있는 뭔가를 버릴 생각을 해야 합니다."

월드비전(World Vision) 이사회에 참여하기 위해 사랑하던 학교의 이사직에서 물러났던 기억이 난다. 당신은 어떤가? 지속 가능하고 생명을 주는 수칙을 세우기 위해 무엇을 가지치기해야 하는가?

4 에너지에 신경을 쓰라

사람마다 생활 수칙이 다를 수밖에 없다. 아침에 정신이 또렷한 사람이 있는가 하면 저녁에 집중을 잘하는 사람도 있다. 훈련의 리듬 혹은 수칙을 정할 때 자기 하루 에너지의 흐름을 눈여겨봐야 한다.[5] 하루 중 언제 에너지가 가장 넘치는가? 언제 집중력이나 창의력이 최고조에 달하는가? 사람들과 어울리는 데 언제가 가장 편한가? 언제 에너지가 가장 약해지는가? 기도하거나 창의력을 발휘해서 뭔가를 만들거나 배우자나 가족, 친구와 어울리기 위해 따로 시간을 내도 에너지가 부족하면 눈앞의 사람이나 일에 온전히 집중할 수 없다.

내 경우는, 고요한 새벽에 기도하고 운동하며 창의적인 일을 하는 것이 가장 효과적이다. 사소한 행정적인 일이나 간단한 이메일은 주로 점심 식사 후에 처리한다. 또 저녁에 가족이나 친구와 어울리는 것이 가장 좋다. 그때 내 안의 수도원 종이 울려 하루가 끝났음을 알린다. 그러면 나는 모든 일을 손에서 놓고 내 일상의 사람들에게 집중할 수 있다. 당신의 에너지 흐름은 나와 다를 수 있다. 될 수 있는 한 자기 리듬에 맞춰 일, 가족, 기도와 고독을 위한 시간을 계획하라.

5 인생의 단계를 고려하라

생활 수칙에는 인생의 단계가 반영돼야 한다. 결혼 전 내 수칙은 지금과 달랐고, 결혼하면서 수칙이 변했다. 부모가 된 뒤에는 수칙이 다시 조정되었다. 싱글을 위한 수칙과 어린 자녀를 둔 부모의 생활 수칙은 완전히 달라야 한다.

그와 마찬가지로 계절도 수칙에 영향을 미친다. 겨울에는 잠을 더 많이 자고 활동을 줄여야 하는 사람도 있다. 예를 들어 베네딕토 규율은 일조량이 적은 겨울에 잠을 더 자도록 허용한다. 9월에 에너지가 넘쳐서 그 달에 본격적으로 훈련을 재개하는 사람도 있다. 1월 혹은 날이 길어지고 꽃이 만개하는 봄에 뭔가를 새로 시작하는 이들도 있다.

6 유연함을 유지하라

성 베네딕토 규율은 "잘못을 고치고 사랑을 지키기 위한 약간의 엄격함"을 가진 수칙이었다. 하지만 동시에 그의 규율은 부드러움과 유연성으로도 유명했다. 그는 "규율을 정할 때 엄격하고 부담스럽지 않게 정하려고 한다"라고 말했다.[6]

아일랜드에 순례 여행을 갔을 때 수도사가 금식을 하다가 뜻밖의 손님이 오면 금식을 멈추고 손님과 함께 음식을 즐길 수 있다는 말을 듣고 깊은 인상을 받았던 기억이 난다. 상황은 변할 수밖에 없다. 중요한 모임이 잡힌다. 감기에 걸린다. 예기치 못한 손님이 방문하여 며칠 묵을 수 있냐고 물을 수도 있다. 무슨 일이 생겨서 한동안 수칙을 지킬 수 없게 되어도 좌절할 필요는 없다. 유연한 수칙이 필요하다. 우리가 수칙을 위해서 존재하는 것이 아니라 수칙이 우리를 위해 존재하는 것이다.

예전에 도움이 되었던 훈련이 더 이상 열매를 맺지 못할 수도 있다. 그럴 때는 그 훈련을 그만두거나 강도를 높이는 방안을 고려해야 한다. 예를 들어 5년 동안 매년 성경 통독을 했다면 그런 식의 성경 읽기가 식상해질 수도 있다. 그럴 때는 짧은 구절을 기도하며 묵상하는 '렉시오'(lectio)를 실천하면 좋다. 혹은 성경의 일부를 아예 외우는 것도 고려할 만하다.

7 재미를 위한 시간을 내라

생활 수칙에는 즐겁고 기쁜 시간도 포함돼야 한다. 내 아내 사키코는 언제나 내게 가장 좋아하는 일을 하라고 말한다. 내 머릿속에는 '삶은 곧 일이고 일은 곧 삶이다'라는 생각이 어느 정도 박혀 있다. 그래서 누가 말리지 않으면 내 삶은 놀이는 없고 일만 가득해지기 쉽다.

아내는 내가 좋아하는 일을 해야 몸도 건강해진다는 사실을 늘 상기시켜 준다. 아내는 우리 집에서 키우는 골든레트리버를 데리고 나서서 숲을 달리거나 배를 타는 일처럼 내게 활력을 더해 주는 활동을 자주 하라고 권한다. 자신을 소생시키고 회복시켜 주는 활동을 수칙에 포함시키는 것이 바람직하다.

8 공동체를 포함시키라

생활 수칙은 공동체 안에서 실천해야 한다. 베네딕토는 동굴 속에서 영적 탐구를 시작하긴 했지만 계속해서 그곳에 머무르지는 않고 공동체를 이루었다. 그는 동굴에서 은둔자로 사는 것이 하나님께 가까워지는 최상의 방법이라고 말하지 않았다. 그는 "사랑의 학교" 곧 서로 돌봄을 주고받는 법을 배울 수 있는 공동체 안에서 우리가 성장할 가능성이 가장 크다는 점을 알았다. 어떤 식으로든 공동체나 관계에 참여하지 않으면 지속적인 변화를 위한 본보기와 도움을 얻을 수 없다.

작가 앨런 도이치먼(Alan Deutschmann)은 《Change or Die: 변하지 않으면 죽는다》(Change or Die, 황금가지 역간)란 책에서 어떤 식으로든 관계를 맺지 않으면 지속적인 변화를 이루는 것이 불가능하다고 말했다. 그 책에서 도이치먼은 존스홉킨스대학교(Johns Hopkins University) 의대

학장 에드워드 밀러(Edward Miller) 박사의 연구 결과를 인용했다. 밀러는 수술 2년 뒤 관상동맥 우회술 환자의 90퍼센트가 생명이 위험한 상황에서도 식습관이나 운동 습관을 바꾸지 않았다는 사실을 발견했다. 그런데 전체 실험 대상에서는 10명 중 한 명만 습관을 바꾼 반면, '서로 도와주는 공동체'에 둘러싸인 사람은 10명 중 8명이 생활방식을 조정할 수 있었다.[7]

영적 삶에도 비슷한 역학이 작용한다. 그리스도 안에서 지속적인 변화를 원한다면 서로 사랑하고 도와주는 공동체의 영적 생태계에서 성공 확률이 가장 높다. 지도하고 격려해 줄 '코치', 이를테면 영적 스승이나 소그룹 리더, 이 여행에서 한 발 더 앞서 간 친구를 가까이 하는 것이 좋다. 히브리서 기자도 조금 다른 측면이긴 하지만 마음의 병을 이겨 내게 도와주는 공동체의 힘을 잘 알았다. "형제들아 너희는 삼가 혹 너희 중에 누가 믿지 아니하는 악한 마음을 품고 살아 계신 하나님에게서 떨어질까 조심할 것이요 오직 오늘이라 일컫는 동안에 매일 피차 권면하여 너희 중에 누구든지 죄의 유혹으로 완고하게 되지 않도록 하라"(히 3:12-13).

당신과 이 생활 수칙의 여행을 함께 해 줄 사람이나 소그룹이 있는가?

다음 장부터는 전형적인 생활 수칙을 구성하는 훈련(안식일, 기도, 말씀 묵상, 영적 우정, 성, 가정, 몸, 놀이, 돈, 일, 섬김, 전도)을 살펴보고 각자 자신의 수칙을 세워 보자. 생활 수칙은 한 번에 하나의 영역에서 세우는 것이 좋기 때문에 각 장을 어떤 순서로 읽어도 상관없다.

생활 수칙이 영적 성장을 위한 어떤 술책이나 기법, 지름길 같은 것이 아니라는 사실을 늘 잊지 말라. 생활 수칙은 그리스도 중심으로 살아 성령의 역사를 더 잘 받아들이게 도와주는 영적 훈련 리듬이다. 19세기 노예무역을 폐지하기 위해 끝까지 싸웠던 영국 정치인 윌리엄 윌버포스(William Wilberforce)의 말처럼 "거룩함으로 가는 지름길은 없다. 평생 노력해야만 한다. 그러니 지금 시작하자."

/ 새로운 시작을 위해 묻고 답하기 /

1. 모든 사람이 의식적이든 무의식적이든 어떤 수칙들에 따라 살고 있다면, 당신의 현재 생활 수칙은 무엇인가?
2. 다니엘의 생활 수칙에서 어떤 점이 인상 깊었는가? 당신 주위에 본받고 싶은 수칙을 갖고 있는 사람이 있는가?
3. 생활 수칙을 세우면 무엇이 좋을까?
4. 격자 구조물 비유를 생각할 때, 지금 당신은 특별히 어떤 수칙 부분에 집중해야 큰 효과를 거둘 수 있을까?
5. 여덟 가지 가이드라인 중에서 당신이 생활 수칙을 세울 때 특히 기억해야 할 것은 무엇인가?
6. 다른 사람과 함께 혹은 소그룹 안에서 수칙을 실천하는 것이 더 좋다고 생각하는가? 그렇지 않다면 이유는 무엇인가?

GOD IN MY EVERYTHING

2부 영적 환경을 정돈하다

멈춤에서 시작하는 지혜자들의 '뿌리' 수칙들

4장

시간 속의 성소, 안식일

공급자 하나님께 나를 맡기다

몇 년 전 어느 날, 도쿄에서 일하던 중 히로시(Hiroshi)라는 젊은 직장인에게 이렇게 물은 적이 있다. "지난 주말은 어떻게 보내셨나요?"

히로시는 이렇게 대답했다. "음, 금요일에 아주 늦게까지 야근을 했는데 토요일에 언제 일어났는지 모르겠어요. 오후쯤에 다시 잠을 잤고, 일요일에는 거의 종일 잤습니다."

히로시의 답변이 조금 특이하긴 하지만 대부분의 사람은 대수롭지 않게 넘어갈 것이다. 하지만 히로시의 직장 동료들은 할 말을 잃을 정도로 놀랐다. 그들 모두의 입에서 그저 "우와!"라는 탄성만 터져 나왔다. 그들은 히로시가 주말 내내 잤다는 사실에 부러워 견딜 수 없다는 표정을 지었다. 많은 일본의 직장인들이 잠에 굶주리기 때문이다.

당신은 어떤가? 히로시처럼 잠이 부족하지는 않지만 "너무 바빠" 혹은 "여유가 좀 있었으면 좋겠어"라는 말을 입에 달고 사는가? 현재의 책임을 모두 벗을 수 있는 머나먼 섬으로 훌쩍 떠나고 싶은가? 혹은 조기 은퇴를 꿈꾸고 있는가? 아니면 관계 문제나 재정 문제, 건강 문제로 늘 골치가 아픈가? 끊임없는 자기회의로 마음이 편할 날이 없는가? 아무리 많이 일해도 더 해야 할 것 같은 막연한 불안감에 시달리고 있는가?

우리는 쉼을 갈망한다. 몸만이 아닌 마음과 영혼의 쉼을 갈구한다. 주기적인 쉼과 회복의 욕구는 인간 본연의 욕구다. 하나님은 그분의 설계를 무시하지 말고 안식일의 쉼이라는 선물에 따라 살라고 명령하신다.

예로부터 수도원은 일과 쉼에 대한 인간 본연의 욕구를 정확히 인식해 왔다. 성 베네딕토 규율은 안식일에 두 장을 할애하고 있으며[1] 오늘날에도 수도원들은 일요일을 특별한 축제일로 지킨다. 안식일에 수도사는 육체노동을 하지 않고 온전히 쉰다.

안식일 준수는 생활 수칙의 중요한 출발점이다. 격자 구조물의 나머지 모든 것을 지탱해 주는 필수불가결한 '뿌리'다. 그래서 일부러 이번 장을 가장 앞에 배치했다. 내 야망과 활동을 주기적으로 내려놓고 멈출 때 그리스도를 경험할 틈이 생긴다.

일주일 중 하루의 선물

토머스 머튼은 현대에 가장 널리 퍼져 있는 형태의 폭력은 바쁨이라고 말했다. 마약이나 총이 아니라 바쁨![2] 바쁘다는 뜻의 한자 "忙"(망)은 마음(心)과 죽음(亡)에 해당하는 두 상형문자를 합친 것으로 바쁨이 마음을 죽인다는 의미를 함축하고 있다. 시간은 7일 주기로 흘러간다. 창조 기사에서 보듯이 하나님의 설계는 6일간 일하고 하루 동안 쉬는 것이다. 이 쉼의 리듬을 깨뜨리면 자신이 망가지고 사랑하는 사람들이 힘들어진다.

너무 바빠서 일주일에 하루 안식일을 가질 여유가 없다는 사람이 너무도 많다. 안식일이 좋다는 것은 인정하지만 실제로 매주 안식일을 지키는 것은 어려워한다. 하루, 심지어 하루의 일부라도 일을 완전히 멈추고 모든 전자기기의 전원을 꺼 본 적이 언제인가?

안식일은 하나님이 우리를 쉼으로 초대하신다는 사실을 상기시켜 준다. 아니, 안식일은 초대를 넘어 명령이다. 웨인 멀러(Wayne Muller)는 이렇게 말했다. "쉬어야 할 시간이기 때문에 쉬어야 한다. 안식일은 항복을 요구한다. (이메일, 프로젝트) 다 마친 뒤에만 쉬겠다고 하면 절대 쉴 수 없다. 우리 일이 완전히 끝나는 날은 오지 않기

때문이다."³

　유진 피터슨(Eugene Peterson)은 명령의 힘 외에는 그 무엇도 우리를 멈추게 할 수 없다고 말했다.⁴ 출애굽기 20장 9-11절에서 하나님은 이렇게 명령하신다. "엿새 동안은 힘써 네 모든 일을 행할 것이나 일곱째 날은 네 하나님 여호와의 안식일인즉 …… 아무 일도 하지 말라 이는 엿새 동안에 나 여호와가 하늘과 땅과 바다와 그 가운데 모든 것을 만들고 일곱째 날에 쉬었음이라 그러므로 나 여호와가 안식일을 복되게 하여 그날을 거룩하게 하였느니라." 안식일은 세상이 처음 생길 당시에 정해진 패턴이다. 즉 안식일은 기독교와 유대교보다도 전에 생긴 리듬이다. 안식일을 준수하라는 건 단순히 균형 잡힌 삶을 영위하기 위한 좋은 조언이 아니다. 그것은 창조 질서의 일부다.⁵

왜 그토록 바쁜지 스스로 물어야 한다

　생활 수칙의 기초로서 안식일은 바쁜 일상에서 벗어나 가만히 쉬게 해 준다. 마크 트웨인(Mark Twain)의 말을 살짝 바꿔 보면 "우리의 바쁨은 날씨와도 같다. 모두가 그것에 관해 불평하지만 아무도 그것에 관한 조치를 취하지 않는다."

　바쁘다고 불평하지도 말고, 바쁜 것이 인생이려니 포기하지도 말고, 자신이 '왜' 그토록 바쁜지 물어야 한다. 안식일은 우리가 가정한 것에 의문을 던지도록 해 준다.

대개 우리가 바쁜 것은 자신의 가치를 증명해 보여야 한다는 강박관념 때문이다. 안식일은 우리로 하여금 다람쥐 쳇바퀴에서 나와 우리가 하나님께 사랑받는 존재라는 음성에 귀를 기울이게 해 준다. 안식일은 성과와 지식, 영향력으로 자신을 평가하는 태도에서 우리를 치유해 준다. 안식일은 성과를 통해서가 아니라 하나님께 사랑받는 아들이요 딸이라는 진리로 우리를 바라보게 해 준다. 우리가 하나님의 자녀로서 얼마나 소중히 여김을 받는지 더 분명히 인식할수록 하나님에 대한 믿음이 자라난다.

시간 속의 성소

안식일은 우리에게 "시간 속의 성소"를 제공한다.[6] 안식일을 지키는 것은 우리가 쉬는 동안에도 하나님이 모든 것을 공급해 주신다는 믿음으로 하나님께 사랑을 표현하는 것이다. 유진 피터슨은 히브리의 하루가 우리처럼 아침이 아닌 저녁에 시작된다는 점을 지적했다. 이는 낮에 일하고 활동하기 전인 저녁에 자고 쉬는 동안 하루가 시작된다는 뜻이다.[7] 잠을 자고 나서 눈을 뜨면 우리가 쉬는 동안에도 하나님은 내내 일하셨다는 사실을 발견하게 된다. 캄캄한 밤에도 하나님은 이슬 맺힌 거미줄과 체리 꽃, 강아지들을 만드느라 바쁘시다.

안식일을 통해 우리는 하나님이 주무시지 않기 때문에 우리가 잘 수 있다는 사실을 배운다. 우리가 자는 동안에도 하나님이 모든 것을 공급해 주신다는 사실을 이해하면 걱정에서 해방된다.[8] 일을 쉬고 싶은 심한 갈증에 시달리지 않고 쉼 가운데서 일하게 된다.

학생을 위한 안식일

《안식》(Keeping the Sabbath Wholly, IVP 역간)의 저자 마르바 던(Marva Dawn)은 노트르담에서 힘든 박사 과정을 밟는 중 하나님을 의지하는 법을 배웠다. 그녀가 박사 학위를 따기 위해서는 프랑스어와 독일어, 라틴어를 동시에 배워야 했다. 그녀는 당시를 다음과 같이 회상한다.

> 수업을 시작한 지 겨우 6주 만에 두 시간짜리 시험에서 수천 단어를 각 언어로 번역할 수 있어야 했다. …… 한 주가 끝나갈 무렵에는 곧 안식일이 온다는 사실이 내게 말할 수 없이 큰 위로와 용기를 줬다. 심지어 한 주의 첫날에도 바로 전날 경험한 안식일의 기쁨이 내게 다시 시작할 힘을 줬다. 주일마다 해방되어 언어 공부를 그만두고 마음껏 놀았다. …… 주일마다 예배와 성경 공부를 즐기고, 주중과 다른 음식을 먹고, 편안하고 창의적인 활동에 참여했다. 때로는 예배 때 오르간을 연주하거나 해변이나 수영장으로 나가거나 오랫동안 걷거나 오후에 공원에서 친구들과 혹은 혼자서 놀았다. 무엇보다도 주일은 하나님의 임재를 즐기는 날이었다.

던은 지금은 삶이 그때처럼 "빡빡하지 않지만" 지금도 토요일 밤에 잠자리에 들 때면 기분 좋은 해방감을 경험한다고 말한다. "토요일 밤에는 안식일이 시작되기 때문에 잠의 질이 달라진다."9

대학원에 다닐 때(마르바 던의 책을 읽기 전이다) 나도 일주일에 하루씩 쉬라는 안식일 명령을 꼭 지켰다. 가끔 월요일 아침에 시험이 있었기 때문에 나는 오히려 토요일 저녁 식사 시간부터 주일 저녁 식사 시간까지 안식일을 지키기로 결심했다. 안식일을 지키면 나머지 6일 동안 공부 효과가 훨씬 좋아졌고 학업이 고역이 아닌 선물처럼 느껴졌다.

일터에서 하나님의 리듬을 따를 때

내 친구 벤(Ben)은 마이크로소프트(Microsoft)가 아직 작은 회사일 때 그곳에서 근무하기 시작했다. 그는 그곳에서 하는 일을 사랑했지만 아내 메이 링(Mei-Ling)과의 사이에 자녀(현재는 네 명)가 생기면서 삶을 조정해야 할 필요성이 생겼다. 벤 부부는 동료들이 바라는 대로 한 주에 80시간 일하는 대신 40시간만 일하기로 결심했다. 벤이 상사에게 그런 말을 하자 상사는 인상을 찌푸리며 말했다. "좋을 대로 하게. 하지만 그래서는 성공하기 힘들 거야."

벤은 갈등을 느꼈다. 일에만 빠져서 살기는 싫었지만 밤낮없이 야근을 해서라도 마이크로소프트의 '핵심'이 되고 싶은 열망 역시 강했다. 마이크로소프트에서 근무하는 내내 그와 그의 아내는 하나님께 적은 시간에 더 생산적으로 일할 수 있는 은혜를 달라고 늘 기도했다. 그리고 하나님은 그 기도에 응답해 주셨다. 벤은 승진을 거듭했고 윈도우 95와 98, 2000을 개발하는 주역이 됐다. 그리고 그는 동료들과 달리 스트레스에 시달리다 정신적으로나 육체적으로 무너지지 않았다.

물론 안식일을 지킨다고 해서 일적으로 성공한다는 보장은 없다. 하지만 안식일을 지키면(그리고 나머지 6일간 과로하지 않으면) 하나님에 대한 믿음이 자라고 그분의 신실함을 경험할 수 있게 된다. 사실 안식일을 지키면 전보다 오히려 생산성이 줄어들 수 있다. 벤의 상사가 경고한 것처럼 안식일을 지키면 일적 성공에 지장을 받기 쉽다. 우리가 하나님의 리듬을 따를 때 받는 은혜는 승진에서 탈락하는 대신 일할 때 하나님과 우리 자신, 주변 사람들을 더 의식하면서 더 깊은 만족을 얻는 것이 될 수도 있다.

안식일에 무엇을 즐길 수 있는가

안식일과 관련해서 많은 사람이 던지는 질문 가운데 하나는 '안식일에 무엇이 허용되고 무엇이 허용되지 않는가?'다. 구약 성경에 따르면, 안식일에는 모든 일이 금지된다. 안식일을 지키는 것은 모든 일, 또 일과 비슷한 모든 활동을 멈추는 것이다.

지금은 돌아가셨지만 몇 년 전 내 신학교 스승인 고 해돈 로빈슨(Haddon Robinson) 교수님이 밴쿠버의 우리 교회에 메시지를 전하러 오셨다. 로빈슨 교수님은 언제나 마음에 있는 생각을 거리낌 없이 솔직하게 말씀하셨다. 나와 함께 점심 식사를 하는 자리에서 로빈슨 박사님은 이런 말을 했다. "내가 충고 하나 해도 되겠나? 하루는 꼭 쉬게. 최소한 일주일에 하루는 쉬게나. 어떤가? 그렇게 하고 있나?"

당시 나는 그러지 못하고 있었다. 나는 말을 더듬었다. "아, 그건, 뭐, 어느 정도는 그렇게 하고 있습니다. 보통은 월요일에 쉬는데, 대신 다른 일을 하곤 합니다. 이를테면 사역과 상관없는 논문 같은 것 말입니다."

그러자 로빈슨 박사님은 이렇게 말했다. "안식일은 주중에 해야 하는 일과는 '다른' 것을 해야 하네. 논문을 쓰는 건 자네가 주중에 하는 일과 너무 비슷해. 나머지 6일간 해야 하는 일과 다른 것을 해야 쉬는 거지."

나는 그 말을 마음 깊이 새겼다.

안식일에는 상거래를 피해야 한다. 율법주의로 흘러서는 안 되겠지만, 안식일에 장을 보지 말고 전체적으로 구매를 최소화해야 돈으로 살 수 없는 하나님의 값진 선물들을 진정으로 맛볼 수 있다. 하나님의 아들 예수 그리스도, 친구들, 가족들, 자연은 정말이지 값을 따질 수 없을 만큼 귀한 선물이다.

그런데 일부 엄격한 가정에서는 안식일이 '하지 말아야 할 일'로 가득한 울적한 날이다. 야구도 하지 말아야 하고, 게임도 하지 말아야 하고, 껌도 씹지 말아야 한다. 예수님 당시에도 율법 교사들은 안식일에 관한 수칙을 계속해서 새로 만들어 냈다. 그래서 그들에게 안식일은 더 이상 기쁨이 아니라 부담이요 의무였다. 보다 못한 예수님은 이렇게 말씀하셨다. "안식일이 사람을 위하여 있는 것이요 사람이 안식일을 위하여 있는 것이 아니니"(막 2:27).

예수님은 안식일에 생명을 선택하셨다. 다시 말해, 사람들을 치유하고 먹이셨고, 안식일에 우물에 빠진 가축을 구해 내는 행동을 지지하셨다. 마크 부캐넌(Mark Buchanan)은 《하나님의 휴식》(The Rest of God, 가치창조 역간)이란 책에서 안식일을 위한 황금률은 필요한 것을 멈추고 생명을 살리는 행동에 참여하는 것이라고 말했다.

> 안식일은 …… 해야 할 일의 목록이 무한히 길다고 해도 그것을 다 끝내지 못했다 해도 잠시 멈추는 것이다. 해야 할 일은 좀처럼 만족을 모르는 시끄럽고 퉁명스러운 폭군이다. 안식일은 그것과 입장을 바꾸는 날이다. 즉 안식일은 그것들이 소금 광산에 나가고 우리는 춤추러 가는 날이다. …… 당신이 의존하고 있는 것, 아니 속박되어 있는 하찮은 것들을 억지로 무시하고, 뭐든 시간이 없고 장소가 없고 여유가 없어서 미루고 방치해 왔던 것을 해야 한다. '해야 할 것'을 버리고 '하고 싶은 것'을 붙잡아야 한다.[10]

물론 안식일에 필요한 일을 해야 할 때도 있다. 이를테면 아이가 아프면 병원에 데려가야 하고, 지나가는 사람이 다치지 않도록 집 앞의 눈을 치워야 한다. 하지만 전반적으로는 부캐넌의 말이 옳다. 안식일에는 '해야 할 것'을 무시하고 생명을 살리는 것에 집중해야 한다.

무엇이 '일'인지 자신에게 솔직하라

안식일을 지켜 생명을 선택한다는 것은 안식일에는 나머지 6일 동안과 '다른' 것을 한다는 뜻이다. 내 동서 딜런(Dylan)은 캘리포니아 대학교(University of California) 리버사이드 캠퍼스의 교수로 있다. 그의 일은 가르치고 연구하고 저술하는 것으로, 정신력을 많이 요하는 일이다. 그래서 그에게 안식은 낚시를 의미한다. 이 취미는 그의 심신을 회복시켜 주는 데 탁월한 효과를 발휘한다. 만약 딜런이 어부라면 낚시는 전혀 안식이 되지 못할 수 있다. 학생이 교과서를 읽는 것은 안식일을 범하는 것이 될 수 있다. 그 대신 몸을 움직여 운동하는 것이 좋은 안식의 방법이다. 무엇이 '일'인지 자신에게 '솔직한' 것이 매우 중요하다.

〈유에스에이 투데이〉(USA TODAY)지의 창립 멤버 낸시 우드헐(Nancy Woodhull)은 성공한 경영자답게 눈코 뜰 새 없이 바삐 살았다. 그녀가 한번은 이런 말을 했다. "나는 아무것도 하지 않고 수영장에 앉아 있는 것이 체질적으로 불가능한 사람이다. 그래서 나는 수영장에 녹음기를 가져가 아이디어가 떠오를 때마다 기록한다. 사람들이 나더러 왜 그냥 쉬지 않느냐고 물으면 나는 이런 아이디어를 기록할 때 힘이 솟는다고 대답한다. 녹음기(혹은 스마트폰이나 노트북)를 갖고 있으면 더 생산적으로 활동할 수 있다. 가만히 쉬는 시간은 필요 없다."

그런데 우드헐은 이런 말을 한 지 10년도 되지 않아 암으로 세상을 떠났다. 그때 그녀의 나이는 겨우 52세였다. 물론 그녀가 일찍 죽은 것이 일 습관 때문이었다는 직접적인 증거는 없다. 하지만 그녀의 이른 죽음은 과로사로 세상을 떠나는 수많은 일본 사람의 모습과 별로 다르지 않다.[11]

일을 즐기는 것은 좋다. 하지만 우리는 일주일에 하루씩 일을 손에서 놓고 일과 관련된 것은 일절 하지 않도록 부름을 받았다. 일주일에 7일 동안 일을 해서 안식일을 범하는 것은 하나님께 영광이 되지 못하는 행동이며, 우리를 향한 하나님의 선한 뜻을 거스르는 것이다.

하나님께로 더 가까이 이끄는 여가 활동

나는 야외에 나가는 걸 좋아한다. 영적 거장 달라스 윌라드에게 쉼의 일부로써 안식일에 산악자전거를 타도 괜찮은지 물었던 기억이 난다. 그때 윌라드는 내게 "좋은 몸 상태를 유지하기 위해 '꼭' 필요하다고 생각해서 산악자전거를 타는 겁니까?"라고 물었다.

"아닙니다. 건강 유지를 위해서는 주로 달리기를 합니다. 거의 매일 달리기를 하지요."

"산악자전거 경기를 위해 훈련하는 중인가요?"

"아니요. 그냥 취미로 탑니다. 좋아서 하는 겁니다."

"그렇다면 얼마든지 하셔도 좋을 것 같군요." 윌라드는 그렇게 결론을 내렸다.

나는 물도 좋아한다. 수영과 배 타는 것, 카약을 다 즐긴다. 그런가 하면 안식일에 미술이나 음악, 독서를 즐기는 이들도 있다. 당신을 소생시키는 활동은 무엇인가? 살아 있는 기분을 선사하고 하나님께로 더 가까이 이끌어 주는 여가 활동을 선택하라. 활동 자체는 혼자 해도 그 활동으로 나중에 남들과 양질의 시간을 보낼 수 있게 된다. 안식일을 지킬수록 우리는 모든 일에서 하나님을 즐기고 그분께 영광을 돌릴 수 있게 된다.

안식일은 평소와 다른 음식을 먹고, 낮잠을 자고, 사랑하는 사람들과 시간을 보내고, 사랑을 나누고, 자연이나 스포츠와 음악을 즐기고, 다른 이들과 함께 하나님을 예배하고 그분이 주신 생명의 선물을 기뻐하는 날이다. 안식일은 해야 할 일을 잠시 내려놓고 하나님의 소생시키는 손에 우리를 맡기는 날이다.

영혼의 렘수면

여가와 휴양이 중요하긴 하지만 여가 활동만으로는 진정한 쉼을 얻을 수 없다. 최근 한 사람이 내게 이런 말을 했다. "수영장에 누워 있으면 15초도 안 되어 온갖 '해야 할' 일들이 생각납니다."

쉴 때도 뭔가 생산적인 일을 해야 할 것 같은 기분이 들고, 마음에서 자기 비난의 목소리가 울려 퍼질 수 있다. 잠을 자도 렘(REM, rapid eye movement)수면을 정상적으로 경험하지 않으면 푹 잤다는 기분이 들지 않는다는 연구 결과가 있다. 잠의 질이 중요하다는 말이다.

사실 삶의 모든 면이 그렇다. 쉼만이 아니라 쉼의 질이 중요하다. 깊은 내적 쉼이 필요하다. 우리의 가치가 무엇을 하는지, 무엇을 가졌는지, 남들이 어떻게 생각하는지에 따라 결정된다고 말하는 내적 소음으로부터의 쉼이 필요하다. 많은 사람이 진정으로 쉬지 못하는 이유 하나는 자신이나 남들에게 자기 가치를 증명해 보이려고 하기 때문이다. 온전한 쉼을 누리려면 자기 비난의 목소리에서 해방되어야 한다.

내가 가장 좋아하는 영화 중 하나인 〈불의 전차〉(Chariots of Fire)는 에릭 리델(Eric Liddell)의 실화를 바탕으로 한 영화다. 리델은 독실한 신자로, 1924년 파리 올림픽에 영국 대표로 출전했다. 당시는 안식일을 꼭 일요일에만 지켜야 한다고 믿던 시대였다. 독실한 신자였던 리델은 금메달을 딸 가능성이 높은 주력 분야인 100미터 예선이 일요일에 열렸기 때문에 신앙 양심에 따라 시합을 포기했다. 물론 그는 조국 스코틀랜드에 금메달을 안겨 주고 싶었고 달리기를 사랑했기 때문에 100미터에서 뛸 수 없다는 사실이 무척 안타까웠다. 하지만 자신의 결정에 후회는 없었다. 그에게 가장 중요한 것은 올림픽에서 금메달을 따는 것이 아니라 자신이 하나님께 사랑을 받고 있다는 사실이었기 때문이다.

에릭 리델과 전혀 딴판인 해럴드 에이브러햄즈(Harold Abrahams)도

같은 올림픽에 출전했다. 그는 리델 같은 신앙심은 없고 야망만 강한 인물이었다. 영화에서 그는 올림픽 출전을 앞두고 팀 동료 오브리(Aubrey)에게 자신의 진짜 동기를 밝힌다. "나는 항상 좇고 있지. 뭘 좇는지도 모르고서 말이야. …… 외로운 10초 안에 (금메달을 따서) 내 가치를 증명해 보여야 해."

대부분의 사람은 에릭 리델보다는 해럴드 에이브러햄즈에 가깝다. 우리는 자신의 가치를 증명해 보이기 위해 뭔가를 '해야' 한다고 생각한다. 학교에서, 일터에서, 부모로서 집에서, 우리는 남들 앞에서 자신의 가치를 증명해 보여야 한다고 생각한다. 혹은 자신의 가치를 증명해 보이기 위해 대단한 사람이 되거나 대단한 사람과 어울려야 한다고 생각한다. 그래서 '쉬어도' 진정으로 쉬지 못한다. 수영장에 누워서도 해야 할 일만 생각한다. 영혼의 렘수면을 경험하지 못한다.

예배, 모든 생활 수칙의 중심

하나님의 백성과 함께 모여 기도하고 예배하고 찬양하고 성경 이야기를 듣고 창조주의 임재에 깊이 빠져드는 것이야말로 안식일을 가장 온전하게 지키는 것이다. 우리 자신이 아니라 그리스도 중심으로 살며, "수고하고 무거운 짐 진 자들아 다 내게로 오라 내가 너희를 쉬게 하리라 나는 마음이 온유하고 겸손하니 나의 멍에를 메고 내게 배우라 그리하면 너희 마음이 쉼을 얻으리니"(마 11:28-29)

라는 초대의 말씀에 반응할 때 진정으로 안식일을 경험하게 된다.

　예배는 안식일의 필수적인 부분이며 생활 수칙들의 중심이다. 하나님께로 시선을 돌릴 때 우리가 무엇을 하는지, 무엇을 가졌는지, 남들이 어떻게 생각하는지가 아니라 우리가 하나님께 사랑받는 자라는 사실이 우리 정체성의 핵심이라는 것을 다시금 기억할 수 있다. 예배는 자기 비난의 내적 목소리를 잠재우고 하나님의 사랑을 다시 볼 수 있게 해 준다. 이 점을 이해하면 몸과 영혼의 진정한 쉼을 경험할 수 있다.

/ 새로운 시작을 위해 묻고 답하기 /

1. 왜 많은 사람이 매주 안식하지 못할까?

2. 어떤 면에서 안식일 명령이 우리를 향한 하나님의 사랑의 표현인가? 어떻게 해서 안식일이 혁명적이며 반문화적인 행위인가?

3. 쉼의 날을 위해 어떤 '필요한' 것을 내려놓아야 하는가? 더 온전한 안식으로 들어가기 위해 어떤 계획을 세우면 좋을까?

4. 안식일에 무엇을 하는 것이 당신에게 실질적인 회복이 될까?

5. 왜 안식일을 지키면 믿음이 성장하는가?

6. 진정한 영적 렘수면을 경험하기 위해 왜 예배가 꼭 필요한가?

___

지금 내가 시작할 수 있는 작은 일,
나만의 생활 수칙 세우기

당신의 경우에는 어떤 날을 안식일로 삼아야 하고 그날을 어떻게 보내는 것이 가장 좋을지 쓰면서 생활 수칙을 작성하기 시작하라. 어떤 휴양이나 휴가 리듬을 생활 수칙의 일부로 삼으면 좋을까? (※ 부록에 생활 수칙 예시가 수록되어 있다.)

5장

보통의 순간들을 신성하게 바꾸는 힘,

기도

'내 안의 하나님'을 실제로 경험하는 시간

초등학교 6학년 때 크리스티(Kristy)란 여자애에게 한눈에 반했다. 그해 여름 내내 나는 일주일에 서너 번씩 자전거를 타고 그 애의 집에 찾아가 따사로운 햇살 아래 풀밭에 나란히 앉아 도란도란 이야기를 나누기도 하고 그 애의 트램펄린 위에서 폴짝거리기도 했다. 그 애와 함께 도넛을 먹는 시간이 마법과도 같이 행복했다.

그 어린 나이에 내가 관계에 관해 무엇을 알았을까? 거의 아는 바가 없었다. 하지만 단 하나, 누군가를 알고 싶다면 자전거를 타고 그의 집에 찾아가 함께 시간을 보내야 한다는 것만큼은 분명히 알았다. 관계는 시간이 걸린다. 하나님과 관계 맺을 때도 마찬가지다. 그분과의 관계가 깊어지기를 원한다면 그분과 함께 시간을 보내는 리듬을 길러야 한다. 우리는 값을 따질 수 없이 귀한 선물을 받았다. 창조주와의 관계라는 선물. 만물의 창조주 하나님, 우리를 누구보다 잘 알면서도 누구보다 깊이 사랑하시는 분이 이 놀라운 관계로 우리를 초대하신다. 하나님과 시간을 보내는 것이 의무가 되어서는 안 된다. 그것은 해야 할 일이 아니라 하고 싶은 일이 되어야 한다.[1]

하나님과 함께하는 것, 흔히 우리가 '기도'라고 부르는 것은 삶의 모든 부분을 지탱해 주는 격자 구조물의 또 다른 '뿌리'다. 리처드 포스터(Richard Foster)는 "모든 영적 훈련 중에서 기도는 가장 중심이다. 왜냐하면 기도는 우리를 하늘 아버지와의 영원한 교제로 안내하기 때문이다."[2] 기도를 통해 우리는 그리스도와의 연합에서 흘러나오는 생명과 열매를 경험할 수 있다. 기도는 일부터 가사와 공부, 섬김, 휴식까지 삶의 모든 활동을 신성한 것으로 변화시킬 수 있다.

예수님의 첫 제자들과 사도 바울 이후로 성 베네딕토는 기독교 역사의 처음 천 년간 가장 영향력 있는 그리스도인으로 불려 왔다. 그가 시작한 수도원 운동의 주된 목적은 기도의 삶을 기르고 일까지도 기도의 한 형태로 만드는 것이었다. 베네딕토 규율에 정확히 그런 표현은 없지만 그의 유명한 말에 그의 시각이 잘 정리되어 있다. "기도하는 것이 곧 일하는 것이고 일하는 것이 곧 기도하는 것이다."

우리 대부분은 베네딕토회 수도원에서 살고 있지 않다. 그렇다면 오늘날 우리는 이런 기도와 일의 수칙을 삶에 어떻게 적용할 수 있을까?

언제 기도하면 가장 좋을까

기도 수칙은 우리가 어떤 일을 하고 어떤 인생의 단계에 있으며 어떤 기질을 갖고 있느냐에 따라 달라진다. 내게는 아침이 집중력을 발휘해 하나님과 교제하기에 최적의 시간이다. 나는 주로 일찍 자고 일찍 일어나는 편이다. 아침이 되면 대개 아래층으로 내려가 가볍게 아침 식사를 하고 주방 탁자에 앉는다. 거기서 몇 분간 침묵의 시간을 보낸 뒤에 헤드폰을 꺼내 시편이나 복음서 같은 성경 구절을 귀로 듣는 동시에 성경책으로 읽는다. 아울러 유튜브에서 주로 지난 주일 예배 시간에 부른 찬양을 듣는다. 그러고 나서 그 구절이나 찬양에서 마음에 와 닿는 내용으로 기도를 드린다. 그런 뒤에는 대개 조깅이나 수영을 한다. 조용한 묵상 이후의 육체적인 활동은 하나님과 함께하는 시간의 연장선처럼 느껴진다.

내 하루를 이렇게 시작하는 것이 지금은 내게 잘 맞는다. 아침에 나는 가장 상쾌하고 민첩하다. 아침에는 머릿속이 상대적으로 덜 어수선하다. 나는 아침에 가장 먼저 신문이나 이메일, 문자 메시지를 보지 않는 것을 철칙으로 삼고 있다. 그런 것을 먼저 하면 온갖 해야 할 일들이 마구 떠오르기 때문이다. 단, 아침 수칙은 내게는 효과적이지만 당신에게는 적합하지 않을 수도 있다. 특히 아침에 커피 없이는 가장 중요한 일에 집중을 잘하지 못하는 사람들도 있다. 영적 삶에 관한 통찰력이 뛰어난 작가 고든 스미스(Gordon Smith)는 이렇게 말했다. "[아침에 가장 먼저 기도하는 것보다] 더 좋은 원칙은 하루 중 '가장 좋은' 시간을 하나님께 드리는 것임을 깨달았다. 여기서 '가장 좋은' 시간이란 가장 정신이 맑아서 하나님께 가장 잘 집중할 수 있는 시간을 의미한다."[3]

긴 시간을 내는 것보다 하루 중 틈틈이 짧게 기도하는 것이 더 맞는 사람도 있다. 사막의 교부 존 카시안(John Cassian)은 짧게 자주 기도하는 방법을 권장했다.[4] 그것은 수도사들이 바구니를 짜거나 밭에서 일하는 동안에도 하나님을 늘 의식하며 일상에서 기도하는 법을 배울 수 있도록 하기 위해서였다.

대학원에 다닐 때 나는 밤 10시나 11시에 산책이나 조깅을 하며 기도하는 시간을 즐겼다. 그런데 30대 중반이 되니까 밤늦은 시간에는 정신이 맑지 않았다. 아이가 생기고 삶이 복잡해지면서 밤에 오랫동안 성경을 듣고 기도하기가 한층 더 힘들어졌다.

나이가 들수록 저녁 시간에 에너지가 점점 줄어드는 것을 느꼈지만 한 가지 훈련만은 계속해서 유지했다. 매일 저녁 나는 5-10분간 성 이그나티우스(Saint Ignatius)가 "성찰 기도"라고 부른 활동을 하려고 노력한다. 구체적인 방법은 이렇다. 우리 아기를 재우고 아기 침대 옆 이불 위에 누워 생각을 조용히 정돈하고 나서 내 삶의 동영상 '재생' 버튼을 누른다. 그렇게 내가 만나 시간을 보낸 사람, 내가 나눈 대화, 내가 간 장소, 내가 한 일에 관해 생각한다. 내 생각과 감정은 당장 그 의미를 이해할 수는 없어도 찬찬히 되돌아본다. 또한 내게 이렇게 묻는다. '오늘 무엇이 가장 감사한가? 삶의 어떤 영역에서 가장 살아 있는 기분 혹은 만족감을 느꼈는가? 어떤 영역에서 가장 하나님과 하나가 된 기분을 느꼈는가?' 그렇게 물으며 그 선물을 음미하고 하나님께 감사한다. 그런 다음에는 이렇게 묻는다. '오늘 무엇이 가장 덜 감사한가? 어떤 영역에서 가장 스트레스나 근심, 좌절감, 후회를 경험했는가?' 그 영역을 기도로 하나님께 맡겨 드린다. 죄를 지은 일이 있을 때는 하나님께 용서를 구한다.

복음주의 교회에서 자란 사람은 주로 하루의 첫 시간에 성경을 읽고 기도를 드리는 '매일의 큐티' 전통에 익숙하다. 하지만 교회 역사를 보면 여러 시간대의 기도를 발견할 수 있다. 예를 들어 시편 기자는 "저녁과 아침과 정오에 내가 근심하여 탄식하리니 여호와께서 내 소리를 들으시리로다"(시 55:17)라고 말했다. 앞서 살펴봤듯이 바벨론의 고위직 관리였던 다니엘은 목숨을 걸고서 하루에 세 번씩 기도하는 습관을 이어 갔다. 베네딕토회 수도원의 수도사들은 하루에 여러 번 기도하는 성경의 패턴에 따라 하루에 일곱 번씩 기도한다. 그들은 종이 울릴 때마다 '성무일과'(daily office)라는 공식 기도를 드린다.

우리 대부분은 수도원에서 살 일이 없지만 이와 비슷하게 하루에 여러 번 짧게 기도하는 습관을 기를 수 있다. 기도할 시간을 잊어버리지 않게 시계나 휴대폰에 알람을 맞춰 놓으면 좋다. 어떤 이들은 마음의 깊은 갈망을 자연스럽게 표출하는 "호흡 기도"(breath prayers)라는 짧은 기도를 한다.[5] 한가로운 순간마다 기도할 수도 있다. 그럴 때 휴대폰을 만지작거리는 것보다 하나님의 임재에 집중하는 것이 훨씬 더 유익하지 않을까.

나는 하루 종일 틈틈이 아내와 연락한다. 집을 나가 있을 때는 짧게 몇 번씩 통화하고, 함께 점심을 먹거나 설거지를 하면서 이야기를 나눈다. 저녁에는 서로의 품에서 쉰다. 걱정거리나 중요한 문제를 함께 나누거나 그저 여유로운 시간을 함께 즐긴다. 마찬가지로, 하나님과 깊이 대화하거나 그분의 음성에 차분히 귀를 기울이거나 단순히 그분과의 동행을 즐기기 위해 가끔씩 좀 더 긴 시간을 내면 좋다.[6]

어디서 기도하면 좋을까

어디서나 기도할 수는 있지만 장소에 따라 하나님과의 대화에 영향을 받는다. 우리가 매일 교회를 찾아갈 수는 없지만 침실이나 사무실, 자동차 안에 조그만 변화만 줘도 평범한 장소가 기도하기 좋은 장소로 바뀔 수 있다. 테이블 위에서 요란한 것을 치우고 예술 작품이나 십자가, 촛불 같은 것을 놓으면 기도 분위기에 도움이 된다. 내 신학교 은사인 샘 해밀턴 푸어(Sam Hamilton-Poore) 교수님은 아이오와주에서 목회를 할 때 사무실에서 잡다한 것들을 치운 뒤 흔들의자를 놓고 벽에 좋은 미술품을 걸었다. 그랬더니 그곳을 찾아온 사람들이 편안해하며 좀 더 오래 머물렀다. 우리는 육체적인 피조물이다. 그래서 자기도 모르는 사이에 예술과 아름다움, 장소의 영향을 받는다.

기도를 돕는 몸자세

C. S. 루이스의 책 《스크루테이프의 편지》(The Screwtape Letters, 홍성사 역간)에서 스크루테이프 삼촌이라는 경험 많은 선배 악마가 웜우드(Wormwood)라는 훈련 중인 젊은 악마에게 인간들이 기도할 때 몸의 역할을 무시하게 만드는 것이 얼마나 중요한지를 설명한다. "사랑하는 웜우드야 …… 최소한 인간들이 몸의 자세가 기도에 아무런 영향을 미치지 않는다고 믿게 만들 수는 있단다. 녀석들은 네가 항상 기억해야 하는 그걸 늘 까먹기 때문이지. 녀석들은 동물이어서 뭐든 몸으로 하는 것이 영혼에도 영향을 미친다는 걸 너는 꼭 기억해야 한다."[7]

몸의 자세는 기도의 자세에 영향을 미친다. 예수님의 첫 제자 중에는 하늘을 향해 팔을 뻗고 눈을 크게 뜬 채로 서서 기도하는 유대교의 관습을 유지한 이들이 적지 않았다. 그런가 하면 하나님 앞에서 경외감을 표시하기 위해 무릎을 꿇거나 엎드리는 이도 있다.

또 딱딱한 의자에 허리를 곧추세우고 앉아 두 발을 바닥에 딱 붙이면 하나님께 정신을 집중하는 데 도움이 된다고 하는 이도 있다. 어떤 이는 몸을 움직이지 않으면 마음도 고요해진다고 말한다. 그 반면 친한 친구와 하듯 거닐면서 하나님과 대화하는 것을 좋아하는 이도 있다. 육체적 움직임은 불안한 에너지를 날려 버려 보다 기도에 집중하는 마음 상태를 만들 수 있다.

공동체 안에서 함께 기도할 때

1세기 교회는 함께 기도하는 시간을 중시했다. 사도행전 2장 42절을 헬라어 원문으로 읽어 보면 초대 교인들이 "기도"(the prayers)를 열심히 했다는 점을 확인할 수 있다. 여기서 사도행전의 저자 누가가 정관사(the)를 사용한 것은 그것이 개인적인 기도가 아니라 예배로 모인 공동체의 기도였다는 뜻이다.

디트리히 본회퍼(Dietrich Bonheffer)는 《말씀 아래 더불어 사는 삶》(Life Together, 빌리브 역간)이란 책에서 그리스도 안에서의 형제자매와 함께 기도하며 우리의 "공동 탄원, 공동 감사, 공동 중보"를 하나님께 "기쁘고 확신 있게" 아뢰라고 말했다. 함께 기도할 때 같은 신자들의 기도가 우리를 흔들리지 않게 붙잡아 주는 것을 경험할 수 있다.[8]

혼자 산 정상에 올라 숨 막히는 경치를 보거나 해변에서 찬란한 석양을 보고서 사랑하는 사람, 하다못해 낯선 사람이라도 함께 봤으면 좋았을 텐데 하고 생각했던 적이 없는가? 아름다운 것을 다른 이들과 함께 경험할 때 기쁨과 감사가 배가된다. 최근 아내와 함께 U2의 밴쿠버 공연에 다녀왔다. 집에서 혼자서도 그 음악을 들을 수 있었지만 수많은 사람과 함께 들으니 감동이 훨씬 더했다. 우리가 굳이 라이브 콘서트나 축구 경기장까지 가는 이유는 혼자보다 여럿이 함께 즐길 때 더욱 온전한 경험이 가능하기 때문이다. 기도도 마찬가지다. 혼자보다 다른 사람들과 함께 기도할 때 하나님을 더욱 온전하게 경험할 수 있다.

기도를 배우다

누군가를 처음 만나면 무슨 말을 하고 어떻게 어울려야 할지 모를 때가 많다. 그와 비슷하게 하나님과 어떻게 대화해야 할지 헷갈릴 때도 있다. 그런 의미에서 기도의 특정 유형을 참조하면 좋다. 특히 정기적으로 기도하는 법을 배우는 중이라면 더더욱 그렇다. 내가 발견한 여러모로 유익한 몇 가지 기도 유형을 소개한다.

주기도문

나는 자주 주기도문(마 6:9-13)을 내 기도의 길잡이로 삼는다. 하늘에 계신 아버지께 기도할 방법이 많고 하나님은 어떤 기도도 기꺼이 받아 주실 만큼 인자하시지만, 때로 과연 내가 하나님과 '올바른 방법'으로 소통하고 있는 것일까 하는 걱정이 들 수 있다. 하지만 주기도문으로 기도하면 그런 걱정을 할 필요가 없다. 주기도문은 하나님이 직접 알려 주신 기도니까 말이다. 주기도문을 문자 그대로 기도해도 좋고, 기도의 본보기로 삼아도 좋다. (마태복음을 보면 예수님은 '이와 같이' 기도하라고 말씀하셨다.) 기도 자체는 간단하다. 천천히 기도해도 1분이면 족하다. 하지만 짧아도 그 범위는 우리가 기도해야 할 모든 것을 망라할 만큼 넓다.

주기도문에서 발견되는 기도 유형

하늘에 계신 우리 아버지여,

이름이 거룩히 여김을 받으시오며

나라가 임하시오며

뜻이 하늘에서 이루어진 것같이

땅에서도 이루어지이다

오늘 우리에게 일용할 양식을 주시옵고

우리가 우리에게 죄 지은 자를 사하여 준 것같이

우리 죄를 사하여 주시옵고

우리를 시험에 들게 하지 마시옵고

다만 악에서 구하시옵소서

나라와 권세와 영광이 아버지께 영원히 있사옵나이다

아멘.

아버지. 예수님이 이 기도에서 사용하신 첫 단어는 "하늘에 계신" 이다. 우리는 우리를 사랑하시는 동시에 강하신 아버지께 기도한다. "하늘에 계신"이란 구절은 온 세상을 다스리는 왕을 의미한다. 다음 단어는 "아버지"를 뜻하는 "아빠"(Abba)다. 기도의 시작은 우리가 사랑 많고 선하고 강한 아빠께 기도한다고 인정하는 것이다. 알다시피 부모는 자녀가 대단한 일(아이가 할 수 있는 가장 대단한 일이라고 해 봐야 먹고 싸고 자는 것이 전부지만)을 하기도 전에 이미 그를 사랑한다. 우리를 향한 하늘 아버지의 사랑도 마찬가지다. 하나님은 우리가 무엇을 할 수 있는지와 상관없이 우리를 사랑하신다. 기도할 때 우리는 완벽하신 '우리' 아버지가 우리를 소중히 여기신다는 사실을 마음으로 느낄 수 있다.

경배. 그다음 구절은 "이름이 거룩히 여김을 받으시오며"이다. 예수님 당시에는 이름이 사람의 인격이나 마땅한 평판을 의미했다. 이 기도는 하나님이 경배를 받아 마땅하다는 점을 인정하는 것이다. 아울러 우리와 다른 사람들도 그렇게 되기를 원한다는 바람을 표현하는 것이기도 하다.

받아들임. 그다음 구절은 "나라가 임하시오며 뜻이 하늘에서 이루어진 것같이 땅에서도 이루어지이다"이다. 우리에게는 나름의 바람과 뜻이 있다. 하지만 그 모든 것을 하나님의 사랑의 뜻 앞에 내려놓고, 우리 삶의 모든 영역에서 오직 그분의 선한 목적만이 이루어지게 해 달라고 기도해야 한다. 우리 삶을 온전히 하나님께 맡기고, 오직 그분의 정의와 평화가 온 세상을 뒤덮게 해 달라고 기도하자.

요청. "오늘 우리에게 일용할 양식을 주시옵고." 이는 의식주와 일같은 우리의 기본 필요를 채워 달라고 요청하는 기도다. "우리에게"라는 복수형은 전 세계적으로 굶주림에 신음하는 수십억 명의 일용할 양식을 위해 기도해야 한다는 점을 말해 준다.

"우리가 우리에게 죄 지은 자를 사하여 준 것같이 우리 죄를 사하여 주시옵고." 음식이 몸의 건강에 필수적인 것처럼 우리 영혼의 건강에는 용서가 꼭 필요하다. 용서를 받고 나서는 우리에게 죄지은 사람들을 용서할 수 있어야 한다.

"우리를 시험에 들게 하지 마시옵고 다만 악에서 구하시옵소서." 죄의 용서를 위한 기도를 드렸으면 이제 다시 죄를 짓지 않게 해 달라고 기도할 차례다. 시험에 들지 않고, 혹시 시험에 들더라도 죄를 짓지는 않게 해 달라고 기도해야 한다.

덧붙이는 말. "나라와 권세와 영광이 아버지께 영원히 있사옵나이다 아멘." 이 구절은 마태복음 원문에는 없었을지 모르지만 기도를 마치는 말로 매우 적합하다. 우리 아버지가 천지의 주재이시기도 하다는 점을 인정하면서 기도를 마치면 우리의 초점이 우리 자신에게서 모든 삶을 지탱해 주시는 분께로 회복된다.

주기도문은 우리 기도의 올바른 방향과 균형을 유지시켜 준다.

ACTS 기도

새 신자일 때 나는 ACTS로 기도하는 법을 배웠다. 주기도문의 기본 요소를 올바르고 기억하기 좋은 순서로 나열한 것이다. 즉 경배(Adoration), 고백(Confession), 감사(Thanksgiving), 간구(Supplication)의 순서로 진행된다.

주기도문과 마찬가지로 이 기도 유형은 진정으로 찬양받아 마땅하신 하나님을 경배하고 예배하며 시작된다. 그렇게 초점을 우리 자신에게서 영존하시는 하나님께로 옮긴다. 그런 다음에는 죄를 인정하고 고백하면서 하나님의 용서하심을 새롭게 경험한다. 이어서 받은 복을 기억하며 그런 선물을 주신 분께 감사한다. 이 감사의 자리에서 우리 자신과 친구, 가족, 일, 세상을 위한 요청을 하는 간구의 자리로 나아간다.

이 순서가 매우 중요하다. 이렇게 먼저 하나님을 예배하고 죄를 고백하고 하나님의 많은 선물을 되새긴 뒤에는 내 요청이 평소와 달라진다. 내 상황에 진정으로 맞는 간구를 하게 된다.

시편 기도

시편도 많은 기도 유형이 담겨 있는 보물창고다. 성경의 다른 책들은 주로 하나님의 말씀을 전해 주지만 시편은 우리가 하나님께 어떻게 말해야 할지를 보여 준다. 시편은 예수님을 비롯한 유대인의 기도책이었다. 교회도 처음부터 시편으로 기도해 왔다. 150편의 시편은 그대로 읊어도 좋고 개인 기도의 도약대로 사용해도 좋은 기도들이다.

시편은 기쁨에서 감사와 좌절감, 분노, 질투, 비탄, 죄책감, 용서, 믿음, 소망까지 사실상 모든 인간 감정을 표현하고 있다. (각 시편은 그것을 읽는 당시 우리의 바람을 대변해 주지는 않더라도 그리스도의 몸 안에 있는 누군가의 바람을 표현한다.) 내 멘토 한 명은 시편에 대해 "영혼을 위한 하수 처리장"이란 표현을 사용했다. 다시 말해 우리는 시편을 통해 어떤 감정이든 표출할 수 있고, 그 과정에서 정화를 경험할 수 있다.

시편은 우리 자신을 하나님께 솔직히 표현할 언어를 제공한다. 솔직한 표현은 모든 관계의 성장에 꼭 필요한 요소다. 상대방에게 '정중하고 적절한' 말만 하면 관계는 언제까지나 피상적인 수준에 머물 수밖에 없다. 슬픔이나 치부, 분노까지 다 표현해야 관계가 깊어진다. 마음에 있는 것들을 기도하는 것이 기도의 좋은 출발점이다. 기도는 우리 염려를 하나님께 아뢰는 것이다. 우리의 염려는 하나님의 주된 관심사이기도 하다.

시편에서 발견되는 기도 유형

시편은 수만 가지 감정을 하나님께 표현할 수 있게 해 준다.

- 때로 내 바람들이 상충할 때는 시편 37편 4절로 기도를 드렸다. "여호와를 기뻐하라 그가 네 마음의 소원을 네게 이루어 주시리로다." 하나님께 '그분의' 바람을 우리 마음에도 달라고 기도한다. 그분의 바람에 따라 살면 그 바람이 반드시 이루어진다.

- 응답해 주시지 않는(것 같은) 하나님께 화가 날 때는 시편 22편 2절로 기도를 드렸다. "내 하나님이여 내가 낮에도 부르짖고 밤에도 잠잠하지 아니하오나 응답하지 아니하시나이다."

- 죄를 지었을 때는 시편 51편 10절로 기도를 드렸다. "하나님이여 내 속에 정한 마음을 창조하시고 내 안에 정직한 영을 새롭게 하소서."

- 어려움 앞에서 어찌할 바를 모를 때는 시편 27편 1, 5절로 기도를 드렸다. "여호와는 나의 빛이요 나의 구원이시니 내가 누구를 두려워하리요 여호와는 내 생명의 능력이시니 내가 누구를

> 무서워하리요 …… 여호와께서 환난 날에 나를 그의 초막 속에 비밀히 지키시고 그의 장막 은밀한 곳에 나를 숨기시며 높은 바위 위에 두시리로다."
>
> 마음이 감사로 부풀어 오를 때는 시편 107편 1절로 기도드렸다.
> "여호와께 감사하라 그는 선하시며 그 인자하심이 영원함이로다."

기도 생활에 메마름이 찾아오다

연애 관계는 강한 감정의 폭발과 함께 시작된다. 결혼은 말 그대로 꿀같이 달콤한 신혼여행으로 시작된다. 연애 관계의 초기 단계에는 서로 쉴 새 없이 재잘거린다. 식당에서 갓 사귄 커플을 보면 서로를 쓰다듬으며 끊임없이 정겨운 대화를 나누는 걸 볼 수 있다.

우리의 기도 생활과 기도 수칙도 영적 여행의 단계마다 달라질 수 있다. 예수님을 처음 알면 기도 말이 술술 나오기 마련이다. 첫사랑으로 뜨거운 신자들에게 기도는 기쁨이다. 하지만 연애 관계처럼 이 신혼 단계에서 자연스럽게 다음 단계로 이동하게 된다.

강한 감정의 폭발이 가라앉으면 하나님과 새롭게 교제할 기회가 찾아온다. 이제는 특별한 영적 느낌에 따라 하나님과 교제하지 않고 하나님께 진정한 사랑을 표현할 수 있다. 영적으로 메마른 계절은 거의 모든 사람에게 정상적으로 찾아오는 시기다. 죄를 짓지 않았고, 특별히 하나님과의 관계에 악영향을 끼칠 만한 일을 하지 않았어도 그런 시절이 찾아올 수 있다. 우리는 하나님과의 관계에서 더 성숙해져서 황홀한 영적 경험만이 아니라 더 깊은 사랑과 헌신에서 우러나온 마음으로 그분을 찾아야 한다. 하나님은 우리가 그렇게 되기를 바라며 이런 메마른 시절을 허락하실 수 있다.

말을 초월하는 침묵 기도

하나님과의 관계가 깊어져도 말은 여전히 중요하지만 꼭 필요하진 않게 된다. 카를로 카레토(Carlo Caretto)는 이런 말을 했다. "기도는 사랑과도 같다. 처음에는 말이 쏟아진다. 그러다가 좀 더 조용해져 짧은 말로 기도한다. 힘든 순간에는 말을 비롯해서 아무것도 없이 그저 몸짓만으로도 충분하다. 사랑이면 충분하다. 그러다가 말이 아예 불필요해지는 순간이 온다. …… 영혼이 메마름과 고통 가운데서도 사랑의 눈길만으로 하나님과 대화한다."[9]

우리의 가장 깊은 기도는 말을 초월한다. 즉 성령이 우리를 통해 말할 수 없는 탄식으로 기도하신다(롬 8:26-27 참조). 말로 기도하기가 힘들거나 아예 불가능할 때는 성령이 우리 안에서 기도하며 하나님과의 관계를 키워 주실 줄 믿고 하나님 앞에 조용히 있어도 된다.

유진 피터슨은 메릴랜드주에서 목회를 할 때 아내와 강이나 산에서 오붓한 시간을 보내곤 했다. 두 사람은 산책이나 산행을 하기 전에 시편을 읽고 기도를 드렸다. 그러고 나서 서너 시간 동안 아무

말도 하지 않고 걷다가 점심 식사를 할 때에야 비로소 다시 입을 열었다. 침묵 속에서 그들은 강, 떡갈나무, 화강암 바위, 그 모든 것의 창조주, 그리고 서로 깊은 교제를 나누었다. 금슬이 좋은 부부나 쌍둥이, 절친한 친구는 서로 아무 말이 없어도 전혀 불편해하지 않고, 단 몇 마디로도 마음을 충분히 주고받는다.

하나님과의 관계도 마찬가지다. 관계가 깊어지면 많은 말을 하지 않고도 심지어 말을 아예 하지 않고도 기도할 수 있다. 하나님의 임재를 더 분명히 인식할수록 이런 종류의 교제를 나눌 수 있다. 기도를 의무로 여기지 않고 하나님을 즐기고 그분에게서 받을 기회로 여길 수 있다. 바실 페닝턴(Basil Pennington)의 말처럼 기도의 '말'이 기도의 길을 방해할 때가 있다.[10]

침묵이 하나님 앞에서 가장 적합한 자세일 때가 있다. 시편 기자도 이 점을 알고서 "가만히 있어" 하나님이 "하나님 됨을 알지어다"(시 46:10)라고 말했다.

인도 예수회 수사인 앤서니 드멜로(Anthony DeMello)는 '작은 물고기'(The Little Fish)라는 비유를 소개했다.

한 바다 고기가 말했다.
"실례합니다만, 저보다 나이가 많으시니 혹시 바다라고 하는 것을 어디서 찾을지 아십니까?"
그러자 나이 많은 물고기가 말했다.
"자네가 있는 이곳이 바다라네."

"여기요? 이건 그냥 물이잖아요. 바다가 어디 있는지 알고 싶다니까요."

실망한 물고기는 그렇게 말하고는 다른 곳을 찾기 위해 떠나갔다.[11]

하나님은 어디에나 계신다. 예수님의 제자로서 우리는 하나님의 영이 우리 안에 거하신다는 사실을 안다. 이는 기도의 목적이 하나님을 '찾는' 것이 아니라 하나님의 임재를 점점 더 깊이 의식하는 것이라는 뜻이다. 기도를 통해 우리는 이미 가진 것을 발견한다. 우리는 이미 모든 것을 갖고 시작한다. 다만, 그것을 점차 분명히 깨달아 간다. 그리스도 안에서 우리에게 이미 모든 것이 주어졌다는 사실을 점점 더 깊이 깨닫는다. 우리에게 필요한 것은 이미 가진 것을 실제로 경험하는 것이다.[12]

/ 새로운 시작을 위해 묻고 답하기 /

1. 어떤 면에서 기도의 삶이 성장하는 것이 관계가 깊어진다는 것인가?

2. 당신에게 잘 맞는 기도 유형이 있는가? 특정 유형대로 기도할 때 어떤 장단점이 있을까?

3. 다른 이와 함께 기도하면 하나님을 더 잘 의식할 수 있다는 점에 동의하는가? 그런 경험을 해 봤는가?

4. 침묵이 당신의 기도 생활에서 어떤 역할을 할 수 있을까?

지금 내가 시작할 수 있는 작은 일,
나만의 생활 수칙 세우기

당신의 경우, 어떤 시간이 기도하기에 가장 좋은가? 그에 맞게 매일 혹은 매주의 기도 수칙을 정해 보라.

6장

**믿고 먹는
하나님표
상차림,**

말씀 묵상

삶으로 소화될 때까지 성경을 먹다

　　　　　　　　　　　　　　내 아내는 결혼 전 일본 오사카에 살 때 귤을 무척 좋아했다. 한번은 아내가 귤을 연속해서 여러 개 먹자 장모님은 "얘, 너 그러다 귤로 변한다"라고 놀렸다고 한다. 아내가 실제로 귤 피부로 변했든 장모님이 아내를 절제시키려고 한 말이든 우리가 먹는 대로 변해 간다는 점만큼은 사실이다.
　영적 영역에서도 마찬가지다. 우리가 어떤 영적 음식을 소화시키느냐에 따라 우리가 어떤 사람이 될지가 달라진다. 예수님은 우리가 빵으로만 사는 것이 아니라 하나님의 입에서 나오는 모든 말씀으로 산다고 말씀하셨다(마 4:4 참조). 하나님의 말씀을 먹으면 그 말씀이 우리 영양분 곧 우리의 일부가 된다.

격자 구조물 곧 우리의 영적 성장을 이끌어 주는 생활 수칙의 세 번째이자 마지막 '뿌리'는 하나님의 말씀을 주기적으로 읽는 것이다. 시편 1편은 늘 하나님의 말씀을 먹는 사람이 진정 복 있는 사람이라고 말한다. 유진 피터슨의 표현을 빌자면 그 사람은 "거룩한 행운"을 가진 사람이다.[1]

잠시 이 시편을 큰 소리로 읽어 보라.

> 복 있는 사람은 악인들의 꾀를 따르지 아니하며 죄인들의 길에
> 서지 아니하며 오만한 자들의 자리에 앉지 아니하고
> 오직 여호와의 율법을 즐거워하여 그의 율법을 주야로
> 묵상하는도다 그는 시냇가에 심은 나무가 철을 따라 열매를
> 맺으며 그 잎사귀가 마르지 아니함 같으니 그가 하는 모든 일이
> 다 형통하리로다 악인들은 그렇지 아니함이여 오직 바람에
> 나는 겨와 같도다 그러므로 악인들은 심판을 견디지 못하며
> 죄인들이 의인들의 모임에 들지 못하리로다 무릇 의인들의 길은
> 여호와께서 인정하시나 악인들의 길은 망하리로다.

이 구절을 다시 한 번 천천히 큰 소리로 읽으면서, 마음에 와 닿

는 단어나 문장, 이미지를 만날 때마다 멈춰서 기도해 보길 바란다.

성경을 읽으면 달라지는 것들

시편 1편에서 복 있는 사람은 하나님의 말씀을 묵상하는 사람이다. '묵상하다'에 해당하는 히브리어는 "하가"(hagah)다. 이사야는 사자가 먹잇감을 향해 내는 소리에 이 단어를 사용했다(사 31:4 참조). 《이 책을 먹으라》(Eat This Book, IVP 역간)에서 유진 피터슨은 이 구절의 배경에 대한 이해를 돕기 위해 다음과 같은 생생한 비유를 사용했다.

> 몇 년 전에 큰 뼈다귀를 좋아하는 개를 키운 적이 있다. 녀석은 운이 좋았다. 우리 집은 몬태나주의 숲이 우거진 언덕에 있었다. 녀석은 주로 정강이뼈나 갈비뼈 전리품을 질질 끌고서 호수 옆에 있는 우리 집 돌 마당에 나타나곤 했다. 녀석은 작은 개였고 대부분의 뼈는 거의 녀석의 덩치만큼 컸다. …… 녀석은 전리품을 우리 앞에 놓고 껑충거리며 꼬리를 흔들고 자랑스러워했다. …… 녀석은 뼈를 물고 이리저리 굴리며 핥고 흔들었다. …… 녀석은 그걸 즐기는 모습이 역력했다. 전혀 서두르지 않았다. 두어 시간 즐기던 녀석은 뼈를 묻었고, 다음 날 돌아와 다시 파냈다. 보통 뼈는 일주일 정도 갔다.[2]

시편 1편을 보면 복 있는 사람은 하나님의 말씀을 묵상하는 사람이다. 즉 하나님의 말씀을 물고 그 골수를 빨아먹으며 그 말씀을 향해 기분 좋게 으르렁거리는 사람이다.

시편 1편의 기자는 복 있는 사람이 철마다 열매를 맺고 그 잎사귀가 시들지 않는 시냇가의 나무와 같다고도 말한다(3절 참조). 시냇가에 심긴 나무는 흐르는 물을 마시고 햇빛을 받으며 자란다. 물론 그 작용은 당장 눈에 드러나지 않는다. 물은 땅속의 뿌리에 영양분을 공급하고, 토양은 미네랄을 제공하며, 태양은 광합성 작용을 일으킨다. 물과 토양, 태양이 나무를 살찌우듯 하나님의 말씀은 우리 영혼을 살찌운다.

십 대 시절 처음 그리스도의 제자가 되었을 때 나는 책을 읽는 걸 지독히 싫어하면서도 성경 내용에는 강렬한 갈증을 느꼈다. 그래서 말씀을 묵상하기 시작했고 심지어 산상수훈(마 5-7장)과 요한일서를 암송하기까지 했다. 그렇게 성경을 읽을수록 믿음이 쑥쑥 자라 갔다.

A. W. 토저(Tozer)는 《하나님을 추구하라》(The Pursuit of God, 복있는사람 역간)란 책에서 이렇게 말했다. "성경은 그 자체로서 목적이 아니라 사람들을 하나님에 대한 친밀하고도 만족감을 주는 지식으로 이끄는 수단이다. 성경을 통해 우리는 그분 안으로 들어가고, 그분의 임재 안에서 즐거워하며, 마음 깊은 곳에서 그분의 달콤함을 맛볼 수 있다."[3] 예수님은 당시 종교적 엘리트들에게 이런 말씀을 하셨다. "너희가 성경에서 영생을 얻는 줄 생각하고 성경을 연구하거니와 이 성경이 곧 내게 대하여 증언하는 것이니라 그러나 너희가 영생

을 얻기 위하여 내게 오기를 원하지 아니하는도다"(요 5:39-40).

성경의 궁극적인 목적은 그 글자 자체가 아니라 살아 계신 하나님과 친밀하고 기쁘고 살찌우는 관계에 있다. 기록된 말씀은 살아 계신 하나님을 만나고 그분과 연합하게 도와준다.

말씀이 내 일부가 되는 묵상법

그렇다면 말씀을 실제로 어떻게 묵상해야 할까? 성 베네딕토는 "렉시오 디비나"(lectio divina; 거룩한 독서)라고 부르는 성경 묵상의 실용적인 모델을 제시했다. 렉시오 디비나는 성경을 참고 읽어야 할 컴퓨터 매뉴얼이 아닌 깊이 음미하고 싶은 개인적인 편지처럼 다루는 방법이다. 렉시오 디비나를 하게 되면 자연스럽게 독서가 묵상으로, 묵상이 기도로, 기도가 살아 계신 하나님을 즐기는 것으로 이어진다.[4]

디트리히 본회퍼는 *Meditating on the Word*(말씀을 묵상하라)란 책에서, 우리가 뭔가를 공부할 때는 분석을 하지만 사랑하는 사람에게 편지를 받으면 마리아가 잉태하여 예수 그리스도의 어머니가 될 것이라는 천사의 말을 들었을 때처럼 단순히 마음을 열어 그것을 음미한다고 말했다.[5] 말씀을 묵상하는 것은 그것을 천천히 씹어 그 의미가 우리의 피를 통해 퍼지게 만드는 것이다.[6]

묵상은 시간이 걸린다. 한 말씀에서 다른 말씀으로 마구 넘어가지 않고 한 구절이나 문장, 심지어 한 단어에 집중한다. 현재 상황에 비춰 그 본문을 깊이 생각한다. 그 말씀에서 깨달음과 위로를 얻는다. 그 말씀을 놓고 기도하며, 하루나 일주일, 혹은 그 이상의 기간 동안 수시로 그것을 떠올린다. 말씀 묵상의 목표는 최대한 많은 성경을 읽는 것이 아니라 성경 속으로 더 깊이 들어가 그 안의 진리가 머리에서 가슴으로, 공부에서 기도로 이동하게 하는 것이다. 토저가 말했듯이 성경은 그 자체로 목적이 아니라 하나님과의 친밀하고 만족을 주는 관계로 들어가기 위한 다리가 되는 것이다.

나의 성경 묵상법은 간단하다. 아침에 시리얼 한 그릇을 먹은 뒤에 헤드폰을 끼고 휴대폰을 켜 성경 파일을 듣기 시작한다. 여름에는 우리 집에서 멀지 않은 곳에 있는 작은 산에 오르거나 근처 해변으로 가서 시편이나 복음서를 듣는다. 그러다가 마음에 와 닿는 말씀이 있을 때는 플레이를 멈추고 그 본문으로 돌아가 여러 번 다시 듣는다. 깊이 묵상하며 듣고 또 듣는다.

최근에는 시편 90편을 들었다. 그 시편은 "주여 주는 대대에 우리의 거처가 되셨나이다"로 시작된다. 이런 말씀을 들을 때면 내 조부모 중 유일하게 살아 계신 97세 할머니가 생각난다. 할머니는 기억을 잃어 가고, 치매 초기 증상을 보이고 있다. 할머니가 세상을 떠나면 우리 가문의 한 세대가 완전히 지나가는 셈이다. 이 사실을 생각하면 우리 인생이 얼마나 빨리 흘러가는지 실감이 간다.

그러다가 12절에서 다시 멈추곤 한다. "우리에게 우리 날 계수함을 가르치사 지혜로운 마음을 얻게 하소서." 이 구절로 반복해서 기도한다. 그러면 이 구절이 내 영혼 속에서 울려 퍼진다. 이 땅에서 우리의 날이 얼마나 짧은지를 점점 더 분명히 의식하게 된다. 이어서 내 이름을 높여 주는 게 아니라 하나님이 기뻐하시는 것을 추구할 지혜로운 마음을 달라고 기도하기 시작한다. 오전에 수영을 하다가 "지혜로운 마음을 얻게 하소서"라는 구절이 떠오르면 하나님께 그분의 지혜를 부어 달라고 간단히 기도한다. 길을 걸어가다가 다시 그 구절이 생각난다. 성경을 기도하면서 읽으면 좋은 점은 말씀이 우리의 일부가 된다는 것이다. 말씀이 우리 마음에 깊이 새겨져 인생의 여행을 위한 음식이 되어 준다.

하나님 말씀을 마음에 두다

시편 119편 11절은 이렇게 말한다. "내가 주께 범죄하지 아니하려 하여 주의 말씀을 내 마음에 두었나이다."

하나님의 말씀을 마음에 두는 것은 성경 묵상의 또 다른 방식이다. 이는 성경이 하나님이 내게 주시는 개인적인 말씀인 것처럼 내 마음을 열어 그 안의 진리를 내 일부로 받아들이는 것을 의미한다. 성경에 몰입하면 말씀이 우리의 거친 모서리를 깎아내고 우리에게 영양분을 공급하여 우리를 성장시킨다. 시편과 복음서 같은 성경 구절을 집중해서 읽고 하루나 일주일 혹은 그 이상의 기간 동안 기도하며 묵상하면 그 말씀이 우리 존재의 일부로 녹아든다. 이런 반복적인 묵상을 통해 말씀이 우리 마음에 자리를 잡아 우리와 하나가 되면 현재뿐 아니라 미래에도 계속해서 열매를 맺는다.

이런 열매 맺는 삶이 어떻게 가능할까? 이런 변화를 일으키는 방법 하나는 성경 구절을 '소리 내어' 읽는 것이다. 앞서 소개했던 '묵상'에 해당하는 히브리어 하가는 성경을 소리 내어 읽으며 배우는 과정을 지칭한다. 우리는 묵상을 흔히 "마음으로" 배우는 것이라고 말하지만 "입으로" 배우는 것이라는 옛 사람의 표현이 더 적절하다.[7] 더 많은 감각을 동원해서, 즉 성경을 큰 소리로 반복해서 읽어 마음에 깊이 새겨야 한다.[8] 베네딕토가 살던 6세기 세상에서는 수도사들이 주로 눈이 아닌 입술로 성경을 읽었다. 그들은 본 것을 입으로 선포하고 자신이 말한 것을 귀로 들었다.[9] 이런 형태의 묵상도 예수님 당시 유대교 전통에서 비롯한 것이다.

소리 내어 읽어 시각에 청각을 더하면 읽는 속도가 느려져 시를 읽을 때처럼 단어 하나하나를 음미할 수 있다.[10] 이렇게 서두르지 않고 편하게 구절을 음미하면 다른 구절들과 지난 기억, 가정이나 직장의 상황과 연결 지어 생각하고, 미래에 대한 소망을 얻으며, 성경의 이야기를 우리 이야기로 만들 수 있다.[11]

이야기 속 현장으로 들어가라

4세기의 달변가 설교자 요한네스 크리소스토무스(John Chrysostom)는 청중에게 말씀을 외운 다음 상상력을 동원해 마음의 벽에 성경 그림을 그리라고 권했다. 그렇게 하면 성경이 우리가 계속해서 볼 수 있는 마음속의 미술관처럼 된다.[12] 예수회 창립자 로욜라의 이그나티우스도 복음서의 이야기를 읽을 때 상상력을 발휘하라고 말했다. 구체적인 방법은 이렇다. 성경 속의 이야기가 익숙해질 때까지 두세 번 정도 읽은 다음에 눈을 감고 배경을 상상한다. 그다음에는 시각, 청각, 촉각, 후각, 미각의 오감을 동원하여 그 이야기 속으로 들어가 극중 인물이 되어 본다.[13]

마태복음 14장 22-23절에서 예수님이 물 위를 걸으신 이야기를 이런 식으로 읽는 연습을 해 보자. 먼저 배경을 상상해 보자.

새벽 2시에 당신이 제자들과 함께 배를 타고 호수 한가운데로 나갔는데 느닷없이 사나운 풍랑이 일어난다.
무엇이 들리는가? 파도가 어떤 모습인가?
몸이 전후좌우로 정신없이 흔들리니 속이 어떤가?
얼굴에 부딪쳐 오는 바람이 어떤 느낌인가?

멀리서 물 위를 미끄러지듯 다가오는 유령 같은 것이 보인다.
어떤 기분이 드는가?
배 안의 다른 사람들은 어떻게 반응하고 있는가?

그런데 그 유령 같은 존재가 낯익은 음성으로 말한다.
"안심하라! 나다! 두려워하지 마라."
그 말에 당신 안에서 어떤 감정이 일어나는가?

'정말 주님인가?'라는 생각이 든다.
"정말로 주님이시라면 저더러 물 위를 걸어
당신께 오라고 명해 주십시오."
당신이 말하자 주님이 "오라"라고 말씀하신다.
당신은 배에서 나와 물 위로 예수님께 걸어가기 시작한다.
물 위를 걷는 느낌이 어떤가?
발아래서 사납게 요동치는 파도의 느낌이 어떤가?
예수님의 얼굴은 어떤 모습인가?
당신을 보시는 표정이 어떠한가?

이제 당신은 고개를 돌려 바람과 파도에 시선을 집중한다.
그리고 이내 가라앉기 시작한다.
물이 얼마나 차가운가? 어떤 감정이 느껴지는가?

"주님, 구해 주십시오!" 당신이 놀라서 소리를 지르자
예수님이 손을 뻗어 당신을 잡아 주신다.
당신의 팔을 잡는 예수님의 손이 어떤 느낌인가?
어떤 마음이 드는가? 지금 예수님께 무슨 말을 하고 싶은가?

　성경 속의 장면을 상상해 보면 우리가 그 이야기의 일부가 되고 그 이야기가 우리의 일부가 될 수 있다.

마음속 도서관을 짓다

성경 구절을 외우면 내면에 끊임없는 묵상을 위한 일종의 도서관이 만들어진다. 12세기를 살았던 베네딕토회 수사 윌리엄 티에리(William Thierry)는 Golden Epistle(황금서)이란 책에서 이렇게 말했다. "읽는 것 중 일부를 매일 기억이란 위에 넣어 소화시켜야 한다. 그리고 때로는 그것을 되새김하기 위해 수시로 꺼내야 한다."[14]

티에리는 성경을 읽고 외우는 것을 소가 풀을 먹어 일부는 소화시키고 일부는 더 씹기 위해 다시 꺼내는 것에 비유했다. 농장에서 살아보지 않은 사람에게는 이 비유가 비위에 거슬릴 수도 있지만 이 비유는 묵상을 잘 설명해 준다. 우리는 되새김질하는 소처럼 하나의 말씀을 한 번 씹고 그치는 것이 아니라 계속해서 그 말씀으로 돌아가 더 많은 영양분을 취해야 한다.

티에리에 따르면, 말씀을 외우면 하루 종일 그 말씀을 되새기며 기도할 수 있다. 베네딕토 수도사들은 성무일과를 위해 시편 150편 전체를 비롯해서 성경 내용을 많이 암송했다. 요즘에는 성경을 많이 외운 사람을 보기 힘들다. 인터넷이나 전자 기기를 통해 언제라도 성경을 볼 수 있다고 생각하기 때문이다. 하지만 첨단 기술에만 의존하면 말씀을 내면화하여 우리의 일부로 삼을 수 없다.

영화에서 예수님 역할을 맡았던 한 배우는 촬영을 위해 복음서에 나온 예수님의 모든 말씀을 외웠다. 그는 이런 말을 했다. "딜레마나 중요한 결정을 마주할 때마다 예수님의 말씀이 떠오릅니다."

말씀을 묵상하고 암송하면 언제라도 그 말씀을 즉시 기억해 실천할 수 있어서 좋다.

말씀대로 살기 위해 읽는 것이다

말씀을 읽고 묵상하는 목적은 하나님의 도를 '아는' 것만이 아니라 하나님의 말씀대로 순종하여 '실천하는' 것이다. 알면 행동으로 이어져 삶의 건전한 기초를 쌓을 수 있다. 예수님은 십자가에 달리기 전날 밤 그분의 말씀을 행동으로 옮기는 것의 중요성을 말씀하셨다. "너희가 이것을 알고 행하면 복이 있으리라"(요 13:17).

인터넷이 등장한 이후로 우리는 다 행동으로 옮기지 못할 만큼 많은 정보를 소비하고 있다. 최근 우리 교회의 주일 저녁 예배에 참석하는 한 젊은이와 이야기를 나눈 적이 있다. 그는 그날 다른 두 곳에서도 예배를 드렸다고 말했다(그는 세 교회를 다닌다). 그러더니 mp3를 꺼내 예배 중간마다 듣는다는 유명한 텔레비전 설교자의 설교 파일 제목들을 보여 줬다. 처음에는 그 배움의 열정에 감명을 받았지만 나중에는 고개를 갸웃거리게 되었다. '과연 저 친구가 그 모든 정보를 잘 소화시켜 적용하고 있을까?'

오늘날 예수님의 제자로 사는 사람들이 자주 빠지는 함정은 행동은 하지 않고 정보를 수동적으로 저장하기만 하는 것이다. 머릿속에 성경에 관한 지식을 가득 채우고 실제로 그 지식에 따라 살지 않으면 영적으로 살만 쪄서 굼뜰 수밖에 없다. 심지어 말씀의 깨우침에 점점 무뎌져서 말씀을 듣기만 할 뿐 삶은 전혀 변하지 않는 지경에 빠질 수도 있다.

장 르클레르크(Jean Leclercq)는 예전에는 라틴어 "메디타리"(meditari; 묵상)의 일반적인 용례가 곰곰이 생각한다는 뜻이었지만 "그것을 '행할' 의도"가 분명히 포함되어 있었다고 말한다. 메디타리는 생각의 영역에만 머물지 않고 반드시 행동으로 이어지기 때문에 실제로 고대의 의사들은 육체적 운동이 필요한 환자들에게 묵상적인 읽기를 처방했다.[15]

성경 구절을 묵상하고 입으로 말하고 기억 속에 저장하고 행동으로 옮겨 '마음으로' 배우면 그 구절은 단순히 핥을 수 있는 뼈 이상의 것이 된다. 하나님을 향한 굶주림을 채워 주는 영혼의 양식이 되는 것이다.

/ 새로운 시작을 위해 묻고 답하기 /

1. A. W. 토저는 성경의 궁극적인 목적이 살아 계신 하나님과 개인적으로 만나게 하는 것이라고 말했다. 맞는 말이라고 생각하는가? 그런 경험을 해 봤는가?

2. 당신의 경우에는 성경을 어떤 식으로 묵상하는 것이 가장 좋을까? 예를 들어, 렉시오 디비나, 성경 속 장면 상상하기, 말씀 암송.

3. 꼭 외우고 싶은 성경 구절이 있는가? 당신의 경우에는 그 구절을 외우기에 가장 좋은 시간이 언제인가?

4. 현재 하나님이 당신에게 행동으로 실천하라고 말씀하시는 성경 구절이 있는가?

지금 내가 시작할 수 있는 작은 일,
나만의 생활 수칙 세우기

말씀을 먹기 위한 매일 혹은 매주의 수칙을 써 보라(기도 시간과 겹칠 수도 있다).

GOD IN MY EVERYTHING

3부 더불어 자라 가다

믿음의 완주를 위한 지혜자들의 '관계' 수칙들

7장

보폭을
맞추며
함께 걷기,

영적 우정

속을 터놓는 영혼의 친구

SNS에서 사귄 '친구'가 수백, 아니 수천 명이 넘는가? 그렇다면 혹시 그들 중에서 한 명이라도 진정한 친구가 있는가? 그런 친구가 있다면 필시 당신은 온라인 '친구'와 진정한 친구의 차이점을 아는 사람이다. 몇 년 전 〈뉴욕 타임스〉(New York Times)지에 기고한 글에서 할 니엣즈비에키(Hal Niedzviecki)는 페이스북 계정을 처음 만들었을 때 느낀 바를 이야기했다. 그가 페이스북에 가입한 지 얼마 되지 않아 '친구'의 숫자는 700명에 달했다. "낯선 이들까지 포함해서 이렇게 많은 '친구'를 추가했다는 사실이 너무 자랑스러웠다." 하지만 아이러니는 '온라인' 친구가 기하급수적으로 늘어난 반면 함께할 '실제' 친구는 전에 없이 적어졌다는 것이다. 그래서 그는 온라인 친구를 실제 친구로 만들기 위해 페이스북 파티를 계획했다.

그는 자주 가는 동네 술집으로 700명의 페이스북 친구를 모두 초대했다. 그중 15명은 오겠다고 대답했고, 60명은 올 수도 있다고 대답했다. 이에 그는 대략 20명쯤 올 것으로 예상했다. 그리하여 그날 저녁 그는 샤워를 하고 향수를 뿌리고 새 바지와 아끼는 셔츠를 입고 그 술집으로 향했다.

거기서 그는 기다리고 또 기다렸다. 한참 만에 결국 한 사람이 나타났다. 전혀 알지 못하는 여자였다. 알고 보니 그녀는 '친구'의 '친구'였다. 그녀는 그와 잠깐 이야기를 나눈 뒤 가 버렸다. 그는 술집에 혼자 앉아 자정까지 기다렸다. 그는 이런 말로 글을 마쳤다. "700명의 친구들이 있었지만 그날 밤 나는 혼자 술을 마셨다."[1]

인터넷 덕분에 사람과 연결되기가 전에 없이 쉬워졌다. 하지만 아이러니하게도 현대인들은 가까운 친구가 전에 없이 적어졌다고 말한다. 1985년에는 미국인 열 명 중 한 명만이 막역한 친구가 없다고 대답했다. 그런데 20년 뒤에는 네 명 중 한 명이 막역한 친구가 없다고 대답했다.[2]

하버드대학교(Harvard University) 교수 로버트 퍼트넘(Robert Putnam)은

《나 홀로 볼링》(Bowling Alone, 페이퍼로드 역간)이란 책에서 인터넷과 텔레비전 같은 기술의 등장으로 우정이 싹트기 위한 비공식적 사회 활동(저녁 파티, 볼링 리그, 지역사회 모임 등)이 줄어든 현상을 설명한다.[3] 우리를 서로 연결시키기 위해 개발된 기술이 사실상 우리를 분열시키고 있다.

이렇게 세상에 진정한 우정이 사라지고 외로움이 만연해지면 뼈아픈 대가가 따른다. 의료 연구가와 사회과학자는 우정과 건강 사이의 깊은 연관성을 이야기한다. 좋은 친구들과 함께 살아가는 사람일수록 더 건강하게 오래 사는 경향이 있다. 펜실베이니아주 로세토(Roseto)란 마을에는 이탈리아 이민자들이 끈끈한 공동체를 이루고 살아간다. 그들은 거리에서 자주 발걸음을 멈춰 이야기를 나누고 서로의 집에 자주 찾아가며 뒷마당에서 함께 요리를 해 먹기도 한다. 이 마을을 연구한 학자들은 그곳을 떠난 사람들보다 그곳에 머문 사람들이 더 오래 산다는 사실을 발견했다. 그때부터 강한 공동체 의식이 있는 곳마다 사람들이 더 건강하게 오래 사는 것을 "로세토 효과"라고 부르게 되었다.[4]

강한 우정은 심리 건강에도 좋은 영향을 미친다. 1937년 하버드대학교 학생들은 인간의 건강과 행복을 증진시키는 핵심 요인들을 파악하기 위해 광범위한 연구를 시작했다. 그 연구는 1930년대 말 하버드에 입학한 268명의 70년 인생을 추적하는 것이었다. 그들은 전쟁, 직업, 결혼, 이혼, 자녀 양육, 손자 탄생, 노년까지 자신들의 인생 경험들을 추적했다. 이제 90대에 이른 이 야심만만한 연구자들은 지나온 인생을 되돌아보다가 뜻밖의 사실 하나를 발견했다. 그것은 그들에게 가장 큰 만족을 준 것이 직업적 성공이나 빛나는 성과가 아니라 가족 및 친구와의 관계였다는 사실이다.[5]

관계 DNA가 새겨져 있다

하나님은 어둠에서 빛을, 바다에서 육지를 분리시키고 꽃과 나무, 물고기, 새, 포유동물을 만드는 천지 창조를 완성하신 뒤에 그 모든 것을 보며 "심히 좋았더라"(창 1:31)라고 말씀하셨다. 그리고 나서 좋지 '않은' 뭔가를 보며 이렇게 말씀하셨다. "사람이 혼자 사는 것이 좋지 아니하니"(창 2:18). 알다시피 아담은 에덴동산에서 '이상적인' 삶을 살고 있었다. 그는 상상을 초월하는 온갖 경이로 가득한 태곳적 낙원에서 죄 없이 하나님과 친밀한 관계를 누렸다. 농부이자 동물학자로서 그의 일은 정신과 육체를 골고루 사용하는 만족스러운 일이었다. 에덴동산에는 맛있는 음식이 지천에 깔려 있었다. 그런데 이런 놀라운 선물의 한복판에서도 하나님은 "사람이 혼자 사는 것이 좋지 아니하니"라고 말씀하셨다.

하나님과의 관계, 만족스러운 할 일, 모두가 부러워하는 집과 생활양식을 갖고도 절친한 친구들이 없다면 꼭 필요한 것이 빠진 것이다. 우리가 하나님의 형상을 따라 창조되었기 때문에 그렇다. 하나님은 성부와 성자, 성령 이렇게 세 위가 하나의 공동체로 존재하시는 분이다. 즉 우주의 중심에는 관계가 있다.[6] 관계는 우리 본성의 일부요 우리의 DNA에 새겨져 있다. 우리가 사랑으로 다른 이들과 건전한 관계를 맺는 것은 곧 하나님의 형상을 드러내는 것이다.

생명을 주는 관계는 기도와 성경 읽기만큼이나 우리의 영적 성장과 건강에 중요하다. 관계는 하나님과의 삶을 지탱해 주는 격자 구조물에서 중요한 역할을 담당한다. 이번 장에서는 영적 우정의 중요성을 살펴보고, 이어지는 두 장에 걸쳐서는 영적 삶과 성, 가족 관계 사이의 중요한 연관성을 탐구해 보자.

힘들 때 도망가지 않는 우정

친밀한 우정은 성 베네딕토가 말한 "주님을 위한 섬김의 학교"가 되어 준다. 우정은 사랑, 충성, 인내, 용기라는 경건한 품성들이 자라는 이상적인 환경이다.[7] 성경에 나오는 요나단과 다윗의 우정은 친구가 어떻게 서로를 성장시켜 주는지를 잘 보여 주는 사례다. 원래 요나단과 다윗은 서로 라이벌일 수밖에 없는 상황이었다. 둘 다 매력적이고 건강한 남자로 이스라엘의 떠오르는 지도자였다. 그리고 둘 다 요나단의 아버지 사울왕을 이을 차기 왕의 재목으로 여겨지고 있었다.

그런데 이렇게 적이 되기 쉬운 두 사람은 서로에게 칼을 겨누기는커녕 함께 맺은 약속 위에 깊은 우정을 쌓았다. 사무엘상 18장 1-4절에서 우리는 두 사람의 깊은 우정을 엿볼 수 있다. "요나단의 마음이 다윗의 마음과 하나가 되어 요나단이 그를 자기 생명같이 사랑하니라 …… 요나단은 다윗을 자기 생명같이 사랑하여 더불어 언약을 맺었으며 요나단이 자기가 입었던 겉옷을 벗어 다윗에게 주었고 자기의 군복과 칼과 활과 띠도 그리하였더라."

요나단은 아버지의 총애, 나아가 왕좌를 잃을 수도 있다는 사실을 잘 알면서도 다윗과 우정의 언약을 맺었다. 사실 그는 얼마든지 왕권을 포기할 수 있다는 징표로 다윗에게 자신의 관복과 칼을 줬다. 이에 다윗은 요나단과 그의 가족에게 끝까지 잘해 주겠다고 약속했다(삼상 20:14-15 참조). 다윗과 요나단은 서로에게 희생적인 약속을 했기 때문에 진정한 친구가 될 수 있었다.

12세기 시토회 수도사인 리보의 엘레드(Aelred of Rievaulx)는 Spiritual Friendship(영적 우정)이란 책에서 진정한 친구의 특징은 그러기 힘든 상황에서도 상대방의 편에 서 주는 것이라고 말했다.[8] '좋을 때만 친구'라는 말은 모순어법이다. 바이런(Lord Byron)경은 "우정은 날개 없는 사랑이다"라는 유명한 말을 했다.[9] 진정한 친구는 힘들 때 도망가지 않는다. 우리가 고난에 처했을 때 우리를 버리지 않은 사람들, 그들이 바로 진정한 친구다. 진정한 친구는 그리스도처럼 고난의 시기에 우리와 함께 나란히 서서 짐을 나눈다.

용기를 주는 우정

다윗과 요나단처럼 또래와 오랫동안 우정을 나누는 사람이 많지만 세대가 다른 사람과도 진정한 우정을 나누는 것이 가능하다.

리처드 로어(Richard Rohr)는 모든 젊은이가 지식을 얻기 위해서가 아니라 정신을 배우기 위해 자신보다 나이가 많은 친구를 필요로 한다고 말했다.[10]

나도 인생 선배들과의 우정을 통해 많은 것을 배웠다. 앞서 소개했던 레이튼 포드가 기억나는가? 나를 인생의 전환점이 된 아일랜드 순례로 초대해 준 그는 나의 오랜 멘토이자 친구였다. 내가 처음 그와 의미 있는 시간을 보낸 건 보스턴에서 신학을 배우던 시절이었다. 한번은 그가 내게 그의 친구의 집까지 태워 달라고 부탁했다. 그리하여 어느 늦은 밤 공항에서 그를 차에 태우고, 그에게 가는 동안 자면서 쉴 것을 권했다. 하지만 그는 의자에 반쯤만 기댄 채 질문하기 시작했다. "잠은 오지 않을 것 같네. …… 어디 자네의 인생 이야기 좀 해 보게나."

그날 그렇게 싹튼 우정은 거의 20년 가까이 지속됐다. 그 긴 세월 동안 그는 내 인생길의 변함없는 동무가 되어 줬다.

1996년 여름, 지금 시무하는 밴쿠버 텐스애비뉴교회에 처음 왔을 때 1950년대에 전성기를 보낸 역사적 교회를 목회한다는 것이 엄두가 나질 않았다. 출석 교인 숫자는 1,000명에서 100명으로 줄어 있었고, 20년 사이에 거의 20명의 목사가 교체됐다. 그곳에 부임한 지 얼마 되지 않아 교회 비서가 내 사무실로 찾아와 말했다. "지금 배가 가라앉으면 목사님이 최종 책임자이기 때문에 모두 목사님을 탓할 겁니다." 물론 더 분발하라고 격려하는 말이었지만 그 말에 나는 전보다 훨씬 더 위축되었다.

두 주 뒤, 레이튼 포드와 나는 내 차를 타고 교회에서 그리 멀지 않은 곳을 지나고 있었다. 나는 격려가 절실히 필요했지만 차마 말하기가 부끄러웠다. 그래서 격려 대신 조언을 부탁했더니 그는 잠시 생각하다가 이렇게 대답했다. "하나님은 예술가시라는 점을 기억하게. 하나님은 자네가 누구의 것도 모방하기를 원치 않으시네. 이 교회만을 위한 하나님의 독특한 비전을 찾게."

자상한 말투로 건넨 이 말 덕에 나는 텐스교회에서의 처음 몇 달을 버틸 힘을 얻었다. 친구가 곁에 있으면 용기가 솟아난다.

빨리 친밀해지려 안달하지 말라

아일랜드 순례 여행 때 "아남카라"(anamcara)란 단어를 처음 알게 되었다. "아남"(anam)은 '영혼'을 뜻하는 게일어이고, "카라"(cara)는 '친구'를 의미한다. 따라서 '아남카라'는 '영혼의 친구'다. 원래 이 단어는 비밀과 치부를 고백할 수 있는 사람을 지칭했는데 나중에는 속을 터놓을 수 있는 사람을 의미하게 됐다.[11]

엘레드는 이런 종류의 영적 친구를 "모든 비밀과 계획"을 나눌 수 있는 사람으로 표현했다.[12] 우리는 그 앞에서 자신을 완전히 투명하게 드러낼 수 있는 친구, 그 앞에서 '마음의 긴장을 풀 수 있는' 영혼의 친구를 필요로 한다.[13] 토머스 머튼의 말처럼 영혼은 야생동물처럼 수줍음을 탄다. 영혼은 소음을 피해 덤불 아래에 숨는다. 오직 안전한 곳에서만 영혼은 다시 모습을 드러낸다.[14] 안전하다고 느낄 때, 상대방이 자신을 이해해 준다고 느낄 때, 우리 영혼은 밖으로 나와 자신을 드러낸다. 가식과 허울을 벗어 버리고 깊은 곳의 비밀과 꿈, 두려움, 실패, 희망을 터놓는다.

자신의 친구가 어떤 친구인지를 아는 것이 중요하다. '친구'가 많지만 그들 모두가 사실상 그저 '아는 사람'일 수도 있다. 엘레드는 이들을 아끼는 것은 좋지만 "이들에게 영혼의 속살을 드러내고 속정까지 주는 것은 경솔하다"라고 말했다.[15] 우리가 잘되기를 바라고 우리를 가장 잘 알며 절대 우리를 배신하지 않을 것이라고 확신할 수 있는 사람에게만 "영혼의 속살을 드러내야" 한다. "너무 빨리 친밀함을 쌓지 말아야" 한다.[16] 영혼의 친구를 사귀려면 시간이 걸린다. 그래서 인생의 어느 시기든 그런 친구를 한두 명 이상 얻기는 힘들다. 엘레드의 말을 다시 들어 보자. "하지만 또 다른 자아에게 말하는 것처럼 말할 수 있는 대상, 자신의 실패를 아무런 거리낌 없이 고백할 수 있는 대상, 자신의 영적 삶이 어떠한지를 부끄러움 없이 말할 수 있는 대상, 마음의 모든 비밀을 밝히고 모든 계획을 공개할 수 있는 대상이 있는 것이 얼마나 큰 행복이고 안심이 되며 기쁜가!"[17]

자신의 이야기와 걱정, 기쁨, 짐, 치부, 희망을 나눌 믿을 만한 친구는 값으로 따질 수 없는 선물이다. 그런 친구 앞에 서면 무거운 마음이 가벼워지고 해방감이 찾아온다. 하지만 영적 우정은 단순히 '기분'을 더 좋게 해 주는 게 아니라 '더 나은 사람'이 되게 해 준다. 영적 우정의 목적은 자신의 말에 무조건 고개를 끄덕여 주는 사람을 얻는 것이 아니라 그리스도 안에서 성장해 나가는 것이다. 진정한 친구는 격려만이 아니라 쓴소리도 해 줄 줄 안다.

복이 되는 상처

내 친구 엘리자베스(Elizabeth)는 전국에서 손꼽히는 대학 투창 선수였다. 대학 시절 그녀는 창을 어깨에 멘 채 스탠포드 교정을 걸어 다녔다. 투창 연습을 하러 갈 때만이 아니라 평소에도 자주 그랬다. 그녀는 심지어 개인적인 관계 속에서도 '창'을 자주 꺼낸다. 다시 말해 그녀는 친구가 들어야 할 진실을 정확히 겨냥해서 말해 줄 줄 안다.

그녀는 내가 잘 모르거나 잊고 살던 장점을 정확히 짚어 줄 뿐 아니라 일중독 같은 나의 부족한 점도 지적해 준다. 내 아들이 태어난 뒤 그녀는 내게 집에서 가족과 더 많은 시간을 보내라고 강권했다. "강연하러 다니는 것은 누구나 할 수 있지만 사키코의 남편과 조이의 아빠 역할은 다른 사람이 대신 해 줄 수 없잖아요." 그녀가 그렇게 말했던 기억이 난다. 또 엘리자베스는 내가 누군가에게 도가 지나칠 정도로 정을 쏟는 모습을 보고서 적절한 선을 지키라고 쓴소리를 했다. 잠언은 친구가 주는 상처가 적의 입맞춤보다 낫다고 말한다. 엘리자베스 같은 솔직한 친구가 주는 상처는 말할 수 없는 복이다.

자신의 삶을 100퍼센트 완벽히 아는 사람은 세상 어디에도 없다. 눈에 맹점이 있는 것처럼 영혼에도 자기는 볼 수 없는 맹점이 존재한다.[18] 영적 친구는 맹점을 찾아 사랑으로 지적해 준다. 우리가 일에 파묻혀 있거나 돈을 어리석게 쓰는 결정을 내리거나 건강하지 못한 관계에 빠져 있을 때 영적 친구는 우리를 위해 그것을 가감 없이 지적해 준다. 진정한 친구는 우리가 하나님에게로 '가까이' 가도록 이끌어 줄 뿐 아니라 하나님에게서 '멀어지게' 만드는 태도와 행동을 솔직히 지적해 준다.

영적 사귐을 위한 실천법

영적 우정의 목적은 그리스도를 향한 사랑 안에서 자라는 것이다. 영적 우정은 "그리스도 안에서, 그리스도와 함께, 그리스도를 위해 사는 삶"이다.[19] 내 친구 마이크(Mike)는 20년 지기인 브랜든(Brandon)과 그런 우정을 나누어 왔다. 마이크와 브랜든은 십 대 시절에 만나 곧 서로 죽고 못 사는 술친구가 되었다. 그러나 성인이 된 후 두 사람은 각자 방탕한 삶을 떠나 신앙생활을 열심히 하기로 결심했다. 믿음이 깊어지면서 그들의 우정은 서로 영적 여정을 격려하는 쪽으로 변했다. 이제 그들은 서로 차로 한 시간 남짓 떨어진 곳에 살지만 자주 만나서 함께 시간을 보낸다.

마이크는 이렇게 말한다. "저희는 매일 서로를 위해 기도하고 특별한 일이 없는 한 일주일에 한 번씩은 전화 통화를 하기로 약속했습니다. 저희는 서로 격려하고 웃게 해 주는 이메일과 문자, 페이스북 게시물도 자주 주고받습니다. 그리고 한 달에 한 번씩 저녁에 만나 콘서트를 보거나 캠핑을 하면서 원 없이 이야기를 나누고 함께 기도합니다. 아내와 아이들까지 온 가족이 서로의 집에 찾아가 교제하기도 하고요." 그리스도의 길에서 벗어나지 않게 서로 밀고 끌어 주는 동반자의 존재는 정말 중요하다.

영적 우정은 그리스도를 향한 사랑 안에서 성장하게 도와주기 때문에 중요한 영적 훈련이지만 생활 수칙의 다른 요소들과 따로 이뤄질 수 없다. 생활 수칙 내의 몇 가지 훈련이 영적 우정을 직접 지원해 준다.

같이 놀기

마이크와 브랜든의 교제 방법 하나는 함께 노는 것이다. 남자들끼리 사귀기 위한 가장 좋은 방법은 함께 즐길 수 있는 것을 하는 것이다. 내 경우에는 남자들끼리 '커피'를 마시며 수다를 떠는 것보다 함께 달리거나 자전거를 타거나 배를 타는 것이 더 자연스럽다. 나중에 더 이야기하겠지만, 함께 놀면 훨씬 더 가까워질 수 있다. 그래서 사람들이 이성을 사귀려고 할 때 주로 영화나 놀이동산 같은 것으로 데이트를 신청하는 것이다. 결혼한 사람들도 배우자와 더 친해지기 위해서 다양한 놀이를 즐긴다. 함께 놀면 자연스럽게 관계가 시작되고 깊어진다.

얼굴과 얼굴 마주하기

윌리엄 데레저위츠(William Deresiewicz)는 이렇게 말했다. "최근 먼

곳으로 이사하면서 남겨두고 온 친구들과 페이스북으로 소통하면 도움이 될 것이라고 생각했다. 하지만 지금 와서 보니 정반대다. 친구들의 사소한 일상사에 관해 끊임없이 읽다 보면 마치 정크 푸드를 폭식한 것처럼 공허함과 불쾌한 팽만감을 동시에 느낀다. 그것은 우리가 이메일이나 전화 통화, 대면을 통해 주고받는 진짜 음식, 진짜 지식을 기억나게 만들기 때문이다."[20]

SNS는 영혼의 정크 푸드로 변해버리기 쉽다. SNS를 통해 멀리 사는 친척이나 친구들과 사진을 주고받는 것은 좋지만 자칫 그들이 어떻게 사는지만 알 뿐 정작 그들과는 멀어질 수 있다. 진짜 사람과 얼굴을 마주하는 일은 없는 거짓 친밀감만 싹틀 수 있다. 가상 관계라는 대체물에 만족하지 말고 진짜 사람과 시간을 보내라.

같이 섬기기

섬김을 함께 실천하면 자연스럽게 우정이 쌓인다. 베네딕토 수도원에서는 수도원장을 포함한 모든 수도사가 부엌일을 한다. 이렇게 함께 섬기면 서열 의식은 줄어들고 겸손과 우정이 싹튼다.

우리 교회는 아름답지만 외로운 도시에 자리해 있다. 그래서 교인들에게 "여기서는 친구는커녕 사람을 만나기가 힘들어요"라는 말을 자주 듣는다. 밴쿠버는 대학생 비율이 아주 높은 도시로 아시아에서 온 학생들이 북미의 다른 지역으로 가기 위해 거쳐 가는 관문도시 역할을 한다. 우리 교회에서는 이 학생들에게 무엇보다도 서로를 알기 위한 방법으로 섬김을 권장한다. 노숙자의 식사 준비를 위해 함께 당근과 토마토를 썰거나 가난한 가정을 위해 집을 지어 주는 현장에서 함께 못질을 하면 섬김을 받는 사람에게 도움을 줄 뿐 아니라 섬기는 사람끼리도 친해지거나 더 깊은 우정을 나눌 수 있다.

같이 기도하기

페니(Penny)와 앨리슨(Allison)은 매주 폴스 크릭(False Creek)에서 만나 오랫동안 산책을 한다. 산책하는 동안 그들은 서로 대화를 나누기도 하고 자연스럽게 하나님과도 이야기를 나눈다. 이것이 이상하게 들릴 수도 있지만 그리스도가 우리 가운데 계신다고 믿는 사람이라면 충분히 수긍이 갈 것이다. 성경은 하나님의 자녀 두 사람(혹은 그 이상)이 모이면 그곳에 그리스도가 특별하게 임재하신다고 말한다(마 18:20 참조). 아남카라와 함께, 그리고 아남카라를 위해 기도하면 그와 깊은 영적 우정이 쌓인다. 엘레드는 그의 친구 이보(Ivo)에게 이렇게 말했다. "자, 여기 자네와 내가 있네. 그런데 우리 가운데 세 번째로 그리스도가 계시기를 바라네."[21]

내 친구 고든 스미스는 자신의 영적 삶에서 가장 중요한 경험 중 하나로 3주에 한 번씩 친구 대럴(Darrell)을 만나 점심 식사 한 것을 꼽았다. 두 사람은 만날 때마다 서로에게 이렇게 물었다. "우리가 지난번에 만난 이후로 어떤 기쁜 일과 슬픈 일이 있었지?" 그들은 이그나티우스의 '성찰 기도'를 사용해 어떤 영역에서 기쁨이나 살아 있는 기분, 하나님과 연결된 느낌(이그나티우스가 "위로"라고 부른 것)을 경험하고 어떤 영역에서 슬픔이나 분노, 하나님에게서 멀어진 느낌 (이그나티우스가 "황폐"라고 부른 것)을 경험하고 있는지를 서로 나누었다. 스미스와 대럴이 이 오래된 기도법을 실천할수록 서로에게 점점 더 솔직해지고 그리스도와의 우정이 자라났다.

먼저 친구가 되어 주라

진정한 영적 친구가 없다면 그런 친구를 어떻게 찾아야 할까?

먼저, 하나님께 친구를 달라고 기도하라. 성경을 읽어 보면 하나님이 우정을 싹트게 해 주신 일을 자주 볼 수 있다. 다윗과 요나단, 룻과 나오미, 바울과 바나바, 그리고 예수님과 제자들의 경우가 그러했다. 친구는 하나님의 선물이다. 하나님께 우리를 위해 미리 정하신 친구들을 보내 달라고 기도하라.

둘째, 사람들에게 먼저 다가가고 관계가 깊어질 수 있게 먼저 노력하라. 하나님이 우정이란 선물을 주신다고 해서 우리가 할 일이 없다는 뜻은 아니다. 우리가 노력하면 더 좋은 결과가 나타날 수 있다. 때로 두 사람 사이에서 영적 우정이 시작되기 위해 필요한 것은 대화 몇 마디가 전부일 수 있다. 상대방에게 다가가기를 두려워하지 말라. 먼저 다가가 그의 이야기를 들으면서 공통의 목적의식 같은 연결점이 있는지 잘 살펴보라. 서로 만난 뒤에 둘 다 하나님이 주시는 평안과 자유를 느낀다면 6개월이나 1년 동안 만나 보는 것이 좋다(너무 멀리 떨어져 있다면 전화 통화를 해도 좋다). 그런 다음에는 잠시 떨어져 시간을 보내며, 계속해서 만나는 것이 서로에게 유익할지 고민해 보라.

앞서 살폈듯이 생활 수칙의 본질은 이미 꽉 찬 삶에 무조건 더 많은 것을 구겨 넣는 것이 아니다. 생활 수칙의 본질은 뭔가에 "예"를 하기 위해 다른 뭔가에 "아니요"를 하는 것이다. 생활 수칙은 삶의 각 부분에 마땅한 시간을 할애하는 것이다. 우정은 시간과 땀, 희생을 필요로 한다. 그리고 그렇게 하고도 실망과 좌절, 깊은 상심으로 이어질 수 있다. 하지만 그런 아픔을 무릅쓸 만한 가치가 있다. 예수님이 '세상을 구하기' 위해 쓴 시간은 1,000일 정도였다. 그런데 그분은 열두 명의 수제자들이 모조리 자신을 버리고 두 명은 배신까지 할 줄 뻔히 알면서도 그 1,000일의 대부분을 그들에게 투자하셨다. 그리하여 그 3년 반 동안 제자들은 그분의 친구가 되었다.

마지막으로, 다른 이의 친구가 되어 주라. 우정을 얻는 최상의 방법은 먼저 친구가 되어 주는 것이다. 진정으로 우정을 표현하는 사람은 정말 귀하다. 그런 사람이 점점 보기 힘들어지고 있다. 누군가의 말처럼 요즘 우리의 '친구'는 "야구 카드 세트가 있다고 뉴욕 메츠를 가진 게 아닌 것처럼 내 (진짜) 친구가 아닌 이미지와 정보만이 담긴 작은 진공포장 세트"다.[22]

문화의 흐름을 거슬러 다른 이에게 헌신을 약속하고 그들을 세워 주고 속을 터놓는 진짜 우정을 쌓으라. 그들에게 사랑으로 냉엄한 진실을 말해 주고 그들을 하나님께로 이끄는 아남카라가 되어 주라. 이런 종류의 우정은 단순히 우리 노력만으로 이루어지지 않는다. 이것은 하나님과의 우정이 깊어질 때 그분에게 받는 선물이다.

예수님은 십자가에 달리시기 전 다락방에서 이렇게 말씀하셨다. "이제부터는 너희를 종이라 하지 아니하리니 종은 주인이 하는 것을 알지 못함이라 너희를 친구라 하였노니 내가 내 아버지께 들은 것을 다 너희에게 알게 하였음이라"(요 15:15).

생활 수칙을 통해 우리가 먼저 예수님과 깊은 우정으로 나아가면 다른 이에게 진정한 우정을 선사할 수 있게 된다.

/ **새로운 시작을 위해 묻고 답하기** /

1. 인터넷이 우정에 어떻게 도움이 되는가? 인터넷이 우정을 어떻게 방해하는가?

2. 어떤 식으로 우정이 우리의 전반적인 건강을 증진시켜 주는가?

3. 생명을 주는 우정이 영적 성장에 기도나 성경 읽기만큼 중요하다는 말에 동의하는가?

4. 이번 장에서 설명한 다윗과 요나단이 맺은 우정의 특징 중에서 무엇이 가장 감명 깊었는가? 성경 속의 우정을 포함해서 어떤 사람의 우정에서 깊은 감명 또는 교훈을 받았는가?

5. 친구를 사귀는 데서 당신이 가장 두려워하는 점은 무엇인가? 친구를 사귀면 어떤 점이 가장 좋을 것 같은가?

지금 내가 시작할 수 있는 작은 일,
나만의 생활 수칙 세우기

영적 친구로 삼을 만한 사람의 이름을 적고, 어떻게 그와 지속적인 관계를 맺기 시작할까 고민해서 써 보라. 이미 그런 친구가 있다면 그를 만나서 어떤 주제로 토론할지 생각해 보라.

8장

창조 설계 안에서 빛을 발하는 에너지,

성(性)

생각보다 훨씬 더 크고 넓은 '연결 욕구'

몇 년 전 브리티시컬럼비아주의 아름다운 선샤인 해변(Sunshine Coast)을 따라 배를 탔다. 날씨는 더없이 아름다웠다. 푸른 하늘과 눈부신 햇빛에 울퉁불퉁한 해안선이 선명하게 보였다. 저녁에는 어느 조용한 만으로 들어갔는데, 찬란한 석양에 바닷물이 황금빛으로 일렁였다. 땅거미가 내려앉자 하늘에는 수많은 별들이 반짝거렸다. 모든 것이 완벽했다.

딱 하나만 빼고. 아내 사키코가 빠져 있다는 것이 못내 아쉬웠다. 아내는 일본에서 온 친구를 접대하느라 집에 있었다. 아내와 나란히 서서 이 장엄한 풍경을 구경하고 싶은 마음이 굴뚝같았다.

인생의 찬란했던 순간이 기억나는가? 그 순간 혼자였다면 필시 친구나 가족과 함께 그 경험을 나누면 좋겠다는 생각을 했을 것이다. 우리는 관계적인 하나님의 형상을 따라 지음받았기 때문에 늘 다른 사람과 연결되고 싶어 하는 욕구를 품고 있다. 이런 연결의 욕구는 하나님이 주신 성(性)의 한 표현이라고 할 수 있다.

성은 단순한 성행위보다 훨씬 더 광범위하다. 헬라어 "에로스"(eros; "에로틱"[erotic]의 어원)는 성욕을 의미할 수도 있지만, 본래 아름다움이나 관계적 친밀함에 대한 자연스러운 욕구를 지칭한다. 인간의 성에 대한 성경의 개념도 단순한 성행위보다 훨씬 더 광범위하다. 예를 들어, 가족들과 모여 어울리다가 갑자기 "정말 좋다"라고 혼잣말을 하게 되는 순간이 있다. 그때 우리는 관계적 친밀함의 욕구를 표현한 것이고, 그 욕구는 성의 한 표현이다. 이런 광범위한 개념으로 볼 때 에로스는 우리가 좋은 친구와 함께 나이아가라 폭포 앞에 서서 얼굴에 물보라를 맞을 때 느끼는 장엄함을 가리킨다. 혹은 국가대표팀이 올림픽 금메달을 따는 순간 수많은 국민들이 서로에 대해 느끼는 행복감과 연대감을 지칭한다.[1]

나는 옛 사람들처럼 성을 이렇게 광범위한 시각으로 보는 것이 현대인에게 특히 필요하다고 생각한다. 우리는 싱글로 사는 사람이 전에 없이 많은 시대에 살고 있다. 많은 사람이 다양한 이유로 성생활을 누리지 못하고, 과거의 고통스럽거나 실망스러운 경험 때문에 성을 혐오하는 경우도 많다. 그런가 하면 새로운 수도원 공동체에 영향을 받아 하나님과 남을 섬기는 일에만 전념하기 위해 평생 독신을 선택하는 젊은이도 점점 늘고 있다. 에로스의 광범위한 정의에 따르면 성관계를 하든 하지 않든 우리 모두는 성적 존재다. 그래서 우리 삶은 성적 에너지에 큰 영향을 받는다.

로널드 롤하이저(Ronald Rolheiser)의 *Holy Longing*(거룩한 바람)에 따르면, 성적 에너지는 모든 불 중에서 가장 강력하고 가장 좋으며 가장 위험하다.[2] 성적 에너지는 황홀감을 줄 수도 있고 절망감을 줄 수도 있다. 성적 에너지는 천국을 안겨 줄 수도 있고 지옥을 안겨 줄 수도 있다. 난로에 붙은 불은 집 전체를 따뜻하게 해 줄 수 있지만, 커튼에 붙은 불은 집 전체를 불태워 버린다.

우리의 성을 이끌어 주는 건전한 생활 수칙은 성적 에너지를 억누르는 것이 아니라 옳은 방향으로 분출시켜 다른 이들과 더 깊이 연결되고 그들에게 생명을 전하게 해 준다. 성을 통제하는 생활 수칙은 성적 에너지의 흐름을 차단하는 댐이 아니라 강력한 물줄기를 옳은 방향으로 이끌어 주는 강둑과도 같다. 생활 수칙은 생명을 살리고 하나님의 창조 목적을 이루는 것에 성 에너지를 쏟을 수 있도록 적절한 경계를 제공해 준다.

우리 문화는 성의 힘을 과소평가하고 있다. 요즘 사람들은 '감정 없는 섹스'를 말한다. 젊은 사람들은 사귈 생각도 없이 하룻밤 관계를 맺고 헤어지는 것을 대수롭지 않게 여긴다. 이런 세상적인 성 관념과 달리, 하나님은 성이 강력한 결속력을 갖고 있다고 말씀하신다. 하나님은 두 사람의 몸과 영혼을 하나로 연합시키는 행위로써 성을 창조하셨다. 창세기 2장 24절을 보면 한 남자와 한 여자가 성을 통해 하나의 육체가 되었다. 하나님은 한 남자와 한 여자가 성적 연합을 통해 육체적으로 하나가 되면 감정적, 영적, 경제적인 면까지 모든 면에서 하나가 되기를 갈망하도록 만드셨다. 성은 지고한 연합이어서, 성경은 심지어 하나님과 우리의 연합에 대해서도 성적인 비유를 사용한다.

성의 힘을 이런 식으로 이해하는 것이 너무 비현실적이라고 생각한다면, 저명한 심리학자인 고든 뉴펠드(Gordon Neufeld)의 말을 들어 보라. 그는 베스트셀러 《아이의 손을 놓지 마라》(Hold On to Your Kids, 북라인 역간)에서 다음과 같이 말한다.

> 성은 강력한 접착제다. 즉 성은 거기에 참여하는 사람이 서로 붙게 해서 커플을 만들어 낸다. 연구에 따르면, 사랑을 나누면 대개 강력한 결합 효과가 나타난다. 뇌 안에서 강력한 애착이 형성된다. …… 간단히 말해 성은 강력한 연결을 만들어 내고, 그렇게 만들어진 연결을 유지시키기 위해 뇌에서 분비되는 화학물질을 통해 뇌의 나머지 부분을 이용한다. …… 성은 준비되었는지, 원하는지와 상관없이 커플을 만든다. …… 성은 연합의 느낌을 일으켜 하나의 육체를 만들어 내는 인간 접착제와도 같다.[3]

성이 두 사람을 하나로 만든다면 결혼이라는 안전한 울타리 안에서 즐기는 성은 기쁨과 강력한 치유로 이어질 수밖에 없다. 하지만 하나님의 설계 밖에서 이루어지는 성은 접착제로서의 힘을 금방 잃어버린다. 그런 성은 진정한 친밀함과 지속적인 만족감을 주지 못한다.

또 성경은 성의 힘이 우리를 거기에 종속되거나 중독되게 만들 수 있기 때문에 언약의 관계 밖에서 성을 시도하지 말라고 경고한다. 고린도전서 6장 12절에서 바울은 유명한 고린도 격언을 인용하여 "모든 것이 내게 가하나 다 유익한 것이 아니요 …… 내가 무엇에든지 얽매이지 아니하리라"라고 말했다. 그런 다음에는 "둘이 한 육체가 된다"라는 창세기 2장 24절을 인용하면서 음행[4]에 빠지지 말라고 경고한다. 바울은 언약 관계 밖에서의 성행위가 '잠시' 우리의 욕구를 해결해 줄지는 몰라도 장기적으로는 만족감을 주지 못한다는 점을 분명히 알았다. 이것이 하룻밤 섹스나 포르노가 우리를 중독에 빠뜨려 건강하고 장기적인 관계를 누릴 능력을 앗아 가는 이유다. 하나님의 뜻 밖에서 성행위를 하면 마치 마약을 하는 것처럼 그 행위를 점점 더 갈망하지만 만족감은 점점 줄어든다. 그렇게 중독의 굴레에 빠져든다.[5]

그렇다면 어떻게 해야 하나님과 함께하는 삶에 도움이 되는 건강한 성을 누릴 수 있을까? 하나님이 주신 성을 그분이 기뻐하시고 다른 이에게 생명을 주는 모습으로 표현하는 것이 건강한 영적 생활에 중요하다면, 성에 관한 어떤 생활 수칙을 정해야 할까? 다시 말하지만 생활 수칙은 성적 에너지를 억누르기 위한 것이 아니다. 생활 수칙은 우리 스스로 만족을 얻고 남들과 잘 연결되는 방향으로 성적 에너지를 분출하게 해 준다. 성은 하나님이 설계하신 것이다. 그 선한 설계에 맞는 건강한 경계를 정하는 것이 생활 수칙의 중요한 부분 중 하나다.

생명을 주는 경계

결혼하기 몇 년 전, 목사로 부름을 받기 전 일이다. 여행을 떠났다가 모델로 활동하는 한 여성을 만난 적이 있다. 우리는 전혀 다른 세상에서 살고 있었지만 만나자마자 금방 마음이 통했다. 그러나 당시 그녀는 다른 사람과 사귀는 중이었고, 나 역시 일본에 있는 한 여성에게 관심이 있는 상태였다. 그녀에게 매력을 느끼긴 했지만 바람을 피우는 것은 옳지 않았다. 그런데 어느 날 밤 그녀가 자정 무렵에 내가 묵는 호텔 로비로 찾아와 전화를 걸었다. 내 방에 올라와 자신의 사진들을 보여 주고 싶다는 것이었다. 솔직히 그녀를 믿어야 할지 확신할 수 없었다. 아니, 나 자신을 믿을 수 없었다. 하지만 동시에 그날 밤 펼쳐질지 모르는 상황에 묘한 흥분을 느꼈다. 결국 그녀는 잠시 통화만 하고 내 방으로 올라오지 않았다. 아무 일도 일어나지 않았다.

여행을 마친 뒤에 친한 친구에게 이 이야기를 했더니 그가 이렇게 말했다. "앞으로 그런 상황이 오면 나한테 전화해."

듣자마자 좋은 방법이라는 생각이 들었다. 아찔한 시험을 피하긴 했지만 내가 유혹을 느낀 이유는 낯선 여행지라 거기 나를 아는 사람이 아무도 없었기 때문이다. 다른 사람에게 성적 유혹에 관해 털어놓기가 창피할 수 있지만 시험을 피할 수 있는 최선의 방법은 모든 문제를 고백할 수 있는 친구, 우리를 위해 기도해 줄 수 있는 친구를 찾는 것이다. 누구나 분별력을 상실할 때가 있다. 그럴 때 정신을 차리기 위한 최선의 방법은 진실을 가감 없이 말해 줄 수 있는 친구를 찾는 것이다. 우리에게는 그릇된 길로 가지 않도록 서로 붙잡아 주는 친구가 꼭 필요하다.

성적 경계 설정은 사귀는 사이에서도 중요하다. 로렌 위너(Lauren Winner)는 *The Naked Truth about Chastity*(순결에 관한 적나라한 진실)란 책에서 싱글 남녀를 위한 건강한 성적 경계에 관해 실용적인 조언을 나눈다. 위너는 그리스도를 영접하기 전 처녀 시절에 성적으로 문란하게 지냈다. 하지만 예수님을 만난 뒤에 순결을 결심했다. 성에 관한 책을 쓰기 시작할 때 위너는 싱글이었지만 그 책을 쓰면서 그리프(Griff)라는 남자를 사귀기 시작했고, 결국 두 사람은 결혼을 했다.

그 책에서 위너는 저녁마다 그리프와 함께 버지니아대학교(University of Virginia) 원형 홀 근처 잔디밭을 걸어 다녔던 이야기를 한다. 그리프와 친한 버지니아대학교 교목 그레그(Greg)는 두 사람에게 데이트 시절을 보낼 때 필요한 좋은 조언 하나를 해 줬다. "홀 계단에서 해도 창피하지 않은 행위가 아니면 그 어떤 성적 행위도 하지 마세요."

위너의 말을 들어 보자. "그리프와 나는 그레그 목사님의 말씀을 마음에 새겼고, 어느 날 밤 홀 계단에 올라 진하게 키스를 했다. 그러고 나서 그리프가 말했다. '여기까지. 이것이 우리의 선이야. 이 홀에서 옷을 벗는 것은 창피하잖아.' 홀 계단에 설 때마다 우리는 주문처럼 그렇게 말했다."[6]

이성 친구와의 야릇한 순간이 오기 전에 믿을 만한 친구나 영적 스승, 멘토에게 조언을 구하는 것이 좋다. 문제를 논하고 조언을 받을 수 있는 친구나 목사, 영적 스승이 있으면 유혹을 만나기 전에 충분히 대비할 수 있다.

벽과 창을 점검하라

결혼한 사람도 성에 관한 적정한 경계를 설정해야만 한다. 가정은 서서히, 때로는 부지불식간에 무너질 수 있다. 당의 차기 대통령 후보로 물망에 오르던 한 유명 정치인은 자신의 외도에 관해 이렇게 말했다. "처음에는 좋은 친구로 시작했습니다. …… 처음에는 전혀 딴 마음을 품지 않았지요. …… 그런데 작년부터 진지한 사이로 발전했습니다. 그로 인해 …… 아내와 아이들에게 상처를 주고 여러분에게 상처를 줬네요."

불륜을 저지른 많은 사람이 지난날을 돌아보며 "전혀 딴 마음을 품지 않았다. …… 그냥 친구 사이였다"라고 말한다.

외간 여자나 남자를 생각하며 '그 사람이 나를 매력적으로 여길

까?'라고 되뇌어 본 적이 있는가? 그 사람을 길가에서라도 우연히 만나거나 구실을 찾아 전화하거나 함께 시간을 보내고 싶다는 생각을 해 본 적이 있는가? 아니면 그 사람에게 벌써 남모를 스트레스와 걱정, 희망, 꿈을 털어놓기 시작했는가? 심지어 배우자에게도 하지 않았던 이야기를 했는가? 그렇다면 선을 넘기 시작한 것이다. 첫 외도의 50퍼센트는 친구 사이에서 시작된다. 감정적으로 친해지면 육체적 관계로 발전하는 것은 시간문제다.[7]

셜리 글래스(Shirley Glass) 박사는 자신의 책 *Just Friends*(그냥 친구)에서 어떤 관계가 가정을 위협하는지 판단하기 위해 "벽은 어디 있고 창문은 어디에 있는가?"라고 물으라고 조언한다. 글래스 박사에 따르면, 건강한 부부는 가정을 깨뜨릴 수 있는 그 어떤 외적 요인도 침입하지 못하도록 강력한 담을 쌓고 살아간다. 그리고 그들은 솔직함과 정직함이라는 공통의 창문을 통해 둘의 관계 밖에 있는 세상을 바라본다. 부부는 한 팀이다. 부부는 자녀와 인척, 친구를 함께 다룬다.

외도는 부부의 연합을 깨뜨린다. 불륜은 부부 사이에 내적 '비밀의 벽'을 쌓아 올리는 동시에 불륜 상대 사이에 '친밀함의 창'을 뚫는다. 그렇게 되면 부부는 더 이상 한 팀이 아니다. 이제 불륜 상대가 한편이 되고 배우자는 타인이 된다. 스스로에게 벽과 창에 관한 질문을 던져 보면 부부 외의 다른 관계가 우정 차원을 넘어 불륜으로 발전했는지를 판단할 수 있다. "배우자가 내 친구와의 관계에 관해 아는 것보다 친구가 우리 결혼 생활에 관해 아는 것이 더 많다면 이미 벽과 창의 건강한 상태가 뒤집힌 것이다."⁸ 배우자가 아닌 다른 사람에게 자신을 더 많이 열고 더 친근하게 지내지 않는 것이 부부를 위한 건강한 수칙이다.

극단적 조치를 취해서라도 막으라

포르노는 점점 엔터테인먼트의 한 형태로 용인되고 있다. 하지만 예수님은 포르노가 부추기는 음욕을 분명 경고하셨다(마 5:27-30 참조). 하나님의 의도 밖에 있는 모든 성적 행위가 그렇듯 포르노도 반짝 쾌감을 주지만 그 뒤에는 사람을 전보다 더 공허하게 만든다. 사회 비평가 나오미 울프(Naomi Wolf)는 진짜 사람에 대한 성욕을 죽이는 포르노의 아이러니를 지적했다. "인류 역사 내내 선정적인 이미지는 벌거벗은 진짜 여성을 담은 이미지였다. 그런데 이제 역사상 처음으로 선정적인 이미지의 힘이 진짜 여성의 힘을 압도하고 있다. 오늘날 진짜 나체 여성의 이미지는 그저 나쁜 포르노다."⁹

포르노는 사람을 망가뜨린다. 목사로서 수많은 사람들을 상담하면서 나는 포르노에 빠진 사람의 배우자는 불륜의 희생자와 똑같은 거부감과 배신감을 느낀다는 사실을 알게 되었다.

생활 수칙을 통해 건강한 영성을 얻으려면 성욕이 파괴적인 방향으로 분출되지 않도록 막아 주는 경계를 설정해야 한다. 구체적인 예를 들면, 혼자 컴퓨터를 할 때 유혹에 빠지지 않게 도와줄 커버넌트 아이즈(Covenant Eyes) 같은 소프트웨어를 설치하는 방법이 있다(또는 이러한 자료를 xxxchurch.com에서 다운로드할 수 있다).

포르노에 약하다는 점을 사람들에게 고백하고 도움을 요청하는 것도 한 방법이다. 내가 아는 한 사람은 포르노의 유혹이 느껴질 때 즉시 전화할 수 있는 친구 한두 명을 단축번호로 설정해 놓는다. 그런가 하면 출장을 나갈 때나 오랫동안 집에 혼자 있게 될 때 친구에게 가끔 전화해 달라고 부탁하는 이들도 있다. 성적 유혹을 잘 이겨 내고 있는지 물어 주는 친구가 있으면 유혹을 이기기가 그만큼 쉬워진다. 내가 아는 또 다른 친구는 포르노의 유혹을 원천봉쇄하기 위해 아예 집에 컴퓨터와 텔레비전을 설치하지 않았다.

너무 극단적인 조치라고 생각한다면 산상수훈에서 예수님이 음욕에 시달리는 자들에게 극단적인 조치를 촉구하셨다는 점을 기억하라(마 5:29-30 참조). 우리의 에로스를 하나님께 영광이 되고 사람들의 생명을 살리는 방향으로 표출하게 해 주는 적절한 경계가 매우 중요하다.

친밀함과 연결의 욕구 문제

G. K. 체스터튼(Chesterton)은 이런 말을 했다. "사창가를 찾는 모든 사람은 하나님을 찾는 것이다."[10] 하나님과의 관계가 끊어지거나 약해지면 불건전한 방법으로 친밀함을 추구하기 쉽다. 우리 모두가 갈망하는 영원한 포옹 대신 대체물을 찾게 된다. 반대로 하나님과의 관계가 올바로 서 있으면 남들을 더 진정으로, 더 이타적으로,

더 깊이 사랑할 수 있다.

　계속해서 성적 친밀함에 대한 지독한 갈증을 느끼고 있다면 영적 삶에서 뭔가가 빠져 있을 가능성이 높다. 주체 못할 성욕은 대개 더 깊은 갈망의 증상이다. 그 갈망은 하나님만이 주실 수 있는 사랑으로 누군가가 나를 알아주고 소중히 여기고 받아 주기를 바라는 것이다. 하나님과의 관계는 단순히 우리의 성적 욕구를 승화시키는 차원을 넘어 그 욕구를 치유하고 우리의 모든 우선순위를 바로잡아 준다.[11] 하나님과의 생명을 주는 관계를 떠나서는 건강한 성이 자리 잡을 수 없다.

　건강한 성 습관을 기르려면 친구와 건강하고 친밀한 관계를 맺는 게 필수다. 내가 잘 아는 싱글 남성의 이야기를 소개하고 싶다. 여기서는 그냥 레이(Ray)라고 부르자. 하루는 레이가 성적으로 참을 수 없는 지경에 이르렀다. 술집에 가서 아무 여성에게 작업을 걸어 하룻밤을 보내고 싶었다. 레이는 이 시나리오를 머릿속에서 그리고 또 그렸지만 예수님의 제자로서 그것을 행동으로까지 옮길 생각은 없었다. 그 대신 그는 친구들과 저녁 식사를 하기로 결심했다. 레이는 이렇게 말했다. "우리는 좋은 음식을 앞에 두고 좋은 대화를 나누었습니다. 그 풍성한 시간 덕분에 성적 유혹이 말끔히 사라졌어요." 레이는 성욕을 파괴적인 방법으로 채우지 않고 친구들과 성욕, 즉 관계의 욕구를 푸는 쪽을 선택했다.

　식사를 하며 대화를 나누든 함께 한바탕 웃든 칭찬의 말을 주고받든 다정하게 어깨를 쓰다듬든, 다른 이와 건강하게 연결되면 어리석은 성의 길로 갈 위험성이 그만큼 낮아진다. 마찬가지로 부부가 서로 육체적인 친밀함만이 아니라 깊은 우정을 추구할 때 가정이 굳게 선다. 먼저 배우자와 깊은 우정을 나누면 성적으로도 친밀해지게 되어 있다. 심리학자 존 가트맨(John Gottman) 박사에 따르면, 불륜을 저지르는 사람들의 근본적인 이유는 대개 성적인 것이 아니다.[12] 대부분의 사람들은 이해나 인정, 사랑을 갈구하고 있을 뿐이다. 사람들이 혼외정사나 포르노, 지나친 자위행위에 빠지는 이유 중 하나는 성적인 욕구보다 더 깊은 곳에 있는 친밀함과 연결의 욕구다. 영혼이 만족하고 감사하면 오히려 영혼을 더 공허하게 만드는 이런 행위에 좀처럼 굴복하지 않는다.

성적인 존재로서 성숙할수록 다른 사람이 잘되기를 원하고 잘되도록 돕게 된다. 30년 가까이 미네소타주의 베네딕토 수도원에서 산 작가이자 시인인 캐슬린 노리스(Kathleen Norris)는 수도사들을 지켜보면서 그들이 성에 관심이 없는 목석이라는 고정관념이 깨졌다고 말한다. 노리스는 많은 성직자가 주변 사람을 더 사랑하는 일에 성적 에너지를 쏟는다는 사실을 발견했다.[13]

그녀는 *The Cloister Walk*(수도원 생활)란 책에서 톰(Tom) 신부와의 우정을 소개한다. 늘 경청하고 이해해 주는 톰 신부의 모습에서 영감을 받은 그녀는 반쯤 쓰다 만 낡은 시들을 결국 완성할 수 있었다. 그녀는 앞서 말한 책에서 이렇게 말한다. "톰을 내 인생의 기적적이고 과분한 선물로 여기며 감사했더니 우리 관계가 적절한 종교적 틀 안에서 유지될 수 있었다. 아울러 그가 나를 위해 기도해 줄 때마다 기분이 훨씬 좋아진 이유를 이해할 수 있었다. …… 남들을 돌보는 일에 성적 에너지를 집중적으로 쏟아 말 몇 마디로 나를 절망에서 건져 내고 내게 다시 살아갈 힘을 주는 남자, 바로 이것이 독신자가 보일 수 있는 최상의 모습이었다."[14]

내 여동생 하나(Hana)는 몬트리올에서 학교를 다니던 고교 시절 남녀 모두에게 인기가 많았다. 워낙 사람을 좋아하는 하나는 파티에 가길 좋아했다. 하나는 졸업반 올해의 베스트 드레서 투표에서 당당히 일등을 하기도 했다. 현재 하나는 고등학교 교사로 일한다. 하나는 점심시간에 동료 교사들과 밥을 먹는 대신, 주로 친구가 없어 혼자 밥을 먹는 학생들의 동무가 되어 준다. 그늘진 아이들이 하나 앞에서는 잠시나마 움츠린 어깨를 펴고 평소보다 자주 눈을 마주치고 가끔씩 웃기도 한다.

몇 년 전 당시 열 살이던 에단(Ethan)이란 남자아이와 꽤 많은 시간을 보냈다. 나는 에단이 자기 집 차고에서 미식축구공을 잡는 것을 보고 물었다. "축구를 좋아하니?"

그러자 에단이 뜻밖의 대답을 했다.

"사실, 축구를 전혀 할 줄 몰라요."

그 아이가 미식축구를 할 줄 모르는 이유 중 하나는 어릴 적에 아버지가 세상을 떠났기 때문이다. 나도 미식축구를 해 본 지 꽤 오래되었지만, 용기를 내 공을 잡아 귀 뒤에 붙였다가 던지는 법을 보여 줬다. 몇 주 뒤 그 아이의 엄마를 만나 이야기를 들어 보니 그 아이가 어디를 가나 공을 갖고 다니며 신이 난 얼굴로 "엄마, 공 던지는 법을 보여 줄게요!"라고 말한다고 했다. 엄마가 장을 보러 갈 때도 졸졸 따라다니며 그런다는 것이다. 당시에는 그 얘기를 듣고 별생각이 없었는데 지금 와서 생각해 보니 내가 공 던지는 법을 가르쳐 준 것은 곧 다른 이에게 생명을 전해 주려는 내 깊은 곳의 욕구를 표출한 것이었다.

상대방에게 생기를 더해 주는 관계를 맺을 때, 이를테면 상대방이 시를 쓰도록 영감을 주거나 상대방이 자신감을 얻도록 환대해 주거나 축구공을 던지는 법을 가르쳐 줄 때 우리는 성적 욕구 즉 생명을 나눠 주려는 욕구를 표현하는 것이다.

앞서 살펴봤듯이 생활 수칙은 단순히 "아니요"를 하기 위한 "아니요"가 아니라 더 중요한 것에 "예"를 하기 위해 뭔가에 "아니요"를 하는 것이다. 예를 들어 그리스도의 순례자들은 하나님께 더 온전히 "예"를 하기 위해 한동안 자발적으로 곡기를 끊는다. 예전에는 금식을 하면 내 정신이 더 맑아지고 내 영혼이 하나님의 음성에 더 민감해졌다(때로는 그저 성격만 더 예민해지기도 했지만). 금식을 통해 새로운 세상이 내게 열린다. 물론 음식을 살 돈이 없어서 굶주리면 참담한 기분만 느낄 것이다. 하지만 하나님께 더 집중하기 위해 스스로의 '선택'으로 음식을 먹지 않으면 비록 힘들기는 하지만 그것이 생명을 주는 경험이 될 수 있다.

성적 순결의 길을 가는 사람들, 즉 배우자와만 성을 즐기는 기혼자나 혼전순결을 지키는 미혼자는 오늘날 보기 드물다. 금식처럼 그것은 하나님께 "예"를 하고 자신을 남들에게 더 온전히 내어 주고 스스로 더 온전해지기 위한 반문화적 방법이다. 수도사와 수녀는 하나님께 매우 특별한 성적 맹세를 한다. 바로 독신을 유지하고 성적 순결을 지키기로 맹세한다.

그 이면의 동기를 이해하지 못하는 사람들은 그들을 이상한 눈으로 바라본다. 하지만 자발적으로 독신의 길을 걷는 사람들은 대개 자기부인을 위한 자기부인을 하는 게 아니다. 그들은 하나님께 영광을 돌리고 다른 이를 섬기고 사랑하는 일에 더 온전히 "예"를 하기 위해 성에 "아니요"를 하는 것이다. 독신과 성적 순결을 유지하면 하나님을 위한 거룩한 공간이 생긴다. 모두가 사랑해 마지않는 헨리 나우웬(Henri Nouwen)은 자신이 독신의 삶으로 부름을 받은 것에 대해 이렇게 말했다. "우리는 하나님을 위해 비운다. 하나님의 임재에 늘 우리 자신을 열고 언제라도 그분을 섬길 수 있도록 자유로워진다."[15] 성적 순결을 지키는 독신자는 하나님과 다른 사람들을 위한 독특한 공간을 품고 있다.

몇 년 전 마닐라에 갔을 때 나는 영적 삶에 관한 날카로운 글을 쓴 예수회 사제 토머스 그린(Thomas Green)을 만날 기회가 있었다. 우리는 그가 철학과 신학을 가르치는 대학의 야외 광장에 함께 앉아 있었다. 그때 나는 용기를 내서 그에게 어떻게 해서 사제와 독신의 길을 걷게 되었는지 물었다.

그의 대답은 대략 이러했다. "나는 사랑 많은 부모와 형제자매가 있는 행복한 가정에서 자랐습니다. 그래서 결혼해 내 가정을 꾸리는 것보다 더 큰 선물은 없다고 생각했지요. 그런데 성인이 되어서 예수님께 귀한 뭔가를 드리고 싶었습니다. 그것을 놓고 고민하고 기도하던 중에 결혼해서 자녀를 얻을 권리를 예수님께 드리고 싶은 마음이 들었지요. 생각해 보세요. 당신이 내 사무실에 왔는데 내가 예술품 하나를 내밀며 '마음에 들지 않아 버리려던 건데 가지세요'라고 말한다면 그건 당신을 정말 존중하는 것이 아닙니다. 하지만 내가 예술품을 내밀며 '이건 제가 정말 아끼는 겁니다'라고 말한다면 당신을 진정으로 존중하는 거겠죠."

싱글인 사람이 한동안 혹은 평생 성을 누릴 권리를 포기하거나 결혼한 사람이 배우자 외에 다른 사람과 성관계를 포기하는 것은 예수님께 무한히 값진 선물을 드리는 것이다. 그리고 그것은 자기에게 주는 선물이기도 하다. 하나님과 자기에게 더 깊이 연결되어 다른 이들에게 자신을 더 온전히 내줄 수 있게 되기 때문이다.

다시 순결해질 수 있다

이번 장을 읽으며 달콤함과 씁쓸함을 동시에 느끼지 않았는가? 성에 관한 하나님의 뜻에서 벗어난 지난날 때문에 절망을 느끼고 있는가? 당신의 성적 순결이 오래전에 침몰한 배처럼 느껴지는가?

하나님 안에서는 언제나 새 출발의 희망이 있다. 로널드 롤하이저 신부는 한 여성에게서 자신이 성적으로 닳고 닳아 몹시 불행한 여자라는 고백을 들은 적이 있다. 그는 그 여성에 대해 이렇게 썼다. "그 여자의 몸에는 아이와 같은 순수한 구석이 하나도 없었다. 그녀는 처녀성의 대부분을 잃어버렸다." 그는 그 여성에게 "재순결"이라는 처방을 내렸다.[16] 그는 수년 전의 옐로스톤국립공원(Yellowstone National Park)처럼 오염이나 화재로 숲이 파괴되어 검은 재만 남을 수도 있지만 역시 옐로스톤국립공원처럼 비와 햇빛 아래서 충분한 시간이 지나면 서서히 식물이 다시 돋아난다고 말했다. 꽃이 돌아오고 나무가 자라기 시작한다. 아름다움이 돌아온다. 어떤 면에서 숲이 다시 순결해진다.

우리도 마찬가지다. 하나님의 은혜로 우리는 다시 순결해질 수 있다. 그리스도의 용서를 통해 순결에 대한 하나님의 뜻을 다시 경험할 수 있다. 에스겔 36장 25-27절에서 우리는 이런 소망의 말씀을 읽을 수 있다. "맑은 물을 너희에게 뿌려서 너희로 정결하게 하되 곧 너희 모든 더러운 것에서와 모든 우상 숭배에서 너희를 정결하게 할 것이며 또 새 영을 너희 속에 두고 새 마음을 너희에게 주되 너희 육신에서 굳은 마음을 제거하고 부드러운 마음을 줄 것이며 또 내 영을 너희 속에 두어 너희로 내 율례를 행하게 하리니 너희가 내 규례를 지켜 행할지라."

과거의 성적인 죄로 후회나 수치심이 불쑥불쑥 고개를 쳐드는가? 하지만 하나님은 당신에게 맑은 물을 뿌려 정결하게 해 주실 것이라고 약속하신다. 하나님이 당신에게 새 마음을 주신다. 그러니 과거에 얽매일 필요가 없다. 하나님께 나아가면 새 출발을 할 수 있다.

물론 건전한 성을 생활 수칙의 일부로 정착시키는 일은 결코 쉽지 않다. 보통 결심으로는 어림도 없다. 늘 건전한 경계를 생각하고, 그리스도의 가치를 따르는 친구들을 사귀며, 성령의 능력을 의지하고, 문화의 흐름을 거슬러 올라가야 한다. 하나님께 영광이 되고 자신과 남들에게 유익한 방향으로 성적 에너지를 쏟기 위해 계속해서 노력해야 한다. 그렇게 할 때 결국 온전한 성을 경험하고 이 생명의 선물을 다른 이에게도 전해줄 수 있을 것이다.

/ 새로운 시작을 위해 묻고 답하기 /

1. 왜 '감정 없는 섹스'란 표현이 모순어법인가?
2. 주변에 건강한 성적 경계를 지키는 사람이 있는가? 그런 경계는 무엇으로 이루어져 있는가?
3. 왜 건강한 성을 누리기 위해 좋은 우정이 그토록 중요한가?
4. 싱글이든 기혼이든 상관없이, 어떻게 하면 실제 성관계가 아닌 다른 방법으로 성을 건전하게 표출할 수 있을까?
5. 어떻게 하면 우리의 성을 통해 하나님께 "예"를 할 수 있을까?
6. 성적인 죄책감을 느끼는 사람이 하나님 안에서 어떤 소망을 발견할 수 있는가?

지금 내가 시작할 수 있는 작은 일,
나만의 생활 수칙 세우기

당신의 수칙을 돌아볼 때 어떤 실질적인 경계들이 당신의 성적 순결을 유지하는 데 도움이 될까? 잠시 그 경계를 써 보고 믿을 만한 사람과 토론해 보라.

9장

내 진짜 인격이 빚어지는 훈련장,

가정

사랑으로 '나 중심주의'를 태우다

우리의 생활 수칙들은 성 베네딕토가 말한 "사랑의 학교"에서 가장 잘 실천할 수 있다. 사랑의 학교란 돌봄을 주고받는 법을 경험하며 배울 수 있는 공동체다. 우리 대부분에게 이런 공동체는 직계 가족, 즉 우리 삶의 맨 앞자리에 앉아 있는 사람들을 포함한다. 가족은 우리의 흠과 일관되지 못한 모습, 교만, 자기기만을 가까이서 훤히 보고 있다. 그래서 가족과의 관계는 우리 인격을 정련시키기 위한 하나님의 강력한 용광로다.

내 경우가 그러했다. 총각 시절에 나는 강연이나 사역으로 평균 한 달에 한 번꼴로 출장을 다녔다. 결혼한 뒤로는 출장을 조금 줄이기는 했지만 아주 큰 변화는 없었다. 그러다가 아들 조이가 태어났다. 조이가 태어난 지 겨우 6주가 되었을 무렵 나는 멕시코시티로 일주일간 출장을 가게 되었다. 각국에서 모인 차세대 리더들을 만났다. 아내는 가지 말라고 애원했지만 당시 나는 이 리더들을 격려하는 일이 너무도 중요하다고 생각했고, 일정을 불과 몇 주 전에 취소하기도 민망했다. 그래서 아들이 7주째에는 기적처럼 잠을 잘 자게 되기만 그저 조용히 바랐다. 하지만 아이는 밤마다 밤새도록 목이 터져라 울었다. 그 일주일은 아내의 인생에서 가장 힘든 일주일이었다.

집에 돌아왔을 때 우리 부부는 길고도 심각한 대화를 나누었다. 아니, 대화라기보다는 독백에 가까웠고, 설교자는 내가 아니었다. 아내에게 평생 잊을 수 없는 일장 설교를 들은 뒤 나는 가족과 더 많은 시간을 보내기 위해 다음 한 해 동안의 출장을 모두 취소했다. 나는 업무 스케줄에 새로운 경계를 설정했고, 매일 오후 5시 15분에 귀가하기로 약속했다.

혹시 집에 어린 자녀가 있는가? 그렇다면 저녁 식사 직전이 하루 중 가장 힘든 시간이라는 것을 알 것이다. 나는 저녁에 가족과 많이 시간을 보낼 수 있도록 새로운 수칙을 정했다. 일단, 야근이 일주일에 3일을 넘지 않게 하기로 결심했다. 때로 예외를 두기도

하지만(수칙은 유연해야 한다) 그런 경우는 드물다.

솔직히 이런 경계를 유지하는 것이 과연 옳은 결정인가 하는 의구심이 들 때도 있다. 나와 함께 학교를 다녔던 목사 중에는 전 세계를 돌며 눈부신 활약을 하는 이들도 많다. 나도 한편으론 그런 삶을 살고 싶다. 하지만 동시에 나 말고는 아무도 내 아내의 남편이요 내 아들의 아버지가 되어줄 수 없다는 걸 안다. 늘 가족의 곁에 있는 것이 내 가장 깊은 바람이라는 것을 알기에 내가 세운 생활 수칙에 불만은 없다. 나는 이 자리에 있고 싶다. 이 자리에서 하나님의 역사에 참여하고 싶다. 그 일이 거창하지는 않을지 모르지만 나는 성공의 사다리를 오르는 것보다 가족과 함께 사는 것이 훨씬 더 만족스럽다는 사실을 깨달았다. 매년 1월 나는 지난 열두 달을 돌아보며 가장 감사한 일들을 적는다. 그때 나는 주저 없이 내 아내 사키코와 아들 조이를 가장 먼저 적는다.

가족, 짐이 아니라 복

온갖 기쁨과 좌절이 공존하는 곳, 가정이 바로 믿음이 성장하기에 이상적인 곳이다. 가정이라는 용광로에서 불이 타올라 부모나 형제, 배우자, 자식과 갈등을 빚게 되면 몸을 돌려 도망치고 싶은 마음이 들 수도 있다. 하지만 가족에게서 도망치는 것은 곧 우리 인격을 빚기 위한 하나님의 가장 효과적인 훈련장으로부터 도망치는 것이다.

수도원은 보통 가정과 달리 아무런 갈등도 없이 매일같이 평화만 이어지는 천상의 공동체라고 생각하는가? 전혀 그렇지 않다. 그들에게 물어보면 하나같이 수도원 식구들과 종종 갈등을 빚는다고 말할 것이다. 아울러 그런 갈등이 꼭 필요하다고 말할 것이다. 그들은 이런 관계적인 어려움을 하나님의 주된 정련 수단으로 여긴다.[1]

여기서 한 가지 질문이 발생한다. 왜 하나님은 우리를 가정 안에 두시는가? 가족 관계의 목적은 무엇인가? 저자 게리 토머스(Gary Thomas)는 이 질문에 또 다른 질문으로 답한다. "하나님이 우리를 행복하게 만드는 것보다 거룩하게 만들기 위해 가정을 설계하셨다면?" 다시 말해, 가정의 주된 목적이 우리의 즉각적인 욕구를 모두 만족시키는 것이 아니라 우리를 하나님이 원하시는 사람으로 정련시키는 것이라면? 하나님이 기쁨의 공동체인 '동시에' 우리의 이기주의를 제거하고 우리를 예수님께로 더 가까이 이끌며 우리가 잘 살고 잘 사랑하도록 돕기 위한 용광로로 가정을 설계하셨다면?[2]

가족을 하나로 묶어 주는 생활 수칙들

나는 생활 수칙의 여러 요소가 가정생활에 특히 도움이 되는 것을 발견했다. 당신만의 생활 수칙을 정할 때 다음 요소 중에서 당신과 당신의 가족을 위한 출발점으로 무엇이 도움이 될지 기도하면서 한두 가지를 선택해 보라.

기도와 예배를 위한 연합

대부분의 가족들은 생활 수칙을 의식하지 않고 살아가지만 사실상 모든 가정이 나름의 수칙을 갖고 있다. 가장 간단한 수칙은 매주 온 가족이 교회에 나가 안식일을 지키는 것이다. 가족이 함께 예배를 드리는 것은 가족을 향한 하나님의 선한 뜻에 순종하는 것이다. 회중 예배에 정기적으로 참여하는 가정은 다양한 유익을 거둘 수 있다. 예를 들어, 교회에 다니는 아이들은 마약이나 알코올 중독, 우울증, 자살에 빠질 가능성이 현저히 낮다.[3]

축구부터 주말 스키 여행까지 온 가족이 함께 할 수 있는 다른 활동도 많지만 함께 예배를 드리면 우리 자신과 가족들이 늘 하나님과 가까이 동행할 수 있다.

이것은 단순한 이론이 아니다. 내가 아는 리사(Lisa)라는 선수 트레이너(athletic trainer)는 NCAA(미국대학체육협회) 디비전 I 선수들을 관리하는데, 가끔 선수들과 믿음에 관한 대화를 나눈다고 말한다. 리사가 이 선수들에게 교회에 다니느냐고 물으면 대부분이 상념에 잠긴 얼굴로 말한다. "예전에는 늘 다녔는데 초등학교 때 운동을 시작하면서 원정을 자주 다니다 보니 발길을 끊게 되었어요. 그 뒤로는 아예 다니지 않아요."

교회에 갈 시간이 없을 정도로 우리의 주말이 스포츠와 여가 활동으로 꽉 차 있다면 스스로에게 '가장 중요한 우선사항은 무엇인가?'라는 질문을 던져야만 한다.

스티븐 코비는 《소중한 것을 먼저 하라》(*First Things First*, 김영사 역간)

란 책에서 우선순위에 관한 이야기를 하며 다음과 같은 이야기를 소개한다.

하루는 선생님이 교실 앞의 탁자에 입구가 넓은 3.5리터짜리 병을 놓았다. 그리고 나서 주먹 크기의 돌 몇 십 개가 담긴 접시를 꺼내고 돌을 병에 하나씩 넣기 시작했다. 돌이 더 이상 들어갈 수 없을 만큼 병이 꽉 차자 선생님은 학생들에게 물었다.
"이 병이 꽉 찼니?"
그러자 모든 아이가 이구동성으로 대답했다. "네."
이번에는 선생님이 탁자 아래에서 자갈이 담긴 양동이를 꺼냈다. 선생님은 자갈을 병에 붓고 흔들어 돌들 사이의 공간을 채웠다. 그리고 나서 다시 학생들에게 물었다. "이 병이 꽉 찼니?"
뭔가 교훈이 있는 걸 깨달은 몇몇 아이들이 대답했다. "글쎄요."
이번에는 선생님이 모래가 담긴 양동이를 꺼내 병에 부어 자갈과 돌들 사이의 공간을 채웠다. 그리고 나서 똑같은 질문을 다시 던졌다. "이 병이 꽉 찼니?"
학생들은 눈치를 채고서 소리를 질렀다. "아니요!"
마지막으로 선생님은 물동이를 들어 병에 넘치기 직전까지 부었다. 그리고 나서 선생님은 학생들에게 물었다.
"이 비유의 의미는 뭘까?"
의욕 넘치는 한 학생이 손을 들었다. "일정이 아무리 꽉 차 있어도 마음만 먹으면 어떻게든 시간을 낼 수 있다는 뜻이에요."

선생님은 고개를 저었다. "그런 뜻이 아니란다. 너희가 순서를 바꿔서 가장 큰 돌을 맨 마지막에 넣는다고 해 봐라. 그러면 병에 이만큼 많이 채울 수 있을까?"[4]

이 비유는 인생의 기본 원칙 하나를 상기시켜 준다. 우리가 주도적으로 우선순위를 정하지 않으면 인생의 상황이 우리 삶의 우선순위를 대신 정해 준다는 것이다. 당신의 가정이라는 병에서는 공동체와 함께 하나님을 예배하는 시간이 가장 먼저 넣어야 할 '큰 돌'인가?

함께하는 시간 지키기

이 디지털 시대에 상호 관계에서 가장 중요하면서도 자주 무시되는 측면 하나는 실제로 만나 얼굴을 맞대는 시간이다. 가족 관계에서는 이런 시간이 특히 더 중요하다. 함께 성장해 가려면 함께 시간을 보내야만 한다.

해야 할 일은 산더미처럼 쌓여 있고, 쉬는 시간에도 온갖 레저 활동과 인터넷 서핑 등 즐길 것이 끝이 없다 보니 사랑하는 사람들과 함께할 시간을 내겠다는 의식적인 결단과 노력이 필요하다. 그러려면 일에도 적절한 경계를 설정해야 한다. 얼마 전 한 아버지에 관한 이야기를 듣고 깊은 감명을 받은 적이 있다. 어느 날 밤 아버지는 저녁 식사 후에 낚시를 하러 가기로 아들과 약속을 했다. 그런데 저녁 식사를 하는 중에 직장 동료가 전화를 걸어 급한 문제가 생겼으니 어서 출근해 달라고 요청했다. 그때 그 아버지는 부드러우면서도 단호하게 거절했다. "그 일은 다른 사람도 할 수 있지만 오늘밤 내 아들의 아버지 역할은 다른 사람이 대신해줄 수 없네." 아들은 아버지의 태도에 깊은 감동을 받았다. 아버지는 일에 "아니요"라고 말함으로써 아들에게 "예"라고 말했다.

    우리의 가족에게 가장 필요한 것은 우리가 곁에 있어 주는 것이다. 가정이 성장하려면 남편과 아내가 함께 시간을 보내야 한다. 아이들에게는 부모와 함께하는 시간이 필요하다. 우리 가족의 친구인 J. J.는 현재 삼십 대의 청년이다. 그의 아버지는 지독한 일벌레였다. 십 대 시절 J. J.는 밤에 잠을 못 이루고 아버지를 기다리곤 했다. 그는 어느 날 밤 아버지와 나누었던 먹먹한 대화를 다음과 같이 회상한다.

> 밤 11시쯤 현관문이 활짝 열려 벽을 꽝 때리는 소리를 들었다.
> 무거운 발자국 소리. 이어서 아버지의 느린 발걸음.
> 나는 자리에서 벌떡 일어나 아버지에게로 다가갔다.
> "아빠, 어디 있다 와요?"
> "일하다 왔지."
> "왜 집에 늘 없어요?"
> "무슨 소리야? 나는 항상 집에 오는데."
> "그게 아니고요. 왜 집에 일찍 오지 않느냐고요. 보고 싶단 말이에요."
> "내가 얼마나 열심히 일하는지 아니? 네가 먹는 음식이 어디서

나온다고 생각하니? 집세는 누가 내지? 우리 집의 차 두 대는 어디서 났을까? 너는 감사할 줄 모르는구나. 아빠한테 뭘 원하니? 아빠는 찢어지게 가난하게 자랐어. 그런데 너는 일할 필요가 없어. 내가 필요한 걸 다 해 주니까 말이야. 여기서 뭘 더 바라니?"
"아무것도 바라지 않아요. 그냥 아빠만 있으면 돼요."

우리는 사랑하는 사람들을 먹여 살리기 위해 돈을 벌어야 할 의무감을 느낀다고 말한다. 하지만 우리가 진정으로 원하는 것은 가족이 정말로 필요한 것을 제공하는 것보다 '돈을 잘 버는' 사람으로 인정을 받고 싶은 것일 때가 많다. 가족이 당신에게서 가장 원하는 것은 바로 '당신'이다.

우리의 부모님이나 아들, 형제가 우리에게서 가장 필요로 하는 것은 바로 '우리 자신'이다. 가족을 진정으로 사랑한다면 우리의 우선순위를 점검하고 우리의 시간 사용을 조정해야 한다. 말로는 가족이 최우선이라고 말하면서 실질적으로는 그들을 소홀히 대할 수 있다. 가족과 저녁 식사를 하면서 휴대폰으로 이메일 답장을 보내는가? 아이들이 혼자 놀게 놔둔 채 인터넷 서핑만 하는가? 이런 행동을 하지 않기는 생각보다 훨씬 힘들다. 그래서 정말 소중한 것을 소중히 다룰 수 있도록 도와줄 수칙과 결심이 필요하다.

손님 환대하기

환대는 수도원의 중요한 덕목 가운데 하나다. 베네딕토 규율에는 이런 부분이 있다. "찾아오는 모든 손님은 그리스도처럼 환영해 줘야 한다. 왜냐하면 그리스도가 직접 '나는 낯선 사람이었는데 네가 나를 환영해 줬다'라고 말씀하실 것이기 때문이다."[5] 알폰소 형제(Brother Alphonsus)는 17세기 스페인 마요르카의 한 예수회 대학에서 문지기로 일했다. 누군가가 문을 두드릴 때마다 그는 "예, 주님, 갑니다!"라고 대답했다고 한다. 그는 이런 행동을 통해 누가 오든 바로 예수님이 문 앞에 오신 것처럼 환대해야 한다는 점을 늘 기억했다.[6]

내가 어릴 적 우리 가족은 크고 화려한 집에서 살지는 않았다. 하지만 우리 가족의 가장 큰 기쁨 하나는 찾아오는 사람들을 정성껏 대접하는 것이었다. 우리 집 대문은 늘 활짝 열려 있었고, 아침 식사 시간 식탁에는 낯선 얼굴이 자주 보였다. 휴일이면 일가친척과 친구들, 가족이 없는 사람들이 우리 집에 모이곤 했다. 아내와 나는 지금도 이 전통을 이어 가려고 노력한다. 추수감사절과 성탄절은 우리 가족만을 위한 시간이 아니다. 우리는 언제나 다른 이들을 초대해서 함께 즐거운 시간을 보낸다.

가정을 위한 좋은 생활 수칙 중 하나는 친구, 심지어 낯선 손님도 환영해야 한다는 점을 늘 기억할 수 있도록 그리스도를 위한 식탁을 따로 마련하는 것이다. 예일대학교(Yale University) 교수 토머스 W. 오글트리(Thomas W. Ogletree)는 다음과 같이 썼다.

> 낯선 사람을 환대하는 것은 새롭고 생소한 미지의 뭔가를 우리 인생 속으로 받아들이는 것이다. …… 환대는 우리의 좁은 세상을

여는 발견의 계기가 될 수 있다. 낯선 사람들은 우리가 한 번도 들어 보지 못한 이야기, 우리 시각을 전환하고 우리의 상상력을 자극해줄 수 있는 이야기를 갖고 있다. 그런 이야기는 새로운 시각으로 세상을 보게 해 준다. …… 그리고 그런 이야기는 세상을 부요하게 하고, 심지어 변화시킬 수도 있다.[7]

함께 기도하고 서로를 위해 기도하기

가족을 결속시키기 위한 또 다른 방법은 함께 기도하며 하나님을 찾는 것이다. 함께 기도할 때 하나님의 임재를 더 분명히 의식할 수 있다. 베네딕토 수도원의 수도사들은 하루에 일곱 번씩 함께 모여 기도한다. 가족끼리 이렇게 자주 기도하기는 힘들겠지만 나름대로 매일의 기도 리듬을 정하는 것이 좋다.

아침에 아침 식사를 하기 전 새로운 하루를 주신 하나님께 감사하는 시간을 가지라. 아이들이 학교에 가기 위해 집을 나설 때마다 머리에 손을 얹고 축복 기도를 해 주라. 저녁에 산책을 하거나 자전거를 타면서 건강을 주신 하나님께 감사하라. 집에서 가족끼리 모여 뉴스만 보지 말고 지진이나 쓰나미, 테러 공격으로 고통을 겪는 다른 나라 사람들을 위해 함께 기도하라. 하루를 마칠 때도 잠자리에 들기 전에 온 가족이 한자리에 모여 기도하라. 이렇게 가족이 주기적으로 모여 기도하면 가족 가운데 살아 계신 하나님을 더 분명히 의식할 수 있다.

함께 공부하기

서구 사람들은 대개 혼자서 공부한다. 이를테면 도서관에서 혼자 책을 읽거나 사색하고 글을 쓸 조용한 곳을 찾아간다. 하지만 가족이 함께 공부할 수도 있다. 베네딕토 수도원에서는 주로 아침 식사 시간에 함께 공부하고 글을 읽는다.[8] 하지만 하루에 다섯 시간 가까이 텔레비전을 시청하는 북미 사람들의 생활 패턴은 이와 천양지차다.[9] 부모들이 성경이나 좋은 신앙 서적을 함께 읽고 공부하며 성장해 가면 최소한 '가정'의 문화만큼은 바꿔나갈 수 있다.

우리 아버지는 세계 제2차대전 직후 일본의 가고시마에서 자라셨다. 당시에는 대부분의 일본 사람들이 지독히 가난했다. 그래서 당시의 서점에서는 부모들이 자녀의 책을 사고 나중에 돈이 생길 때 이자 없이 갚도록 해 줬다. 아버지 집 근처에는 중고 서점도 있어서 책을 거의 공짜에 가깝게 살 수 있었다. 어릴 적에 달리 할 일이 없었던 아버지는 이불 위에 누워 밤늦게까지 중고 서적을 읽으셨다.

나와 네 형제는 똑같은 형편에서 자라진 않았지만 모두 장난감을 많이 살 수는 없을 정도였다. 그런데도 어머니가 매주 우리를 동네 서점에 데려가면 책만큼은 마음껏 골랐다. 아버지는 우리에게 "너희가 꼭 읽고 싶은 (그러나 이 서점에 없는) 책이 있으면 다른 데서라도 사다 주마"라고 약속하셨다. 나와 형제들은 어느덧 각자 자녀를 둔 부모가 되었다. 각각 밴쿠버와 LA, 샌프란시스코, 몬트리올에 흩어져 살지만 우리는 하나같이 저녁마다 텔레비전을 끄고 아이들과 함께 책을 읽는다.

나와 친해진 나이지리아 사람 줄리우스(Julius)는 매일 아침 눈을 뜨면 아내와 두 딸까지 한자리에 모여 함께 성경 한 장을 읽고 그날을 위해 기도한다. 그의 딸들은 다섯 살 때부터 성경을 읽고 배웠으며, 돌아가며 가정 예배를 인도했다. 그 가족은 다 함께 성경을 통독했다. 이 간단한 활동을 통해 그 가족은 하나가 되었고 그 딸들은 평생의 지혜를 얻었다. 그의 십 대 딸들은 주일 설교 시간에 멍한 표정으로 있지 않고 설교를 유심히 들은 뒤에 집에 오는 차 안에서 자발적으로 느낀 점을 나눈다.

함께 일하고 서로 섬기기

베네딕토는 이렇게 말했다. "게으름은 영혼의 적이다. 따라서 공동체 구성원들은 각자 육체노동을 위한 시간을 정해야 한다."[10] 옛 농경 사회에서는 가족들이 매일 함께 일했다. 지금 농장에서 살지 않는 사람들도 어떻게든 가족이 함께 일할 방법을 찾으면 크게 유익하다. 거창하게 생각할 필요는 없다. 함께 집안일을 하거나 나무집을 짓는 것만으로도 충분하다.

내 친구 조나단(Jonathan)은 어릴 적에 '금요일 가족의 밤'이라는 가족의 전통이 있었던 것을 기억한다. "금요일 밤이면 온 가족(부모와 아들 셋, 딸 하나)이 집 안을 청소했다. 해야 할 일의 목록이 있었고, 각자 임무를 맡았다. 대개는 금방 끝내고 나서 근처 샌드위치 가게에서 저녁을 먹고 영화를 빌려 왔다. 집 청소지만 무척 기다려졌던 기억이 난다. 음식과 영화 때문이기도 했지만 온 가족이 뭔가를 함께한다는 기분이 좋았다." 그는 계속해서 이렇게 덧붙인다. "어머니가 요리를 했기 때문에 설거지는 언제나 아버지 몫이었다. 요즘처럼 식기세척기가 없던 시대였기 때문에 아버지가 그릇을 씻으면 우리 중 한 명이 그것을 행주로 닦아서 정리했다. 식사를 재빨리 마친 뒤 설거지 시간은 아버지와 교감을 나누는 시간이었다. 아버지는 우리의 삶에 관심을 보이며 이런저런 질문을 던지셨다. 지금도 부모님 댁에 방문하면 옛날처럼 한다."

열 살 소년일 때 나는 부모님을 졸라서 〈밴쿠버 선〉(Vancouver Sun)의 신문 배달을 했다. 내가 몇 집에나 배달을 했는지는 기억이 나질 않았지만 E.T. 스타일로 내 자전거의 핸들에 신문 거치대를 달았던 기억은 난다. 신문을 너무 많이 실어 운전이 잘 안 될 지경이었다. 나는 마치 서부의 총잡이처럼 두 개의 신문 가방을 양 어깨에 멨다. 때로는 셰르파처럼 등에 가방 하나를 더 메고, 이마에 가방 끈을 걸어 균형을 잡기도 했다.

어느 해 폭설이 내렸다. 눈이 너무 많이 쌓여서 자전거를 탈 수 없을 정도였다. 자전거는커녕 우리 집 자동차로도 움직이기 힘들었다. 그날 창밖을 보며 그 무거운 짐을 짊어지고 걸어서 신문을 돌려야 할 생각에 눈앞이 캄캄했던 기억이 난다. 내 상황을 눈치 챈 어머니는 내 어깨에 손을 얹으며 말씀하셨다. "걱정하지 마. 차고에 썰매가 있어. 내가 같이 꺼내 줄게."

열 살 나이에 나는 하나님을 잘 몰랐지만 그날 눈에 뒤덮인 조용한 거리를 어머니와 나란히 걸으며 어머니의 발자국에서 하나님의 사랑을 봤다.

성령이 인도하시는 수칙

부모들에게 자녀를 향한 가장 큰 바람이 무엇이냐고 물어보면 대개 그저 '행복하게만' 살았으면 좋겠다는 대답이 돌아온다. 그런데 아이러니하게도 연구 결과에 따르면, 또한 영적 지혜에 따르면, 개인적인 행복을 목표로 삼아서는 절대 행복해질 수 없다.[11] 예수님은 하나님과 다른 사람들에 대한 사랑과 섬김으로 자신의 생명을 잃으면 찾게 된다고 말씀하셨다(막 8:31-35 참조). 다른 이에게 복을 더해 주는 것을 목표로 삼으면 결국 우리 자신이 더 행복해진다.

베풂과 섬김의 삶은 눈으로 보고 배우는 것이다. 우리 교회에 다니는 패트릭(Patrick)은 네 살배기 딸 클레어(Clair)를 홀로 기르는 아버지다. 그는 밴쿠버 도심 근처에서 자주 딸과 함께 노숙자들에게 음식을 나눠 준다. 그들의 목적은 먹을 것만 주는 게 아니라 섬김의 대상들과 관계를 맺는 것이다.

"클레어는 사슴뿔이나 공주 옷 같은 우습고 눈에 띄는 것들을 입어요. …… 그렇게 하면 대화거리가 두 배로 늘어나지요. 우리는 음식만 나눠 주는 것이 아니라 많은 대화를 나눕니다. 그 목표는 관계를 쌓고 상대방을 이해하며 우리 마음에서 사랑이 자라게 하는 거예요. 이렇게 먼저 기초를 쌓으면 뒤에 예수님을 자연스럽게 전할 수 있더라고요. 이렇게 하면 재미있고 즐거워요. 하나님께도 유머 감각이 있다는 점을 기억하게 됩니다!" 패트릭은 그렇게 말한다.

가족들이 지역사회에서 섬김을 실천하기 위한 패턴을 마련하는 것이 좋다. 성령이 인도하시는 수칙의 목표는 삶의 모든 부분에서 예수님을 경험하고 다른 사람들을 향한 예수님의 사랑을 실천하는 것이다.

자그마한 땅에서 농사를 짓는 두 형제에 관한 옛 랍비의 이야기가 있다. 동생은 결혼을 하지 않아서 자녀가 없었고, 형은 결혼을 해서 여러 자녀를 두고 있었다. 하루를 마칠 때마다 형제는 거둔 곡식을 정확히 절반으로 나누어 각자의 창고에 저장했다.

하루는 동생이 이런 생각을 했다. '매일 곡식을 절반으로 나누는 것은 옳지가 않아. 나는 먹여 살릴 처자식이 없잖아. 그래서 부양할 가족이 있는 형만큼 많은 곡식이 필요하지 않아. 형한테 곡식을 더 줘야겠어. 그런데 형이 알게 하면 창피해할 거 아냐. 어떻게 하면 좋을까? 옳지, 이렇게 하자. 형이 잠든 한밤중에 내 창고에서 곡식을 형의 창고로 옮기는 거야.'

한편, 결혼한 형도 속으로 생각했다. '매일 곡식을 절반으로 나누는 것은 옳지가 않아. 나는 아이들이 많으니까 말이야. 나중에 아이들이 크면 나를 도와줄 거잖아. 하지만 동생은 결혼을 하지 않아 늙으면 돌봐 줄 자식이 한 명도 없으니 나보다 곡식이 더 필요해. 동생한테 곡식을 더 줘야겠어. 그런데 동생이 알게 하면 창피해할 거 아냐. 어떻게 하면 좋을까? 옳지, 이렇게 하자. 동생이 잠든 한밤

중에 내 창고에서 곡식을 동생의 창고로 옮기는 거야.'

그래서 밤마다 형제는 어둠 속을 항해하는 배처럼 서로를 스쳐 지나갔다. 그런데 어느 날 보름달이 환하게 떴을 때 형제는 각자 곡식 자루를 짊어진 서로를 보았고, 그 즉시 상대방이 무엇을 하고 있는지 알았다. 둘은 자루를 내려 놓고 서로를 향한 깊은 사랑에 감동하여 서로를 꼭 껴안았다. 랍비들은 하나님이 천사들을 향해 이렇게 말씀하셨다고 말한다. "이곳에서 일어나는 일이 이곳을 거룩한 곳으로 만든다. 이곳에 거하니 좋구나."

우리의 생활 수칙들은 무엇보다 가정 안에서 실천하는 것이 가장 좋다. 왜냐하면 우리와 가장 가까운 사람들은 우리가 하나님과 주변 모든 사람에게 복이 되도록 우리를 정련해 주기 때문이다. 가족들을 예수님께로 더 가까이 이끌어 주고 사람들을 향한 그분의 사랑을 더 온전히 실천하게 해 주는 수칙은 우리가 하나님과 세상에 줄 수 있는 최고의 선물이다.

/ **새로운 시작을 위해 묻고 답하기** /

1. 어떤 면에서 가정은 용광로와도 같은가?
2. 당신은 가정생활의 어떤 부분이 가장 힘든가? 가족이나 공동체 안에서 경험한 가장 큰 선물은 무엇인가?
3. 수칙의 어떤 부분(예를 들어, 안식일이나 놀이, 함께하는 시간, 공부, 섬김 등)이 지금 당신의 가정에 가장 유익할까?
4. 구체적으로 어떻게 이 활동을 함께 추구할 것인가?

**지금 내가 시작할 수 있는 작은 일,
나만의 생활 수칙 세우기**

보통 주중에 얼마나 많은 시간을 가족과 보내고 있는지 기록해 보라. 그런 다음에는 이번 장의 내용을 바탕으로 어떤 조정을 해야 할지 써 보라. 이것을 가족들에게 이야기하고 토론하라.

GOD IN MY EVERYTHING

4 부   보배로운
       선물들,
       ──────────────── 보배롭게 쓰는 연습

세밀한 돌보심을 경험하는 지혜자들의 '회복' 수칙들

10장

'하나님의 영'이 사시는 영적 공간,

몸

잘 먹기, 잘 자기, 운동하기

열다섯 살 때 나는 노스 서리 라이온스(North Surrey Lions) 미식축구팀에서 뛰었다. 당시 거울 속의 내 모습을 보면 그 거대한 몸집에 감탄이 절로 나왔다. 하지만 패드들을 다 벗고 나면…… 한숨만 나왔다! 나는 깡마른 아이였다. 그때는 내 여동생의 넓은 어깨가 너무나 부러웠다. 그래서 한번은 여동생에게 이렇게 말했다. "내가 너 정도의 몸만 갖고 있다면 프로

미식축구리그에서 뛸 수도 있겠다."

그랬더니 여동생은 이렇게 맞받아쳤다. "내가 오빠처럼 마른 다리가 있으면 모델도 할 수 있겠어."

여동생은 청소년 시절 내내 수없이 다이어트를 했고, 심지어 팔다리에 비닐랩 감기까지 했다. 나는 지하실에서 플라스틱에 시멘트를 채운 역기를 수없이 들었다. 우리는 둘 다 이상적인 몸을 만들기 위해 애를 썼지만 소용이 없었다.

누구나 몸에 관한 콤플렉스가 한두 가지는 있지만 우리는 그것을 바꾸기 위해 운동이나 다이어트에 지나치게 집착하는 사람들을 우려 섞인 눈으로 바라본다. 물론 과도한 운동이나 다이어트, 성형 수술은 허영심에서 비롯한 것이다. 하지만 규칙적인 운동과 충분한 잠, 건강한 식습관으로 몸을 돌보는 것은 하나님과의 삶을 지탱해 주는 격자 구조물 곧 생활 수칙의 한 기초를 형성한다.

몸과 정신, 영혼은 서로 연결되어 있다. 이는 육체 활동이 '영적' 활동이기도 하다는 뜻이다. 몸의 기본 필요를 잘 돌보면 하나님께 더 집중하고 남들을 더 잘 섬길 수 있다. 반대로, 몸을 방치하면 몸이 관심을 달라고 아우성치게 된다. 사막 교부 존 카시안은 이런 말을 했다. "몸에 필요한 것을 주지 않으면 몸이 모든 것을 요구해 올 것이다."

몸을 버려두지 말라

예로부터 그리스도인은 몸의 중요성에 대해 일관되지 못한 시각을 가져왔다. 고대 그리스의 이원론적인 사고에 빠진 일부 그리스도인은 영혼은 좋지만 육체는 악하다고 믿어 왔다.[2] 하지만 성경은 몸이 정신이나 영혼과 마찬가지로 죄의 바이러스에 감염되어 악에 빠질 가능성이 있지만 하나님의 형상을 따라 창조된 만큼 선의 잠재력을 품고 있고, 그래서 관심과 돌봄을 받을 가치가 있다고 말한다.

시편 139편 13-14절에서 다윗은 하나님이 우리 한 사람 한 사람을 얼마나 멋지게 창조하셨는지를 시적으로 표현했다. "주께서 내 내장을 지으시며 나의 모태에서 나를 만드셨나이다 내가 주께 감사하옴은 나를 지으심이 심히 기묘하심이라 주께서 하시는 일이 기이함을 내 영혼이 잘 아나이다."

이것은 다윗, 적어도 미켈란젤로의 다윗 조각상에나 해당되는 말이라고 생각하기 쉽다. 혹은 〈피플〉(People)지 선정 세상에서 가장 아름다운 100인에게나 해당될 뿐, 우리 같은 평범한 몸의 소유자들과는 거리가 먼 말처럼 들린다. 하지만 시편은 우리 모두의 몸이 하나님이 기묘하게 지으신 작품이라고 분명히 말한다.

하나님은 예수 그리스도를 통해 피와 살을 가진 인간이 되심으로써 인간의 몸을 소중히 여기신다는 사실을 증명해 보이셨다. 인간의 몸이 본질적으로 악하다면 하나님이 직접 그런 몸을 입으셨을 리가 없다. 따라서 하나님이 인간의 몸을 입으신 성육신 사건은 육체의 중요성을 가장 확실히 인정하신 사건이었다. 또 하나님은 천지창조 당시 "심히 좋았더라"라는 말씀으로 인간의 육신을 축복하셨다.

더 나아가 살아 계신 하나님은 영을 통해 우리 몸에 거하기까지 하신다. 사도 바울에 따르면 그리스도께 속한 자의 몸은 성령의 전이다. "너희 몸은 너희가 하나님께로부터 받은 바 너희 가운데 계신 성령의 전인 줄을 알지 못하느냐 너희는 너희 자신의 것이 아니라 값으로 산 것이 되었으니 그런즉 너희 몸으로 하나님께 영광을 돌리라"(고전 6:19-20). 여기서 우리는 하나님이 우리의 육체를 얼마나 소중히 여기시는지를 확인할 뿐 아니라 우리 몸이 우리 자신의 것이 아니라 하나님께 빌린 것임을 알 수 있다.

몇 년 전 새 교회를 개척하기 위해 캘리포니아주 남부로 이사했을 때 1년 중 절반 이상 출장을 다니는 존(John)과 캐롤(Carol) 부부가 바닷가가 내려다보이는 근사한 집을 우리에게 내주었다. 당시 내 월급은 한 달에 200달러에 불과했기 때문에 존 부부의 나눔이 정말 고마웠다. 존 부부가 후한 마음으로 제공해 준 집이기 때문에 나는 그들의 집을 잘 관리하고 싶었다. 그래서 그들이 출장을 가서 집에 아무도 없어도 친구들을 불러 파티를 여는 행동은 하지 않았다. 늘 집을 깨끗이 정돈하고 망가진 부분이 보이면 즉시 고쳤다.

마찬가지로 그리스도 안에서 새 생명을 받으면 우리 육신의 '집'은 더 이상 우리 것이 아니라 하나님께 속한 것이다. 우리를 아들과 딸로 삼고자 독생자를 주신 하나님의 후하심은 상상을 초월한 것이다. 우리는 하나님이 맡겨 주신 '집'을 잘 가꿔서 이 은혜에 답해야 한다.

마지막 날, 몸도 부활한다

우리 몸이 언젠가 부활한다는 사실도 현재 몸을 잘 다뤄야 하는 중요한 이유가 된다(고전 6:14 참조). 내 친구 하나는 자신의 몸이 곳곳에 수리가 필요한 낡은 자동차와 같다는 농담을 하곤 한다. 물론 우리의 몸이 낡은 자동차와 비슷한 면이 있기는 하지만 우리 몸은 결국 폐차장에서 해체될 운명이 아니다. 성경은 언젠가 우리 몸이 죽음에서 일어나고 우리는 영원하고도 영광스러운 부활의 몸 안에 거하게 될 것이라고 말한다.[3] 야구의 전설 미키 맨틀(Mickey Mantle)은 술로 비롯된 병으로 죽어 가면서 만약 자신이 얼마나 오래 살게 될지 알았다면 자신의 몸을 좀 더 잘 관리했을 거라며 후회했다.[4] 자신이 영원히 살고 자신의 현재 몸과 부활한 몸 사이에 연속성이 있다는 것을 알면 몸을 지금보다 훨씬 더 잘 가꿀 것이다.

성경을 보면 하나님이 인간의 몸을 친히 그리고 실질적으로 돌봐 주신 사건들이 나타난다. 특히 엘리야의 이야기가 유명하다.[5] 하나님을 위해 누구보다도 열심히 동분서주했던 엘리야 선지자는 갈멜산 대결에서 바알 선지자들에게 맞섰다. 그때 하늘에서 불이 내려와 자신의 제물을 태우는 눈부신 승리로 그는 최고의 순간을 맞았다. 하지만 그 직후 왕비 이세벨이 자신의 선지자들이 대패

했다는 사실에 불같이 노해 엘리야를 죽이려고 한다는 소식이 들려왔다. 유대 광야 30킬로미터 안쪽까지 도망친 그는 육체적, 감정적, 영적으로 지칠 대로 지쳤다. 결국 한 로뎀나무 앞에서 쓰러져 하나님께 죽여 달라고 요청했다.

그 순간 천사가 그를 만지며 음식을 먹으라고 말했다. 그가 주변을 둘러 보니 자신의 머리 옆에 뜨거운 숯에 구운 빵과 물병이 있었다. 그는 그 음식을 먹고 나서 다시 쓰러졌다. 잠시 후 천사가 다시 돌아와 그를 만지며 갓 구운 빵과 물을 더 먹으라고 권했다(왕상 19:1-9 참조). 엘리야의 몸과 마음이 완전히 지쳤을 때 하나님은 '영적' 해법만 제시하시지 않았다. 하나님은 읽어야 할 성경 구절을 알려 주시거나 기도만 해 주시지 않았다. 하나님은 갓 구운 빵과 시원한 물을 두 번이나 제공해 주셨다. 엘리야를 향한 하나님의 돌보심은 육체적이고 실질적이었다. 마침내 원기를 회복한 엘리야는 호렙산으로 달려갔다.

우리가 엘리야처럼 완전히 무너지지는 않더라도 우리도 엘리야가 하나님께 받은 선물들을 필요로 한다. 바로, 잠과 음식과 운동이라는 선물 말이다. 하나님께 이런 육체적인 선물을 받으면 영적으로도 성장하기가 한결 쉬워진다.

충분히 잘 자려면

사람들이 바쁠 때 가장 먼저 포기하는 것 중 하나는 바로 잠이다. 시간을 더 투자하면 산더미같이 밀린 일거리가 조금이라도 줄어들까 생각하기 때문이다. 젊은 시절 나도 생산성을 위해 잠을 줄이고도 버티는 법을 터득해야 했다. 당시 나는 '지옥 주'(hell week)에 다섯 시간의 잠으로 버틴다는 해군 특수부대 이야기에 매료되어 있었다. '하루'에 다섯 시간이 아니라 '일주일' 전체에 다섯 시간이다. 20대 초반에 도쿄에서 일한 경험이 이런 사고방식을 더욱 굳어지게 만들었다.

매일 지하철을 타고 출근하면서 보면 운 좋게 자리에 앉아 있는 사람은 하나같이 자고 있었다. 매일 야근을 밥 먹듯이 하는 일본의 수많은 직장인들은 지하철 쪽잠으로 겨우 버틴다. 심지어 서서 조는 사람도 있다(꽉 차서 도저히 넘어질 수 없는 지하철에서는 이것이 가능하다). 내 동료들이 다 그렇듯 나는 잠을 덜 자면 일을 더 많이 할 수 있다고 생각했다. 하지만 다행히 지금은 성공과 쓰라린 경험을 통해 잠을 충분히 자는 것이 하나님의 선물임을 깨달았다.

흔히 우리는 수도사 하면 보통 인간들에게 필요한 것들을 포기한 금욕자를 떠올린다. 실제로 베네딕토 시대에 수도사들은 기도를 위해 새벽 2시에 일어났다. 하지만 그들은 저녁 6시에 잠자리에 들어서 8시간이라는 충분한 시간 동안 잠을 잔다. 또한 베네딕토는 해가 빨리 지는 겨울에는 더 많은 수면을 권장했다.[6] 잠을 충분히 자면 하나님과 다른 사람들에게 우리 자신을 더 온전히 내줄 수 있다.

잠이라는 선물을 거부하면 삶이 위험에 빠진다. 잠이 모자라면 정신이 맑지 못하고 짜증을 자주 내게 된다. 그리고 면역력도 떨어져 온갖 질병에 걸리기 쉽다. 스탠퍼드대학(Stanford University) 수면연구센터(Sleep Research Center)의 창립자이자 전 소장인 윌리엄 디멘트(William Dement) 박사는 식사나 운동, 유전을 비롯한 다른 어떤 요인보다도 수면이 장수와 건강에 절대적인 영향을 미친다고 주장한다.[7] 그는 사람마다 차이는 있지만 보통 밤에 7-8시간의 수면을 필요로 한다고 말한다.

우리는 잠자는 법을 모두 안다고 생각한다. 평생 해 오던 일이니까 말이다. 하지만 대부분의 사람들은 수면 문제를 겪을 때가 있다. 건강한 수면 습관을 기르려면 잘 자는 법을 다시 배워야 할 수도 있다. 저녁에는 컴퓨터를 비롯한 전자 기기를 멀리하는 것 같은 방법들이 도움이 된다. 예를 들어 나는 특별한 경우가 아니면 노트북을 아예 사무실에 두고 귀가한다.

수면에 도움이 되는 나름의 방법을 찾아보라. 나는 자질구레한 할 일들에 관한 생각 때문에 밤에 마음이 편하지 않을 때는 머릿속에 있는 그 일들을 종이 위로 꺼내 놓는다. 잠이 오지 않을 때는 시편 103편이나 139편, 요한복음 15장 같은 성경 구절을 암송하면 도움이 된다. 앞서 소개했던 성찰 기도를 통해 하루를 되돌아보기도 한다. 이런 방식을 사용하면 기도와 묵상의 마음 상태로 들어가서 잠잘 준비가 된다. 내 아내는 글을 읽으면 긴장이 풀린다고 말하며, 특히 일본에서 살 때는 잠자기 전에 목욕을 해서 몸을 풀었다. 당신의 경우는 어떤 식으로 잠잘 준비를 하면 좋을 것 같은가?

적잖은 사람이 피로를 풀기 위해 낮잠을 잘 활용한다. 일의 특성상 낮잠을 잘 수 없는 사람들도 있지만 어떤 이들은 나약해 보이거나 무책임해 보인다는 생각에 낮잠을 자지 않는다. 나도 가끔 낮잠을 자다가 전화벨 소리에 잠이 깨서 상대방이 "잤어요?"라고 물으면 왠지 창피해서 나도 모르게 "아니요" 혹은 "그냥 눈만 감고 있었어요"라고 말할 때가 있다. 하지만 낮잠을 통해 심신과 영혼의 회복을 경험한 사람이 많다. 교회사에 관한 많은 책을 써낸 마틴 마티(Martin Marty)는 잠깐의 낮잠이 몇 시간 동안의 활력을 제공한다고 말했다.[8]

전혀 게으름뱅이가 아니었던 윈스턴 처칠(Winston Churchill)은 낮잠의 회복 효능을 누구보다도 잘 알고 있었다. "가끔 점심 식사와 저녁 식사 사이에 충분히 잠을 자야 한다. 옷을 벗고 침대에 누우라. 나는 항상 그렇게 한다. 낮에 잠을 잔다고 일을 적게 할 거라고 생각하면 오산이다. 그것은 상상력이 없는 사람들의 어리석은 생각이다. 오히려 더 많은 성과를 낼 수 있다. 이틀 치의 일을 하루에 할 수 있다. 최소한 하루 절반 치의 일은 할 수 있다고 장담한다. 전쟁이 시작되었을 때 나는 낮에 잠을 자야 했다. 그것이 내 책임들을 감당할 수 있는 유일한 길이었기 때문이다."[9]

낮잠은 하나님과 우리 자신, 주변 사람에게 충실할 수 있도록 몸을 돌보는 방법 중 하나다.

'건강에 집착하지 않는' 바른 식습관

하나님은 엘리야를 돌볼 때 잠의 선물만 주신 것이 아니라 갓 구운 빵과 물도 주셨다. 엘리야는 그 음식에서 영양분을 얻어 40일 밤낮을 달릴 수 있었다. 잠처럼 음식은 하나님의 선물이다. 좋은 식습관으로 우리 몸을 잘 돌봐야 하나님과 사람들을 더 잘 섬길 수 있다.

알다시피 건강한 식사는 건강과 장수의 열쇠 중 하나다. 예로부터 수도사들은 음식이 우리의 영적 삶에 어떤 영향을 미치는지 잘 알고 있었다. 예를 들어, 베네딕토 규율은 식사에 대한 분명한 조언을 해 준다. 그 규율에 따르면 수도사들은 건강을 위해 소나 양 같은 네 발 달린 짐승의 고기를 먹지 말고 가금류 같은 두 발 달린 짐승과 생선 등을 먹어야 한다. 네 발 달린 짐승의 고기를 금한 주된 이유는 비용이었다. 베네딕토 시대에 네 발 달린 가축을 식용으로 기르거나 사려면 꽤 부자여야 했다. 반면 닭들은 수도원 마당에서 쉽게 기를 수 있고 물고기는 공짜로 잡을 수 있었다.[10] 성 베네딕토는 검소한 식사를 권장하되 수도사가 아프거나 힘든 노동을 해서 보양식이 필요할 때는 돈을 더 들여 소고기나 양고기를 사도록 허용했다.

오늘날에도 건강에 대한 관심과 검소한 소비가 필요하다. 물론 검소한 소비와 건강한 식사는 서로 상충할 수 있다. 대개 영양이 많은 음식일수록 비싸기 때문이다. 유기농 식품은 우리에게도 좋고 지구에도 좋지만 모두가 그것을 살 여력이 되는 것은 아니다. 그렇다 해도 가능한 영양이 많은 현지 생산 유기농 식품을 사라. 비용과

품질의 문제를 해결할 수 있는 방법 중 하나는 질은 높이되 양은 줄이는 것이다.

우리 동네의 한 작은 가게에서는 현지 생산 유기농 식품만 판매한다. 지난여름 우리 가족은 이 가게에서 수제 아이스크림을 사 먹었다. 이 아이스크림은 슈퍼마켓에서 판매하는 대기업 아이스크림보다 좀 더 비싸다. 하지만 우리는 더 좋은 아이스크림을 먹되 아이스크림을 많이 먹고 싶지는 않기 때문에 유기농 아이스크림을 사 먹는다. 또한 우리는 항생제를 맞히지 않고 자유롭게 방목해서 기른 닭의 달걀을 사 먹는다. 소고기도 목초를 먹인 것만 고집한다. 이런 음식은 좀 더 비싸기 때문에 대신 적은 양을 산다.

그런데 이런 태도가 극단으로 흐를 수도 있다. 예수님은 먹고 마시는 것에 너무 집착하지 말라고 경고하셨다(마 6:31 참조). 이 부분에서도 사막 교부들의 지혜가 도움이 된다. 그들은 식탐을 단순히 많이 먹는 것이 아니라 음식 선택에서 '너무 까다로운' 것으로 정의했다. 교황 그레고리오(Gregory the Great)는 식탐을 단순히 많이 먹는 것이 아니라 "비싼 음식"을 찾고 "음식을 맛있게 요리해야 할 것"을 고집하는 것으로 정의했다.[11]

내가 사는 밴쿠버 같은 도시에서는 '건강식 마니아'가 되기 쉽다. 건강식에 집착하는 사람들이 워낙 많다 보니 심지어 임상심리학자들은 "건강 식품 집착증"(orthorexia)이라는 용어까지 만들어 냈다. 그들은 건강하고 '순수한' 음식만 먹는다. 이를테면 유기농 식품이나 신선 식품, 날것만 먹는다. 그런데 그렇게 음식 선택에 집착하다 보니 아이러니하게 건강에 좋지 않은 스트레스를 많이 받는다. 그들은 기쁨이 아닌 두려움으로 식탁을 대한다.

검소한 소비와 건강한 음식 선택이 중요하지만 성경은 하나님이 영양만이 아니라 우리의 즐거움을 위해 음식을 창조하셨음을 보여 준다. 하나님은 단순히 인류의 연료만이 아니라 눈과 입에 즐거운 것으로 음식을 제공해 주셨다. 창세기 2장 9절은 이렇게 말한다. "여호와 하나님이 그 땅에서 보기에 아름답고 먹기에 좋은 나무가 나게 하시니."

성경은 약속의 땅 가나안을 젖과 꿀이 흐르는 땅, 즐길 과일이 풍성한 땅으로 묘사한다. 음식은 하나님이 즐기라고 주신 선물이다. 하나님은 우리 미뢰를 소처럼 풀만 원하게 창조하실 수도 있었지만 우리에게는 다양한 맛과 식감, 냄새, 색깔을 즐길 능력을 주셨다. 성 베네딕토도 수도사들이 음식을 즐길 수 있도록 다채로운 음식을 충분히 제공하라고 지시했다. 예를 들어, 식탁에 계절 과일과 채소를 올려야 했다. 꼭 비싼 음식이 아니더라도 좋은 음식을 즐기는 것은 하나님이 우리에게 주신 선물이다.

우리 가족 중 일부가 살고 있는 일본에서는 사람들이 건강한 음식에 관심을 가지지만 어떤 음식이든 '즐겁게' 먹으면 건강이 좋아진다고 믿는다. 일본 사람들은 칼로리를 일일이 계산하는 등 음식에 너무 까다롭게 굴면 오히려 불필요한 스트레스라는 역효과를 낳는다고 믿는다. 물론 초콜릿이나 아이스크림을 먹으면 잡지 모델과 같은 몸매는 포기해야 될지 모른다. 하지만 음식을 즐기는 것은 죄가 아니다. 오히려 외모지상주의야말로 죄다. 잘 먹으면 몸이 건강해지고 활력이 넘쳐서 자기 자신과 다른 사람들, 하나님께 더 충실할 수 있다.

하나님으로 배부른 금식

혹시 음식을 즐기지 못하는 것이 아니라 음식을 너무 탐닉해서 문제인가? 심지어 음식을 위로의 근원으로 삼고 있는가? 육체적 굶주림만이 아니라 감정적 허전함을 채우기 위해 음식을 먹는가? 그렇다면 금식[12]을 진지하게 고려해 보라. 리처드 포스터는 "그 어떤 훈련보다도 금식은 우리를 통제하고 있는 것을 밝혀 준다"라고 말했다.[13] 잘 알려져 있다시피 금식은 소화기관을 쉬게 하고 우리 몸의 독소를 제거해서 건강과 치유를 가져다준다. 무엇보다도 금식은 음식이나 여타 다른 것이 아닌 하나님을 삶의 초점으로 삼게 해 준다.

금식은 하나님만 온전히 누릴 수 있게 해 준다. 음식에 대한 굶주림 속에서 하나님을 더 의지하게 된다. 육체적 굶주림은 우리가 떡으로만이 아니라 하나님의 입에서 나오는 모든 말씀으로 산다는 점을 상기시켜 준다(마 4:4; 요 4:32-34 참조). 성경이 주기적인 금식을 명하고 있지는 않지만 성경 곳곳에서 하나님을 새롭게 의지하거나 그분의 음성을 듣기 위해 금식을 한 사람들을 많이 볼 수 있다. 금식을 하면 기도할 시간이 난다. 금식을 해 보면 요리와 식사, 설거지에 얼마나 많은 시간이 들어가는지 실감하고, 그만큼 하나님을 위한 시간을 낼 수 있다.

다른 영적 훈련과 마찬가지로 금식도 시간을 두고 천천히 배워야 하는 훈련이다. 임산부나 어린아이, 당뇨병 환자 같은 사람들은 아예 금식을 하면 안 된다. 금식을 한 번도 해 보지 않았다면 한 끼를 굶거나 하루 동안 생과일과 야채, 주스, 물로만 버티는 방법을 고려해 보라. 물을 충분히 섭취하는 것이 매우 중요하다. 나는 주로 일주일에 한 번씩 24시간 동안 금식한다. 저녁 식사 후에 금식을 시작해서 다음 날 아침과 점심을 건너뛰고 저녁부터 식사를 다시 시작한다. 여름에는 사흘 금식을 하기도 한다. 내 평생에 두 번, 분별력이 특별히 필요했을 때는 더 오랫동안 금식을 했다. 5일 이상 금식을 할 계획이라면 금식에 관해 더 공부하고 의사의 지도를 받을 필요성이 있다.

금식이 가혹해 보이지만 금식을 '사랑하게' 될 수도 있다. 금년 사순절에 아내는 반 농담으로 내게 이런 말을 했다. "당신은 금식을 하면 안 돼요. 금식을 너무 좋아하니까요. 그러니까 이번 사순절에는 금식을 절제하는 게 어때요?"

흔히 생각하는 것과 달리 금식은 순수한 즐거움이 될 수 있다. 금식에 익숙하지 않은 사람은 처음에는 공복통을 느끼고 기운이 없어질 수밖에 없다. 계속해서 금식을 하다 보면 혀도 끈적끈적해진다. 이것은 독소가 빠지고 있다는 증거다. 대개 금식 2-3일째에는 기운이 나고 하나님과 세상에 대한 감각이 고조된다. 몸을 돌볼 때는 지혜로운 균형이 중요하다. 음식을 적절히 소비하고, 건강식을 먹고, 음식을 즐기고, 적절히 금식을 하라. 게걸스럽게 먹거나 장기간 굶는 식의 극단적인 행동은 좋지 않다.

규칙적인 운동, 일상에 활력을 더하다

사도 바울은 젊은 제자 디모데에게 쓴 편지에서 이렇게 말했다. "육체의 연단은 약간의 유익이 있으나 경건은 범사에 유익하니 금생과 내생에 약속이 있느니라"(딤전 4:8).

바울은 디모데가 경건의 무한한 가치를 깨닫기를 바랐다. 그의 요지는 육체적 운동을 무시하라는 것이 아니라 무엇이 더 중요한지를 알라는 것이다. SSJE(Society of St. John the Evangelist)의 수도사들은 육체적 운동이 영적 삶에서 차지하는 역할을 잘 알고 있다. 그래서 그들의 규율에는 이런 부분이 포함되어 있다. "몸으로 하나님께 더 영광을 돌리기 위해 우리 모두는 규칙적인 운동을 통해 건강을 유지할 책임이 있다."[4] 대부분의 수도사들은 농사, 원예, 빵 굽기, 수도원 수리 같은 다양한 육체노동을 통해 운동을 한다.

누구나 운동이 좋다고 인정하지만 실제로 운동을 열심히 하는 사람은 그리 많지 않다. 운동이 생활 수칙으로 잘 자리를 잡으려면 수칙의 다른 요소들과 마찬가지로 처음에는 적당한 강도로 시작해서 점점 강도를 높여가야 한다. 내 남동생은 예술가로 운동에는 별로 소질이 없다. 그런데 얼마 전 동생은 하루에 한 번 팔굽혀펴기를 하기로 운동 목표를 세웠다. 그 계기는 이랬다. 두 손과 두 무릎을 방바닥에 대고 있다가 갑자기 이런 생각이 들었다. "이 자세를 했으니 팔굽혀펴기나 좀 해 볼까?"

그렇게 시작된 하루 한 번의 팔굽혀펴기 운동이 두어 달 뒤에 더 이상 힘들지 않자 동생은 휴대폰에서 '100 팔굽혀펴기'란 앱을 받았다. 이 앱은 여러 가지 완벽한 팔굽혀펴기 자세로 팔굽혀펴기를 하게 하고 횟수를 기록하면서 자신만의 프로그램을 개발하게 해 준다. 매일 앱은 10, 7, 12와 같은 식으로 다른 횟수의 팔굽혀펴기를 요구한다. 이것을 다 해내면 강도가 조금 더 높아진다(못하면 강도가 낮아진다). 이 앱은 당장 100번의 팔굽혀펴기를 하게 만들어 주는 것이 아니라 근력을 '점점' 길러 주는 앱이다. 운동 수칙도 꾸준히 몸을 만들어 주는 것이어야 한다.

지속 가능한 운동 리듬을 얻는 열쇠 하나는 몸에 익을 때까지 '충분히 오래 하는' 것이다. 대개 4주에서 6주는 해야 한다. 리젠트 칼리지(Regent College)의 영성신학 교수 브루스 힌드마쉬(Bruce Hindmarsh) 박사는 영국에서 박사 과정을 밟을 때 오랫동안 책상 앞에 앉아 있다 보니 매우 심각한 우울증에 빠지게 되었다. 게다가 늘 구름이 끼어 있는 옥스퍼드의 날씨는 우울증을 더욱 악화시켰다. 그는 이렇게 말했다. "나는 운동선수가 아니지만 우울증을 완화시키기 위해 조깅을 시작했습니다. 처음 4주간은 정말 힘들었지만 5주, 6주가 되면서 효과가 나타나기 시작했지요."

그는 그 경험을 회상하며 이렇게 말했다. "십자가를 지면 십자가가 우리를 져 줍니다."

운동을 시작하면 4-6주 뒤에는 효과가 나타나기 시작한다.

이제 힌드마쉬는 입가에 옅은 미소를 띠고 이렇게 말한다.

"달리기는 나의 우울증 치료제입니다."

운동을 충분히 오랫동안 하면 그것이 생명을 주는 습관이 된다. 만약 한 가지 운동을 두어 달 동안 한 뒤에 절대 못하겠다는 생각이 들면 다른 운동을 시도해 보라.

리더십 교수 마틴 샌더스(Martin Sanders) 박사는 운동 기구 구매의 80퍼센트가 성탄절 2주 전, 그리고 성탄절과 새해 사이에 이루어진다고 말한다. 그런데 다음 해 봄이면 그중 85퍼센트가 더 이상 사용되지 않는다. 그때부터 1-2년간 집 안 한구석에서 썩다가 결국 중고 거래 사이트에 매물로 나온다. 사람들이 운동 기구 사용을 그만두는 이유 중 하나는 그 '종류'의 운동이 따분해졌기 때문이다. 운동이 즐거우면 오래 즐기게 되어 있다.

나는 밖에서, 특히 숲에서 달리는 것을 좋아한다. 달릴 때면 하나님의 피조 세계에 대한 감사와 기쁨이 절로 솟아난다. 수영도 좋아한다. 물에 몸을 담그고 몸의 여러 부분을 리드미컬하게 사용하면 경이감이 충만해지고, 내가 살아서 존재하고 움직이고 있음이 실감이 간다. 요즘에는 (몸을 마구 뒤흔드는 15킬로그램짜리 우리 아이를 드는 것 외에) 역기를 들지 않지만 예전에 한창 역기를 들 때면 육체적으로 영적으로 강해지는 것을 느꼈고 하나님이 나의 힘이시라는 사실을 늘 기억할 수 있었다.

대부분의 경우, 함께 운동할 사람이 있으면 운동을 더 즐겁게 오래 할 수 있다. 운동을 꾸준히 할 수 있느냐를 결정하는 중요한 요소는 함께할 사람이 있느냐 하는 것이다. 97세인 나의 할머니는 최근에야 테니스계에서 '은퇴'하셨다. 몇 년 전 할머니는 내게 자신이 또래 일본 테니스 선수 중에서 2위를 차지했다고 자랑했다. 그때 나는 "할머니 연세에도 아직 테니스를 치는 분은 두세 명밖에 안 될 걸요"라고 놀렸다. 그렇게 말하고 웃었지만 할머니의 백핸드를 보는 순간 내 얼굴에서 웃음기가 싹 가셨다. 할머니가 그토록 오랫동안 테니스를 즐길 수 있었던 건 함께 즐길 좋은 친구들이 있었고 승리만큼이나 그들과 어울리는 시간을 즐겼기 때문이다.

운동은 기쁨을 주고, 기도의 삶을 깊게 만들어 준다. 운동은 정신과 영을 맑게 해서 하나님과 다른 이들에게 더 집중할 수 있게 해 준다. 또한 극도의 행복감("리너스 하이"[runner's high]라고도 부르는 현상)을 일으키는 신경화학물질인 세로토닌과 도파민을 분비시킨다. 또 이런 일반 은혜는 중독적인 행동을 피하거나 극복하게 도와준다. 성이나 마약, 술 중독은 '황홀감'에 대한 욕구에서만이 아니라 세로토닌과 도파민이 줄어들어서 발생하기도 한다. 이런 신경화학물질 부족으로 허전함을 느끼면 그 허전함을 달래고자 극단적인 방법에 의존하게 될 수 있다.[15] 격렬한 운동은 우리 뇌에서 자연스럽게 최적의 신경화학물질 수치를 유지시켜 자멸적인 행동을 막아 준다.

식사와 마찬가지로 운동의 목표도 단순히 육체적인 완벽함이 아니라 하나님과 사람들을 더 잘 섬기는 것이다. 그리고 운동의 열쇠도 적절한 균형이다. 너무 약하지도 심하지도 않게 적당히 해야 한다.

거룩한 산제사로 온몸을 드리는 것

우리의 몸은 '심히 기묘'하게 지으심을 받았을 뿐 아니라, 하나님께 속한 자라면 그의 몸은 하나님의 영이 거하시는 집이다. 우리의 몸이 무한한 가치를 지닌 성전이라는 뜻이다. 앞서 살펴봤듯이 잠과 식사, 운동 같은 간단한 행동을 통해 우리는 육신의 삶이라는 선물을 소중히 여길 수 있고, 그렇게 할 때 찾아오는 유익한 결과는 우리가 다 가늠하지 못할 정도다.

갑자기 노숙자 신세가 되면 우리 대부분이 당연하게 여기는 것들을 잃어버린다. 이를테면 매일 목욕을 하고 삼시세끼를 먹는 것을 더 이상 할 수 없게 되어 극심한 혼란과 절망감에 빠진다. 캐슬린 노리스는 *The Quotidian Mysteries*(일상의 신비)란 책에서 "샤워, 머리감기, 목욕, 칫솔질, 충분한 물 마시기, 매일 비타민 섭취, 산책" 같은 자기 관리의 기본 행위를 무시하는 삶은 현실에서 벗어난 삶이라고 말한다. 노리스는 자기 몸을 돌보는 것은 제정신, 나아가 믿음의 증거라고 말한다. 자기 몸을 돌보는 것은 단순해 보이지만 자신을 존중하고 창조주를 높이는 행위다.[16]

우리 몸을 어떻게 사용하고 다루느냐에 따라 우리 영혼의 상태가 달라지고 하나님, 타인, 삶 자체와 우리의 관계가 깊은 영향을 받는다. 몸의 회복을 위한 하나님의 선물을 받는 것은 이기적인 것이 아니다. 파커 파머(Parker Palmer)는 《삶이 내게 말을 걸어올 때》(Let Your Life Speak, 한문화 역간)라는 책에서 이렇게 말했다. "자가돌봄(self-care)은 결코 이기적인 행위가 아니다. 그것은 오직 내게만 주어진 선물을 선한 청지기의 태도로 대하는 것이며, 이 선물은 이웃에게 베풀기 위한 것이다."[17]

회복을 위한 잠, 영양을 제공하는 음식, 활력을 주는 운동이라는 선물을 받을 때 비로소 우리의 '온' 존재를 하나님이 기뻐하시는 살아 있는 거룩한 산제사로 온전히 드릴 수 있다. 이것은 전혀 가벼운 행위가 아니다. 예배라는 '영적' 행위다.

/ 새로운 시작을 위해 묻고 답하기 /

1. 성경을 보면 하나님이 우리의 육체적인 몸을 소중히 여기시는지 어떻게 알 수 있는가?

2. 엘리야가 갈멜산에서 바알 선지자들과 대결한 뒤 무너졌을 때 하나님이 보이신 반응에서 어떤 인상을 받았는가?(왕상 19:1-9 참조)

3. 어떤 면에서 잠이 영적 행위인가?

4. 어떻게 식습관으로 창조주를 높이고 우리 자신을 존중할 수 있는가? 어떻게 해야 극단적인 식습관을 피할 수 있을까?

5. 어떻게 해야 운동이 즐거운 예배의 행위가 될 수 있을까?

6. 몸을 돌보는 것이 어떤 면에서 생활 수칙 전체의 기초인가?

지금 내가 시작할 수 있는 작은 일,
나만의 생활 수칙 세우기

당신에게 맞는 단순하고도 지속 가능한 운동 계획을 세워 보라. 식사와 수면 습관을 어떻게 바꾸고 싶은지도 써 보라.

11장

방전된 마음을
재창조하는
힘,

놀이

'하나님의 즐거움'에 뛰어들다

                                         청바지에 야구 모자를 쓴 한 젊은이가 워싱턴 D.C.의 한 지하철역 앞에 나타났다. 청년은 몸을 구부려 작은 가방에서 바이올린을 꺼냈다. 그때부터 매우 특별한 일이 벌어졌다. 그런데 대부분의 사람들은 그것을 놓쳤다. 하지만 모두 놓친 것은 아니었다.

    때는 1월 어느 금요일 아침 8시였다. 한창 혼잡한 출근 시간대였다. 그 바이올리니스트는 45분간 여섯 곡의 유명한 음악을 연주했다. 그러는 동안 수백 명의 사람들이 지나갔지만 겨우 몇 명만 고개를 돌려 그를 쳐다봤다. 발걸음을 멈추고 1분 이상 그의 음악을 들은 사람은 겨우 일곱 명이었다.[1]

그의 음악을 유심히 들은 사람 중에는 에반(Evan)이란 세 살배기 꼬마가 있었다. 파카를 입은 귀여운 흑인 꼬마 에반은 엄마 셰론 파커(Sheron Parker)가 수업에 늦지 않기 위해서 빨리 가자고 재촉하는데도 자꾸만 몸을 돌려 바이올리니스트를 쳐다봤다. 결국 엄마는 아들이 바이올리니스트를 보지 못하도록 앞을 가로막았다. 지하철역으로 가면서도 에반은 바이올리니스트를 마지막으로 한 번 더 보기 위해 발버둥을 쳤다.

야구 모자를 눌러쓰고 바이올린을 연주한 그 청년은 누구였을까? 바로 세계적으로 인정받는 유명 바이올리니스트 조슈아 벨(Joshua Bell)이었다. 그는 불과 사흘 전 보스턴심포니홀에서 열린 (일반석도 100달러나 되는) 공연에서 전석 매진으로 연주를 마친 상태였다. 그런데 그날 지하철역에서 숱한 어른들은 그런 그를 쳐다보지도 않고 바삐 지나갔다. 하지만 그곳을 지나간 모든 '아이들'은 멈춰서 그를 보려고 했다.

어른들은 자기 일에 너무 바빠 바로 눈앞에서 펼쳐지는 아름다움을 즐기지 못했다. 반면 아이들은 누가 시키지 않아도 즐길 줄 안다. 아이들은 호기심 덩어리다. 언제나 좋아하는 것을 찾아서 한다. 그런데 나이가 들수록 '생산적'으로 살아야 한다는 압박감을 느끼기 시작한다. 일을 하지 않고 뭔가를 즐기거나 놀면 죄책감을 느낀다. 대부분의 어른은 노는 것이 무엇인지조차 잊어버린 지 오래다.

놀이는 그 자체를 위해서 하는 것이다. 놀이를 할 때 우리는 완전히 열중해서 최선을 다할 수 있다. 아이들을 보면 특히 그렇다. 놀이는 공예, 그림, 연기, 춤, 하이킹, 스포츠, 비눗방울 불기, 물장난, 웃기, 농담처럼 다양한 형태를 띨 수 있다. 어떤 형태든 놀이는 우리가 존재하고 살고 움직인다는 사실에 더 감사할 수 있게 해 준다.

기도나 공부, 사회정의 같은 것에만 시간과 에너지를 쏟으면 너무 진지하기만 해진다. 기쁨, 웃음, 주변의 아름다움을 즐기는 능력을 잃어버리고 만다. 로널드 롤하이저는 *The Holy Longing*(거룩한 바람)이란 책에서 "예수님처럼 되는 것은 옳은 것을 믿고 행하는 것만큼이나 긴장을 풀고 즐길 줄 아는 것이고, 진리만큼이나 활력에 관한 것"이라고 말한다.[2] 해방신학의 아버지 구스타프 구띠에레즈(Gustavo Gutierrez)는 건강한 영성을 얻으려면 세 가지 방식으로 영혼을 먹여야 한다고 말했다. 기도, 정의의 실천, 좋은 것들(우정, 좋은 음식과 포도주, 영혼을 향기롭고 기분 좋게 유지시켜 주는 건강한 여가 활동)을 즐기는 것이 그것이다.[3] 하나님과 함께하는 삶과 하나님을 위한 삶을 지탱해 주는 격자 구조물 곧 우리를 회복시키는 생활 수칙에는 놀이와 여가가 반드시 포함되어야 한다.

끝없이 일에 파묻혀서 덜 바빠질 때까지 여가와 놀이를 미루는 사람이 얼마나 많은지 모른다. 그들은 은퇴하고 나면(혹은 돈이 많아지면) 놀면서 삶을 즐길 시간이 생길 것이라고 생각한다. 나도 그런 적이 있다. "이 일이 해결되면 다시 수영을 시작하겠어." "우리 아이가 조금만 더 크면 거창한 휴가를 가졌어." 다비드 슈타인들-라스트(David Steindle-Rast)는 여가가 시간이 있는 사람들의 사치가 아니라 자기 삶의 모든 부분에 마땅한 시간을 할애하는 사람들의 덕목이라는 지혜로운 말을 했다.⁴

수도사들은 잠, 식사, 기도, 일, 그리고 놀이까지 모든 것에 마땅한 때와 장소가 있다는 점을 잘 알고 있다. 생활 수칙은 삶의 모든 부분에 마땅한 시간(꼭 그것을 하고 싶은 시간이 아닌)을 할애할 수 있는 일종의 '수도원 종'을 제공해 준다. 성 베네딕토 규율은 행동과 지침을 포함하고 있지만 그 수칙은 특정한 '태도들'을 길러주기도 한다. 놀이에 어떤 태도로 접근하느냐에 따라 놀이가 우리 삶의 일부로 녹아들 수도 있고 그렇지 못할 수도 있다. 생활 수칙의 모든 부분이 그렇듯 놀이에 대한 우리의 태도는 하나님의 말씀에 근거해야 한다.

그토록 바빴던 예수님도 놀 때는 노셨다

전도서를 보면 하나님은 놀 시간을 명령하신다. "울 때가 있고 웃을 때가 있으며 슬퍼할 때가 있고 춤출 때가 있으며"(전 3:4).

하나님은 이스라엘 백성에게 예루살렘을 축복하러 돌아오실 텐데 그 축복의 증거는 거리마다 뛰노는 소년 소녀가 가득해지는 것이라고 말씀하셨다(슥 8:5 참조).

우리가 노는 것은 곧 놀 줄 아시는 하나님을 보여 주는 것이다.

창조 기사에서 우리는 즐겁게 노시는 하나님을 볼 수 있다. 하나님은 지구를 창조한 뒤 한걸음 뒤로 물러나 "심히 좋구나!"라고 감탄하셨다(창 1:31 참조). 하나님은 손수 만든 작품을 즐기셨다. 욥기에서도 피조 세계로 인해 하나님과 천사들이 기뻐했다는 대목이 나온다. 하나님은 풍랑 속에서 욥에게 나타나 물으셨다. "내가 땅의 기초를 놓을 때에 네가 어디 있었느냐 …… 그때에 새벽 별들이 기뻐 노래하며 하나님의 아들들이 다 기뻐 소리를 질렀느니라"(욥 38:4,7).

이 얼마나 열광적인 축하의 순간인가. 바다와 산, 공작의 휘황찬란한 색들, 인간 얼굴의 아름다운 정교함, 이 모든 것을 유쾌한 창조주께서 설계하셨다.

예수님의 삶에서도 기쁨을 표현하며 노는 것의 가치를 볼 수 있다. 예수님은 열심히 일하셨지만 그 와중에도 삶을 맛볼 시간을 내셨다. 세상을 구원할 시간이 3년 반밖에 없었지만 그 와중에도 예수님은 며칠간 시간을 내어 가나 혼인 잔치에 참여하셨다.[5] 아마 한 주는 족히 걸리는 잔치였을 것이다. 피로연장에서 포도주가 떨어지자 예수님은 첫 번째 기적을 행하셨는데, 그것은 바로 최고급 포도주를 만드는 것이었다. 예수님은 너무 열심히 먹고 마시고 축하하신 나머지 폭식가요 술고래란 비난까지 받으셨다(마 11:19 참조). 물론 예수님은 그런 분이 아니었다. 예수님은 단지 삶을 즐기고 사람들과 어울리는 것을 좋아하셨을 뿐이다.

예수님은 중요한 사명이 있었음에도 일하는 도중에 짬짬이 시간을 내어 아이들과 어울리는 것을 즐기셨다. 그런데 어떤 이들은 아이들과 어울리는 예수님을 보며 시간 낭비라고 생각해서 아이들이 그분께 오지 못하도록 막았다. 하지만 예수님은 "어린아이들이 내게 오게 하라"라고 말씀하셨다(막 10:13-16; 눅 18:15-17 참조).

그리스도는 그분의 백성과 성령의 역사를 통해 지금도 계속해서 '놀고' 계신다. 시인 제라드 맨리 홉킨스(Gerard Manley Hopkins)는 우리의 "사지"와 "얼굴"을 통해 "그리스도가 수많은 곳에서 놀고 계신다"라고 썼다. 그리스도는 그분의 영을 통해 우리 안에 거하신다. 따라서 우리가 놀 때 그분도 노신다.[6] 우리가 낚싯배에서 구도자 친구에게 전도를 하는 것만이 아니라 무지개송어를 잡기 위해 물속으로 낚싯대를 던지는 것도 역시 성령을 드러내는 행위다. 결혼식장에서 목사님과 함께 기도할 때만이 아니라 피로연에서 춤을 출 때도 우리는 성령의 통로가 될 수 있다. 우리의 놀이는 영성과 분리된 것이 아니다. 우리의 놀이 지쳐기 세상 속에 임하신 하나님 임재의 증거다.

우리가 즐거울 때 하나님도 즐겁다

하루는 막 한 살이 된 아들 조이를 데리고 동네 공원에 나갔다. 반백에 은테 안경을 쓴 한 호리호리한 중년 남성이 몇 발자국 떨어진 곳의 개에게 테니스공을 던지고 있었다. 대여섯 명의 아이들이 그 주변에 모여서 구경하고 있었는데, 조이가 아장아장 걸어서 구경꾼 틈 사이로 끼어들었다. 개가 공중으로 점프를 해서 공을 잡을 때마다 조이는 고개가 젖혀진 채로 웃다가 엉덩방아를 찧었다.

아이들은 즐거워하는 조이를 보며 같이 웃기 시작했다. 아이들은 손가락으로 조이를 가리키며 합창을 했다. "하하하, 애기가 좋아한다! 좋아해!"

이번에는 개 주인이 껄껄거렸다. "아이고 귀여워라! 아기가 너무 귀엽네요!"

그는 테니스공을 조이 손에 쥐어 주며 말했다. "한번 해 보렴."

조이는 아직 공을 잡을 만큼 근육이 발달하지 않았기 때문에 아이의 손등을 내 손으로 받쳐 함께 던졌다. 덕분에 아들아이의 기쁨이 내게도 전염됐다. 우리가 자식이 기뻐하는 것을 보며 함께 기뻐하는 것처럼 우리 하늘 아버지께서도 기뻐하는 우리를 보며 기뻐하신다.

그런데 이것을 믿거나 받아들이지 못하는 사람이 적지 않다. 그들은 안식일에 이런저런 것을 하지 말라는 말만 듣고 자란 사람들이다. "안식일에는 야구를 하지 마라. 게임을 해서는 안 된다. 껌을 씹지 마."

이런 집안에서 자라면, 하나님을 '너무 기뻐하는 사람들을 보면 눈살을 찌푸리는 분'으로 왜곡해서 볼 수 있다. 하지만 하나님은 그런 분이 아니다. 하나님은 우리가 상상할 수 없는 수준으로 우리를 사랑하시며 우리의 기쁨을 함께 기뻐하신다. 하나님은 우리가 즐거워하는 모습을 흐뭇한 얼굴로 바라보신다.

놀이, 그 자체를 위해 하는 것

그렇다면 어떤 활동을 놀이로 볼 수 있을까? 놀이와 일을 어떻게 구분하는가? 나는 아주 간단한 구분법을 사용한다. 놀이는 그 자체를 위해서 하는 것이다. 뇌의 신경망이 개발되고 면역력이 높아지고 창의력이 좋아지는 등 놀이의 유익이 많지만, 진정한 놀이의 주목적은 실용적인 효과가 아니다.[7] 놀이는 거래처 사람과 식사하는 것과 같지 않다. 대개 그것은 식사 자체를 위한 식사가 아니기 때문이다. 놀이는 친한 친구와의 식사와 같다. 그런 식사는 식사 자체를 위한 식사이기 때문이다. 그것은 단순히 상대와 음식을 즐기기 위한 식사다. 놀이에는 숨은 의도가 없다. 놀이에서는 단순히 하나님, 타인, 피조 세계와의 교제를 즐거워한다.

때로 우리는 평범하다는 뜻으로 '아마추어'라는 단어를 사용한다. 우리가 '아마추어'라고 말할 때는 뭔가를 '뛰어나게' 잘하는 '프로'와 비교하며 비웃는 것이다. 하지만 '아마추어'라는 단어는 사실 '애호가'를 뜻한다. G. K. 체스터튼은 이런 말을 했다. "뭔가를 명예나 돈을 얻을 희망이 없어도 연습하고, 심지어 잘하게 될 가능성이 없어도 연습하려면 그것을 정말 사랑해야 한다." 사실 이는 "할 만한 가치가 있는 일은 설령 그것을 잘 못해도 할 만한 가치가 있다"라는 옛 격언을 체스터튼 식으로 풀어낸 것이다.[8] 뭔가를 정말 사랑해서 그것을 잘하지 못해도 상관없이 한다면 그것이 바로 노는 것이다.

이제 칠십 대가 되신 우리 부모님은 사교춤을 사랑하신다. 두

분은 일주일에 두어 번씩 무도회장에 가며, 어머니는 "잘하지는 못하지만 무척 좋아한다"라고 말씀하신다. 놀이는 잘하는 것이 아니라 그 자체를 위해서 그냥 좋아서 하는 것이다.

나는 뛰어난 항해자는 아니지만 배 타는 것을 좋아한다. 나는 바다에 나가는 것 자체를 좋아한다. 얼굴에 부딪히는 바닷바람, 바다표범과 수달, 독수리를 보는 재미, 해변에서 먹는 조개, 이국적인 석양이 좋다. 하지만 경주는 하지 않는다. 경주는 너무 경쟁적이라서 경주를 해서 이기려고 하면 더 이상 놀이가 아닌 일처럼 느껴지기 때문이다. 좀 안타깝지만, 내 성격상 경주를 할 때는 이기지 못하면 재미가 없다.[9] 다시 말하지만 놀이는 그 자체를 위해 하는 것이다. 다른 것, 이를테면 1등을 하거나 남에게 깊은 인상을 심어 주는 것, 심지어 건강을 위해 하는 것들도 놀이 자체보다 '더 중요해지면' 그것은 더 이상 놀이가 아니다.[10] 성과가 가장 중요하다는 세상 문화의 거짓말에서 벗어나기 전까지는 진정한 놀이라는 선물을 누릴 수 없다.

자기몰두에서 헤어 나오다

과학자들은 놀이가 우리의 정신을 새롭게 한다고 말한다. 의사이자 임상연구가이며 캘리포니아대학교(University of California) 샌디에이고 캠퍼스의 전 의과 교수 스튜어트 브라운(Stuart Brown)은 놀이가 편도체(감정을 처리하는 부분), 전전두엽 피질(실행 결정을 내리는 부분), 대뇌

(집중과 언어를 처리하는 부분)를 발달시킨다고 말한다.¹¹

또한 다들 경험해 봐서 알겠지만 놀이는 몸도 새롭게 만든다. 산책을 하고 필라테스를 하고 심지어 한 발로 서 있기만 해도 활력이 솟을 수 있다. 우리의 몸과 마음, 영혼은 서로 연결되어 있기 때문에 몸과 마음이 놀이를 통해 소생되면 영혼도 회복된다. 놀이를 레크리에이션(recreation)이라고도 부르는 것은 우리를 재창조할(re-create) 힘이 있기 때문이다.

놀이는 하나님께로 가는 문도 될 수 있다. C. S. 루이스는 자서전인 《예기치 못한 기쁨》(Surprised by Joy, 홍성사 역간)이란 책에서 여섯 살 때 놀았던 경험을 이야기했다. 루이스는 형이 잔가지와 꽃으로 장식해 이끼로 만들어 준 장난감 정원을 응시했다. 순간, 그를 부르는 기쁨의 목소리가 느껴지며 …… 그의 안에서 "달랠 길 없는 갈망"이 일어났다.¹² 훗날 옥스퍼드대학교(University of Oxford) 교수가 되었을 때 그는 그 기쁨의 목소리가 바로 하나님의 목소리였음을 발견했다. 창의적인 놀이 시간은 루이스에게 결국 하나님께로 가는 길을 열어 줬다.

놀이가 우리를 하나님께로 이끌어 줄 수도 있지만, 반대로 하나님에게서 멀어지게 만들 수도 있다. 놀이의 즐거움(그 자체로는 하나님의 선물)에 너무 깊이 빠져서 거기에 중독되어 버린 사람도 있다. 예를 들어 많은 사람이 컴퓨터 게임을 즐긴다. 그 자체로는 아무런 문제가 되지 않는다. 하지만 게임에 중독되면 얘기가 달라진다. 최근〈워싱턴 포스트〉(Washington Post)지는 게임에 중독되어 같은 자세로

며칠 밤낮을 앉아 있다가 혈전으로 죽은 한국의 다섯 청년에 관한 이야기를 다루었다.¹³

놀이 자체는 악한 것이 아니지만 테니스나 낚시, 필라테스 등 어떤 놀이에든 너무 깊이 빠져서 하나님에게서 멀어진다면 그것은 죄다. 우리를 하나님과 다른 사람에게로 가까이 이끌어 주며 고귀하고 옳고 정결하고 아름답고 훌륭한 것에 우리를 가장 온전히 연결시켜 주는 형태의 놀이를 즐겨야 한다(빌 4:8 참조).

놀이는 우리를 하나님께로 이끌어 주고, 하나님을 '묵상하는' 데 도움이 될 수 있다. 하나님을 포함해서 뭐든 묵상하는 데 큰 걸림돌은 자기몰두다. 놀이는 이러한 자기몰두에서 헤어 나오게 해 준다. 예수회 사제들인 윌리엄 A. 배리(William A. Barry)와 윌리엄 J. 코널리(William J. Connolly)는 이렇게 말했다. "얼마나 시간이 흘렀는지 혹은 얼마나 춥거나 더운지 전혀 모를 정도로 경기 관람이나 독서, 음악 감상에 깊이 빠져 본 적이 있다면 …… 집중의 힘을 알 것이다. 그리고 그런 사람은 묵상적 태도를 직접 경험한 것이다."¹⁴ 묵상적 태도를 기르는 것은 관심을 기울이는 법을 배우는 것을 의미한다. 하나님을 묵상하기가 어렵다면 자신이 아닌 다른 것, 이를테면 자연이나 음악, 예술품에 관심을 집중해 보라. 뭐든 자신이 아닌 다른 것에 관심을 집중하게 해 주는 것을 시작해 보라.¹⁵

개인적으로 내게는 숲이 회복을 도와주는 좋은 장소다. 숲에 가면 나에게서 빠져나와 주변에 가득한 하나님의 피조 세계의 신비로운 아름다움에 넋을 잃게 된다. 녹색 나뭇잎의 다양한 색조, 가지들

사이로 내게 쏟아지는 햇살, 오솔길을 가로지르는 시원한 산들바람, 이 모든 것이 나에게서 벗어나 하나님의 신비를 경험하게 해 준다. 내 아내는 예술을 통해 자기 밖의 뭔가에 집중함으로 기도의 상태로 들어가길 좋아한다. 피조 세계, 예술, 소설, 영화, 심지어 애완동물까지도 우리로 하여금 자기몰두에서 벗어나 묵상하게 만들 수 있다.

정말 좋아하는 것으로 시작하라. 화창한 날 좋아하는 공원을 산책해도 좋고, 아름다운 음악을 들어도 좋고, 아이들과 웃고 떠들어도 좋다. 이런 놀이를 하면서 그런 창의적인 선물을 주신 하나님을 기억하라.[16] 하나님의 후한 사랑을 기억할 때 놀이는 신성한 길을 열어 주고 기도로 가는 다리가 될 수 있다.

다른 사람과의 거리를 좁혀 주다

놀이는 우리를 새롭게 하고 하나님을 깊이 묵상하게 해 줄 뿐 아니라 다른 사람들과 하나가 되게 해 준다. 서로 멀어진 부부가 결혼 상담자를 찾아가 들을 수 있는 하나의 처방은 재미있는 것이나 새로운 것을 함께하라는 것이다. 부부가 함께 놀면 자주 웃으며 서로를 만지게 된다. 흥미진진한 놀이를 할 때 뇌에서 도파민 수치가 높아져 서로 가까워진다. 함께 놀며 웃고 땀을 흘리는 사이에 서로에 대한 친근감이 높아진다.

교회 장로회는 정치적이고 분열로 흐르기 쉽다. 그런데 우리 교회에서는 장로들이 나를 찾아와 이렇게 말하는 일이 자주 있다. "이렇게 훈훈한 장로회는 처음입니다."

물론 우리도 의견 차이로 논쟁할 때는 치열하게 논쟁하지만, 계속해서 좋은 관계를 유지할 수 있는 비결 하나는 자주 함께 노는 것이다. 분위기가 정말 좋았던 시절에는 장로들이 수시로 함께 하이킹과 배 타기, 스키, 요리를 했다. 이렇게 놀 때마다 우리의 관계는 더 깊어졌고, 그럴수록 우리 사역은 더 큰 열매를 맺어 갔다. 우리 교회의 교역자들도 매년 여러 번 함께 노는 시간을 가진다. 밴쿠버에서 동계 올림픽이 열린 뒤에는 선수들에게 깊은 감명을 받아 함께 컬링을 하기도 했다. 모두 한 번도 컬링을 해 보지 않아 실력은 엉망이었지만 아무 상관없이 너무나 재미있었다. 함께 놀면 일할 때 더 잘 협력할 가능성이 높다.

어릴 적에 어떤 놀이를 좋아했는가

'해야 할' 일을 할 시간도 없어서 놀 시간은 아예 없다고 생각하는 사람이 많다. 놀이의 리듬이 필요하다는 점은 인정하지만 도무지 놀 엄두가 나지 않는가?

한번은 알프레드 히치콕(Alfred Hitchcock) 팀이 어떤 스릴러 영화를 찍는데 한 장면에서 더 이상 나아가질 못하고 있었다. 모두 머리를 맞대고 몇 시간을 고민했는데도 만족스러운 해답이 나오질 않았다. 모두가 낙심해서 앉아 있는데 갑자기 히치콕 감독이 말도 안 되는 농담을 연발하기 시작했다. 결국 제작진과 배우들은 폭발했다.

"감독님, 도대체 뭐하시는 겁니까? 가뜩이나 시간이 없는데 왜 시간을 낭비하십니까?"

하지만 히치콕 감독은 문제를 정확히 간파하고 있었다. 그들이 창의력을 발휘하려고 '너무 노력하는' 것이 바로 문제였다. "자네들은 아이디어를 억지로 짜내려고 하고 있어. 억지로 짜내서는 아이디어가 나오질 않네."

어떤가? 비슷한 경험을 해 본 적이 없는가? 풀리지 않는 문제를 붙잡고 끙끙거리다가 잠시 쉬거나 낮잠을 자거나 '놀고' 나니 갑자기 눈앞이 훤해지는 경험을 해보지 않았는가? 안식일처럼 놀이도 시간을 도저히 낼 수 없을 것만 같을 때 우리에게 가장 귀한 선물이 되어 준다. 스케줄이 너무 바빠 시간을 내는 것이 불가능해 보여도 억지로라도 시간을 내면 시간 손실을 벌충하고도 남을 만큼 큰 유익이 찾아올 수 있다.

놀이가 예전처럼 자연스럽지 않은 사람들도 있을 것이다. 어떻게 노는 것인지 생각이 나질 않는가? 그렇다면 어릴 적 친구가 당신의 집 문 앞에 나타나 이렇게 말한다고 상상해 보라. "어릴 적에 네가 가장 좋아하던 장난감을 내 자동차 트렁크에 가져 왔어."

오랫동안 만나지 못했던 그 친구가 가져온 장난감은 무엇일까? 무슨 말이냐면 당신이 어릴 적에 즐겨 하던 것은 무엇인가? 너무 재미있어서 푹 빠져서 했던 것은 무엇인가? 어린 시절을 돌아보면 당신의 놀이 '언어'에 관한 단서를 얻을 수도 있다.

어린 시절과 십 대 시절에 나는 아이스하키와 야구, 미식축구까지 다양한 스포츠 팀에서 뛰었다. 특히 가장 좋았던 추억은 동네 골목에서 길거리 하키와 미식축구를 즐겼던 순간이다. 우리는 너무 어두워서 공이 보이지 않을 때까지 놀곤 했다. 공이 골라인을 넘겼는지 혹은 거친 접촉이 고의적이었는지 실수였는지를 놓고 입씨름도 자주 벌였다. 나는 그 길거리 경기들을 '사랑했다.' 왜냐하면 감독이나 여자애들에게 잘 보이기 위해서가 아니라 순전히 경기의 즐거움을 위해 경기했기 때문이다. 지금은 더 이상 스포츠 팀에서 뛰지는 않지만 달리기나 하이킹, 수영 같은 비공식적인 육체 활동은 여전히 나의 가장 좋은 놀이다.

내 아내 사키코는 초등학생 시절 미술에 꽤 소질을 보였다. 여러 지역이 경합하는 큰 미술 대회에서 2등을 하기도 한 적이 있었다. 그래서 아내는 미술학과로 진학할 생각도 약간 했지만 당시 일본에서는 대부분의 사람이 취직을 위해 공부를 했기 때문에 좀 더 실용적인 학과(정치학과)로 진학해서 저널리스트로 일했다. 하지만 캐나다로 온 뒤로 아내의 미술 사랑이 다시 발동했다. 아내는 가끔 근처 미술 대학에서 수업을 받는다. 지금 아내는 돈을 벌기 위해 그림을 그리지 않고 순수하게 그림을 그리는 즐거움 때문에 붓을 든다.

어른들이 놀지 못하는 이유 중 하나는 자의식이다. 즉, 무능한 백수처럼 보이기 싫어서 남들에게 노는 모습을 보여 주지 않는다. 우리는 한가롭게 놀면 사람들이 우습게 볼까 봐 두려워한다.

내 동생이 결혼할 당시 상견례 했을 때가 기억난다. 분위기는 훈훈했지만 어색함이 흘렀다. 서로 실례가 될 말이나 행동을 하지 않으려고 매우 조심하는 분위기였다. 게다가 사돈어른은 독실한 무슬림인 반면 우리는 장남(나)이 목사인 기독교 집안이라는 사실로 인해 특히 조심스러웠다. 그날 저녁 우리는 종교 얘기를 일절 하지 않았다.

대신 노래방에 갔다. 내 차례가 오자 꽤 난감했다. 내 차례를 그냥 넘어갈까 고민하다가 결국 자리에서 일어나 왼발을 앞으로 내밀어 무릎을 살짝 구부리고 오른발을 뒤로 빼서 가라데 공격 자세를 취했다. 그러고 나서 왼손을 왼쪽 허리에 대고 오른팔의 검지를 하늘로 뻗었다가 밑으로 찌르기를 반복하면서 영화 〈토요일 밤의 열기〉(Saturday Night Fever)에 나오는 팝송 〈스테인 얼라이브〉(Stayin' alive)를 부르기 시작했다.

나는 영화 속 존 트라볼타(John Travolta)의 유명한 디스코 춤을 엉성히게 흉내 내며 열창을 했다. 노래를 부를 때는 잠시 정신을 놓고 있었는데 마치고 나니 다시 민망함이 밀려왔다. 특히 내 공연 후에 사돈어른이 딸(나의 예비 제수씨)에게 뭐라고 속삭이니 기분이 찜찜하기 짝이 없었다. 아무래도 내가 실례를 범한 것 같았다. 그런데 나중에 알고 보니 정반대였다. 사돈어른은 딸에게 이렇게 말했다고 한다. "저 친구가 뭘 믿는지는 모르겠지만 목사라고 했지? 목사가 뭘 하는 사람인지는 잘 모르겠지만 썩 괜찮은 사람 같구나."

기쁨을 표현하면, 특히 방정맞게 기뻐하면 상대방에게 무시를 당할 것이라고 생각하는가? 하지만 우리가 좋아하는 놀이를 하며 기뻐하면 오히려 사람들과의 사이에 다리가 놓인다.

무엇보다 단순하게 생각하라. 놀아야 한다고 해서 꼭 비싼 장비를 사거나 많은 시간을 내야 하는 것은 아니다. 놀이는 단순할수록 좋다. 간단히 산책을 나가거나 개에게 테니스공을 던지는 것만으로도 족하다. 놀이를 기도의 한 형태로 삼으라. 미술이나 음악, 운동을 하든 소파에 웅크리고 앉아 소설 속의 세상으로 들어가든, 놀이의 즐거움 속에서 하나님의 '즐거움'을 경험하라. 당신의 놀이가 하나님이 주시는 기쁨의 선물을 즐기는 기도가 되기를 바란다.

/ 새로운 시작을 위해 묻고 답하기 /

1. 어릴 적에 어떤 놀이를 좋아했는가?
2. 노는 것이 건강한 영성에 왜 중요한가?
3. 성경 어디에서 아버지 하나님이 노신다는 증거를 볼 수 있는가? 복음서에서 예수님은 어떻게 노셨는가? 성령은 우리를 통해 어떻게 노시는가?
4. 나는 공원에서 어린 아들이 개와 놀 때 자신도 큰 기쁨을 느꼈다. 당신이 놀 때 하나님이 기뻐하시는 것을 느껴 본 적이 있는가?
5. 놀이가 당신에게 줄 수 있는 영적 선물에는 무엇이 있을까?
6. 이번 장에서 우리는 놀이를 "그 자체를 위해서 하는 것"으로 정의했다. 당신이 그 자체를 위해서 즐기는 것은 무엇인가?

지금 내가 시작할 수 있는 작은 일,
나만의 생활 수칙 세우기

당신이 주마다, 달마다 혹은 계절마다 할 만한 놀이가 있는가? 당신의 생활 수칙의 일부로써 그 활동을 써 보라.

12장

주인이거나 종이거나,

돈

하나님의 셈을 믿는 믿음

내가 일곱 살 때 우리 가족은 배로 런던에서 샌프란시스코까지 여행을 했다. 우리가 탄 여객선은 아프리카 해안에 잠시 정착했다가 카리브해를 지나 플로리다주의 마이애미항구에 멈췄다. 배가 항구에 정박해 있는 동안 부모님과 나, 그리고 두 누이는 마이애미 구경에 나섰다. 그런데 뜨겁고 무거운 공기에 몸에서는 땀이 비 오듯 흘렀고 숨이 턱 막혔다. 살인적인 햇볕 아래 정신이 몽롱해져 휘청거리기 시작했다. 들고나온 초콜릿은 진작 우리 손에서 녹아 버렸고, 깜박 잊고 물을 챙겨 오지 않아 모두가 지독한 갈증에 시달렸다.

다행히 부모님은 계획보다 빨리 배로 돌아가기로 결정했다. 두 분은 재빨리 택시를 잡았고 나는 앞좌석에 탔다. 택시 기사는 황금색의 긴 곱슬머리를 한 잘생긴 청년이었다. 그는 금방이라도 검은 아스팔트 위에 녹아 없어질 바닐라 아이스크림 같은 내 모습을 보고 불쌍했던지 주머니에서 동전을 한 움큼 꺼냈다. 내가 두 손을 컵처럼 만들자 그가 반짝거리는 동전을 내 손에 쏟아 부었다. 아버지는 손가락으로 그 동전을 휘저어 그중 50센트짜리 동전을 가리켰다. 아버지는 그것을 뒤집어 존 F. 케네디(John F. Kennedy) 대통령의 이미지를 보여 줬다. 나는 그 동전을 품에 꼭 안았다. 그 순간 잠시나마 길증이 잊혀졌다.

어릴 적 누군가에게 돈을 받았을 때가 기억나는가? 처음 자신의 힘으로 돈을 벌었을 때가 기억나는가? 크면 돈을 많이 벌어 사고 싶은 것을 마음껏 사리라는 생각을 해 봤는가? 어릴 적부터 우리는 본능적으로 돈의 힘을 이해한다. 돈만 있으면 우리가 원하는 많은 것을 살 수 있다. 예수님도 돈의 힘을 이해하셨다. 이것이 그분이 그 어떤 사회적 주제보다도 돈에 관해 많은 말씀을 하신 이유다.

돈은 단순한 교환 수단이 아니다. 예수님이 지적하셨듯이 돈은 하나님의 라이벌이다. "한 사람이 두 주인을 섬기지 못할 것이니 혹 이를 미워하고 저를 사랑하거나 혹 이를 중히 여기고 저를 경히 여김이라 너희가 하나님과 재물을 겸하여 섬기지 못하느니라"(마 6:24). 여기서 재물에 해당하는 단어는 "맘몬"(mammon)이다. 이 단어는 '우리가 믿는 것'을 의미하는 "아만"(aman)이란 어근에서 비롯했다. 우리를 사랑에 빠뜨리는 대상처럼 돈은 우리의 충성을 얻을 힘이 있다. 돈은 우리로 하여금 안전을 위해 그것을 의지하고 그것의 약속을 철석같이 믿게 만들 힘이 있다.

우리 모두는 충분히 먹고살 만한 돈이 있으면서도 더 벌지 못해 안달이 나 있는 사람들을 알고 있다. 월마트(Walmart)를 창립한 샘 월튼(Sam Walton)의 아내 헬렌 월튼(Helen Walton)은 남편에게 더 이상 과로하지 말라고 애원했다. "남편에게 끊임없이 이렇게 말했다. '여보, 우리는 풍족하게 살고 있어요. 뭐가 더 필요해서 그래요? 이미 창고는 끝없이 넓어요.' 하지만 17번째 창고가 세워진 뒤에 나는 남편이 죽을 때까지 멈추지 않을 것이라는 사실을 깨달았다.'"

역사상 가장 부유했던 인물 가운데 한 명인 존 D. 록펠러(John D. Rockefeller)는 "사람은 돈이 얼마나 많아야 행복해질까요?"라는 질문에 지금도 수많은 사람의 입에서 나오고 있는 그 불멸의 대답을 내놓았다. "조금만 더."

부유하고 야심만만한 사람만 돈의 치명적인 마법에 걸리는 것이 아니다. 우리 모두가 돈의 영향을 받고 있다. 우리 모두는 돈이 "조금만 더" 있으면 만족할 것이라고 생각한다. 도널드 트럼프(Donald Trump)는 "돈을 얼마나 많이 벌어야 충분하다고 생각하겠습니까?"라는 질문에 "지금보다 약 10퍼센트만 많이 벌면 좋겠습니다"

라고 대답했다. 세상의 다른 곳, 마닐라의 쓰레기 매립지에서 살며 매일 빈병과 재활용 플라스틱을 주워서 가족을 부양하는 사람도 "돈을 얼마나 많이 벌어야 행복하겠습니까?"라는 질문에 트럼프와 똑같은 답을 했다. "지금보다 약 10퍼센트만 많이 벌면 좋겠습니다."

돈을 얼마나 많이 벌어야 행복해질 것 같은가? 약 10퍼센트만 더? 하지만 10퍼센트를 늘리면 곧 또다시 10퍼센트를 늘리고 싶어진다. 그리고 또 10퍼센트, 또 10퍼센트……. 끝이 없다.

다행히 그리스도와 연합하면 우리 삶에서 돈이 본래의 자리로 돌아간다. 마르틴 루터(Martin Luther)는 우리가 그리스도께로 회심할 때 세 가지 회심이 이루어진다고 말했다. 마음의 회심, 정신의 회심, 지갑의 회심이 그것이다.[2] 사실 성령의 회심시키는 역사가 진정으로 이루어지고 있다는 구체적인 하나의 증거는 바로 돈에 대한 태도가 변하는 것이다.

수도 서원을 하는 사람의 삶에서는 이런 변화가 분명히 나타난다. 수도원에 들어가 청빈의 서약을 하는 사람은 세상의 흐름을 거스르는 사람들이다. 그들은 전 재산을 수도원에 헌납하거나 수도원 밖에 있는 가족이나 친구들에게 준다. 이렇게 세상적인 재물을 포기하는 모습에 대부분의 사람은 황당한 표정을 금하지 못한다. 우리는 그들이 소중한 것을 잃은 불쌍한 사람이라고 생각한다. 하지만 정작 그런 삶을 '선택한' 사람은 전혀 그렇게 생각하지 않는다.

그들은 스스로를 괴롭히기 위해 돈과 물질을 포기한 것이 아니다. 하나님께 "예"를 하기 위해 돈과 재물에 "아니요"를 한 것이다.

그로 인해 그들의 영혼에는 그리스도와 사람, 영원한 기쁨을 주는 것을 위한 더 큰 공간이 생긴다. 그래서 그들은 세상 재물을 포기한 결과로 영원한 만족을 누린다. 수도원에서 생활할수록 그들은 먹고살기 위해 필요한 것이 생각했던 것보다 훨씬 적다는 사실을 점점 분명히 깨달아 간다.

그리스도와의 연합이 강해질수록 우리는 우리가 가진 부의 근원이 돈보다 훨씬 더 큰 만족을 준다는 사실을 경험한다. 그리고 더 많은 것을 '위해서' 살수록 살기 위해 '의존하는' 것이 적어진다.[3] 사도 바울은 젊은 제자 디모데에게 "자족하는 마음이 있으면 경건은 큰 이익이 되느니라"(딤전 6:6)라고 말했다. 바울은 그리스도를 깊이 알면 더 큰 만족을 얻는다고 확신했다.

그가 그렇게 확신할 수 있었던 것은 이 신비를 직접 경험했기 때문이다. 그는 감옥에서 이런 글을 썼다. "어떠한 형편에든지 나는 자족하기를 배웠노니 나는 비천에 처할 줄도 알고 풍부에 처할 줄도 알아 모든 일 곧 배부름과 배고픔과 풍부와 궁핍에도 처할 줄 아는 일체의 비결을 배웠노라 내게 능력 주시는 자 안에서 내가 모든 것을 할 수 있느니라"(빌 4:11-13).

세상은 행복해지기 위해 돈의 힘이 필요하다고 말한다. 하지만 정말 그런가? 돈으로 행복을 살 수 있는가? 연구에 따르면 기본 필요가 충족된 뒤에는 돈이 더 많아져도 특별히 더 행복해지지는 않는다. 빌 맥키번(Bill McKibben)의 책 *Deep Economy*(깊은 경제)를 보면 1인당 소득 11,000달러(2012년 미국 기준)까지만 돈으로 행복을 살 수 있음을 보여 주는 연구가 인용되어 있다. 그 후에는 돈과 행복의 상관관계가 사라진다. 실제로 인도와 멕시코, 필리핀, 브라질 같은 가난한 국가는 경제 성장을 경험하면서 행복 지수가 높아진 것으로 보고된다. 캘커타 노숙자들의 '삶의 만족도'를 생각해 보라. 그들은 이 연구에서 가장 낮은 소득층이었지만 그들이 거리에서 빈민가 아파트로 들어갔을 때 만족도는 거의 두 배로 높아졌다.⁴

기본적인 필요가 채워지면 실제로 개인의 행복이 중대된다. 하지만 11,000달러의 선을 넘으면 돈과 행복의 상관관계가 애매해진다. 예를 들어 아일랜드의 소득 수준은 미국의 약 3분의 1밖에 되지 않지만 아일랜드 사람의 행복 지수가 훨씬 높다. 일본 사람은 세계 어느 나라 사람보다 가처분소득이 많은데도 코스타리카 사람의 행복 지수가 일본 사람보다 훨씬 높다. 〈포브스〉(Forbes)지에 따르면 세상에서 '가장 부유한' 사람이 평범하게 사는 펜실베이니아주 아미시(Amish) 신도들보다 조금도 더 행복하지 않다.⁵

'적은 돈으로 행복하게 사는 법'을 주제로 한 은행 후원 세미나를 본 적이 있는가? 적게 바라는 삶, 돈에서 행복을 찾지 않는 삶은 진정 반문화적이다. 하지만 예수 그리스도와의 관계와 성령 충만을 통해 우리는 이 좁은 길이야말로 진정 자유로 가는 길임을 발견하게 된다. 우리는 그리스도 안에서 '부유함'을 깨닫고 물질보다 사람을 중시하게 된다. 이런 마음의 변화가 전적으로 하나님이 주시는 은혜의 역사이긴 하지만 앞서 말했듯이 은혜는 우리가 적극적으로 참여할 때 가장 강하게 임한다. 돈을 사용하는 모습은 우리 마

음의 우선순위를 '드러낼' 뿐 아니라 우리 마음의 사랑이 어디로 향할지를 '결정한다.'

뭔가를 사면 소유욕이 점점 강해지는 경험을 다들 해 봤을 것이다. 뭔가를 사면 대개 욕구가 충족되는 것이 아니라 더 큰 욕구가 일어난다. 휴대폰, 자전거, 자동차, 콘도, 뭘 사든 우리의 마음은 이 재물을 향하게 된다. 이런 것을 사는 것 자체는 전혀 잘못이 아니다. 하지만 뭔가를 사면 그것에 어느 정도 애착을 갖게 된다. 그래서 예수님은 "네 보물 있는 그곳에는 네 마음도 있느니라"(마 6:21)라는 유명한 말씀을 하셨다.

우리 마음이 하나님, 사람, 영원히 지속될 것으로 향하기를 바란다면 그것들에 우리 마음을 쏟아야 한다. 지혜로운 돈 관리를 위한 생활 수칙은 '돈'을 하나님과 다른 사람에게 줌으로 결국 우리 '마음'을 하나님과 타인, 영원한 것으로 향하게 해 준다.

율법주의에 빠지기 쉬운 헌금

드림의 좋은 출발점은 하나님께 수입의 10분의 1을 드리는 십일조다. 구약의 마지막이자 예수님의 이야기가 시작되기 직전에 위치한 말라기 3장 10절에서 하나님은 돈을 그분께 맡기라고 요구하신다.

> 만군의 여호와가 이르노라 너희의 온전한 십일조를 창고에 들여

나의 집에 양식이 있게 하고 그것으로 나를 시험하여 내가 하늘
문을 열고 너희에게 복을 쌓을 곳이 없도록 붓지 아니하나 보라.

하나님은 그분을 믿고 수입의 첫 번째 10분의 1을 그분께 드리면 우리에게 필요한 것 이상으로 공급해 주겠다고 분명히 약속하신다. 이런 하나님의 회계를 믿지 못하는 사람이 많다. 적게 벌든 많이 벌든 수입의 10분의 1을 하나님께 드리려면 은혜의 역사가 필요하다. 구글 재단(Google Foundation)에 따르면 보통 사람이 십일조의 반(5퍼센트)을 부담 없이 드릴 수 있으려면 최소한 2,000만 달러가 필요하다고 말한다.[6] 감사하게도 하나님의 은혜는 우리로 하여금 이런 생각에서 벗어나 미래에 대한 두려움 없이 후히 드릴 수 있게 해 준다.

십일조가 돈에 관한 생활 수칙을 정착시키는 데 좋은 출발점이긴 하지만 신약의 강조점은 자발적인 드림, 은혜에서 비롯한 드림이다. 고린도후서 9장 7절에서 사도 바울은 이렇게 말한다. "각각 그 마음에 정한 대로 할 것이요 인색함으로나 억지로 하지 말지니 하나님은 즐겨 내는 자를 사랑하시느니라."

드림은 율법주의에 빠지기 쉬운 영역 중 하나다. 따라서 건강한 생활 수칙은 은혜에서 흘러나와야 한다. 의무감에서 사람을 사랑하는 것이 관계를 깊게 만들지 못하는 것처럼 죄책감에서 드리는 십일조 같은 헌금 역시 하나님과의 관계에 전혀 도움이 되지 않는다. 올바른 드림의 열쇠는 우리가 받은 복, 특히 그리스도 안에서

받은 측량할 수 없는 보물을 되새기는 것이다. 그럴 때 하나님께 감사한 마음에 아낌없이 드리게 된다.

우리 처가 식구들은 동물을 사랑한다. 우리 부부가 약혼할 때 아내는 수많은 동물 중에 희한하게 다람쥐를 키우고 있었다. 이 다람쥐는 무리 중에서 몸집이 작은 편이어서 수의사는 며칠을 넘기지 못할 것이라고 전망했다. 이에 아내는 이 다람쥐가 강하게 자라기를 바라는 마음에서 "튼튼이"(Forte)라고 이름을 지어 줬다. 이름 덕분인지 튼튼이는 처음 며칠을 넘겼을 뿐 아니라 점점 살이 찌고 건강해졌다. 아내가 저녁에 퇴근하면 튼튼이는 벌떡 일어나 신이 나서 집 안을 돌아다녔다. 아내가 집에서 컴퓨터로 일을 하면 튼튼이는 키보드 위를 오르내리며 아무 자판이나 마구 눌렀다.

아내는 튼튼이가 가장 아끼는 보물인 호두를 잠자는 곳에 둔다는 사실을 발견했다. 나는 다람쥐에 관해서 잘 모르지만 내가 볼 때 동면 본능의 일종이 아닐까 싶다. 어쨌든 흥미로운 사실은 튼튼이는 자신이 가진 호두의 절반을 아내의 베개 밑에 두었다는 것이다. 이 작은 생물도 아내가 자신에게 필요한 것을 주는 가족이라는 사실을 이해했던 것이다. 녀석은 '감사하는 마음'에서 자신이 거저 받은 것을 기꺼이 주인과 나누었다.

이 이야기의 요지는 소득의 50퍼센트를 하나님께 바쳐야 한다는 것이 아니다. 다만 돈을 벌 재능과 교육의 선물, 일할 기회가 모두 하나님이 주신 것임을 믿는다면 튼튼이처럼 감사와 사랑의 표현으로 그 모든 보물을 그분의 '베개' 아래에 숨기고 싶어진다는 말이다.

드리는 것도 은혜, 받는 것도 은혜

은혜는 아름다운 삶으로 가는 문도 열어 준다. 드림의 행위로 하나님을 향한 믿음을 표현하면 하나님이 우리에게 꼭 필요한 모든 것을 신실하게 공급해 주신다. 이것은 예로부터 그리스도의 제자들이 수없이 경험해 온 것이기 때문에 이제는 마치 진부한 이야기처럼 되어 버렸다. 하지만 물질적으로든 영적으로든 하나님의 공급하심은 직접 경험한 사람에게는 언제나 새롭게 느껴진다. 내 아내는 예수님을 따른 지 얼마 되지 않은 청년 시절에 바로 그런 경험을 했다.

당시 아내가 도쿄에서 다니던 교회는 성전을 짓기 위해 부지를 구입하기로 결정했다. 그때 아내는 당시 18개월 치 월급에 해당하는 액수를 헌금하라는 부르심을 느끼고서 헌금을 모을 계좌를 따로 만들었다. 아내는 그 사실을 아무에게도 말하지 않았다. 하나님만이 그것을 아셨다. 당시 아내는 봉급이 꽤 센 편집 일을 그만두고 작은 비영리 출판사를 설립한 상태였다. 그래서 수입이 변변치 않았다. 필요한 생활비를 쓰고 나면 특별 헌금을 위해 저축할 돈은 거의 남지 않았다. 그러다 보니 슬슬 목표 액수를 채우지 못할지도 모른다는 생각이 들기 시작했다.

그런데 헌금일이 거의 다가왔을 때 전혀 뜻밖의 일이 벌어졌다. 처가 식구들이 사는 오사카시 당국은 2008년 하계올림픽 유치에 도전하기로 결정한 뒤 장인어른에게 올림픽 개최지 진입로 건설을 위해 땅 일부를 팔라고 제안했다. 장인어른은 그렇게 땅을 판 돈을 두 딸에게 유산으로 미리 주기로 결정하셨다(장인어른은 아내의 헌금 계획에 관해 전혀 모르고 계셨다). 아내가 자기 몫을 특별 헌금 계좌에 넣자 18개월 치 봉급에 해당하는 목표 금액이 완성되었다.

일본은 현금 중심의 사회이기 때문에 아내는 적절한 때에 1년 반치 봉급을 현금으로 인출했다. (아내가 검은 서류 가방에 현금을 넣고 자물쇠를 단단히 채운 뒤에 선글라스와 어두운 색의 트렌치코트를 걸치고 은행을 나서지 않았을까 상상해 본다.) 집에 도착한 아내는 방에서 돈을 세어 본 뒤에 한쪽에 두었다. 그런데 막상 엄청난 액수의 돈을 눈앞에 두니 잠시나마 마음이 흔들렸다. 하지만 돌아오는 주일에 계획대로 헌금을 하고 나자 기쁨이 솟아났다. 아내가 헌금한 정확한 액수는 아내 자신과 교회 회계 담당자와 하나님 외에 아무도 몰랐다. 기적과도 같은 상황으로 헌금을 할 수 있게 되었다는 사실이 아내의 기쁨을 배가시켰다.

그런데 예기치 못한 일이 또다시 일어났다. 그것은 아내가 기대조차 하지 않았던 일이었다. 아내가 헌금을 하고 나서 두어 달 사이에 세 사람(아내가 특별 헌금을 한 줄 전혀 모르는 사람들)이 아내의 비영리 출판사에 기부를 했는데 그 액수가 아내의 헌금 액수와 정확히 일치했다.

아내는 하나님께 측량할 수 없는 복과 사랑을 받은 기분을 느꼈다. 그 복이 단지 물질적인 복이라고 말하기는 힘들었다. 아내의 '회사'가 돈을 받았을 뿐 아내는 개인적으로 한 푼도 챙기지 않았기 때문이다. 대신 하나님은 아내에게 '영적으로' 복을 주셨다. 그 일로 하나님이 자신의 선물을 기쁘게 받으셨으며 필요한 모든 것을 공급해 주실 능력이 있으신 분이라는 사실을 똑똑히 깨달았으니 보통 큰 복이 아니다.

구약에서 하나님의 복은 대개 물리적인 땅과 직접적으로 연결되어 있었으며 주로 풍년이나 풍성한 젖과 꿀로 나타났다. 하지만 신약 시대가 오면서 하나님의 복은 물질에서 '영적' 차원으로 이동했다. 이는 그리스도의 순례자로서 우리가 하나님께 아낌없이 드리면 하나님이 물질적인 복을 주실 '수도' 있지만 더 큰 믿음이나 만족감, 고난 속에서도 오히려 강해지는 평안, 다른 사람에게 영적으로 선한 영향력을 미칠 수 있는 기회 같은 영적 복도 주실 수 있다는 뜻이다.

성경 시대에는 대부분의 사람이 오늘날의 최저생활수준에 해당하는 삶을 살았다. 왕과 귀족, 부유한 상인을 제외한 평민에게 여윳돈 같은 건 없었다. 그래서 거의 모든 사람에게 헌금은 믿음과 희생의 행위였다.[7] 반면 우리 사회(특히 내가 살고 목회해 온 북미)의 상황은 전혀 다르다. 우리 사회에서는 먹고사는 데 필요한 것보다 훨씬 더 많은 수입을 거둘 수 있다. 수입이 늘어나면 자연스레 우리는 생활수준을 높인다. 하지만 바울은 이런 경향을 경고하고 수입에 비례한 드림을 권장했다(고전 16:2 참조). 이런 비례적 드림은 먼저 (정기적 인플레이션을 반영해서) 우리가 필요한 액수를 정한 뒤에 그 액수만으로 살기로 결심한다는 뜻이다. 그리고 나서 나머지는 전부 헌금한다.[8] 이런 재정적 접근법은 보기 드물지만 너무나도 아름답고 반문화적인 삶의 방식이다.

18세기에는 '비례적 드림'이란 표현이 혼히 사용되지 않았지만 존 웨슬리(John Wesley)는 그것을 실천했다. 청년 시절 웨슬리는 연간 28파운드면 먹고살 수 있다고 판단한 뒤 나머지는 전부 하나님께 드리기로 결심했다. 당시 물가는 안정적이었기 때문에 그는 평생 그 수준의 지출로 살아갈 수 있었다. 처음 한 해에 28파운드로 살기로 결심했을 당시만 해도 그는 전혀 유명하지 않았다. 당시 그의 수입은 한해에 약 38파운드였다. 나중에 베스트셀러를 내면서 수입이 한 해에 약 1,400파운드로 늘어났지만 그는 계속해서 처음과 똑같이 28파운드로 살아가고 나머지는 하나님께 드렸다.[9]

우리 교회에 다니는 사라(Sarah)는 내게 20세의 대학생 때는 와인을 즐겨 마시고 자주 파티를 벌였으며 니체의 철학을 공공연히 찬양했다고 고백했다. 하지만 사라는 무의미한 삶으로 인생을 허비하게 될까 봐 남몰래 두려워했다. 그러다 결국 기독교 비영리 단체인 OM(Operation Mobilization)의 네팔 빈민가 선교 여행에 참여하기로 결심했다. 그 여행이 돈과 재물에 대한 태도를 비롯해서 그녀의 삶을 완전히 바꿔 놓았다.

그녀는 내게 이렇게 말했다. "네팔 사람들의 베풂에 정말 할 말을 잃었습니다. 너무 가난한데도 서로에게 아낌없이 나눠 주는 모습이 너무도 아름다웠어요. 힘든 가운데서도 최선을 다해 제 저녁 식사를 차려 주는 모습이 얼마나 감동적이던지요."

그 여름이 끝날 무렵 사라는 그 선교 단체의 리더들을 만났다. 네팔에서 "가난한 사람들의 넘치는 친절과 환대"에 깊은 감명을 받은 그녀는 선교 단체 리더들에게 물었다. "어떻게 하면 하나님께 감사를 표현할 수 있을까요? 이번 여름 사역이 단순히 제 인생에서 잠깐 스쳐 지나가는 경험 중 하나가 되기를 원하지 않아요. 이번 일이 그저 제 여행 앨범의 한 페이지에 머물지 않기를 바랍니다."

그때 한 리더가 이렇게 대답했다. "(평생) 비례적 헌금으로 하나님께 감사를 표현하기로 결단하면 어떨까요?" 다시 말해 "생계를 위해 얼마가 필요한지 판단해서 나머지는 하나님께 드리면 어떨까요?"

그 전까지도 사라는 수입의 10퍼센트를 하나님께 드려 왔지만 그 이상을 드린 적은 없었다. 사실 당시로서는 십일조도 벅차게 느껴졌다. 나중에 사라의 남편이 된 대학 친구 지기(Ziggy)는 그녀에게 이렇게 조언했다. "하나님께 드리는 것이 더 이상 부담스럽지 않게 되면 충분히 드리고 있지 않는 거야."

당시 사라는 아직 대학생이었지만 일생일대의 결심을 했다. "재정적으로 풍족한 해도 있고 풍족하지 않은 해도 있지만 언제나 꼭 필요한 것은 살 수 있었어요. …… 우리 부부가 얼마를 벌든 매년 드림의 액수를 높여 늘 조금은 부담스러운 수준을 유지하려고 노력했지요. 우리의 목표는 수입의 80퍼센트를 드리는 거예요. 아직 그러고 있지는 못하지만 작년에는 5퍼센트를 더 늘렸답니다."

사라와 지기 부부처럼, 하나님이 얼마나 후히 주셨는지를 깨달으면 그분께 감사를 표현하기 위해 희생적으로 드리고 싶어진다. 하나님은 우리 수익의 첫 열매를 드리라고 요구하시지만 사실상 우리의 '모든' 돈이 그분의 것임을 한시도 잊지 말아야 한다. 여기서 또 다른 질문이 대두된다. 93퍼센트든 75퍼센트든 하나님께 드리지 않은 나머지 돈은 어떻게 사용해야 하는가? 어떻게 하면 우리가 쓰고 저축하고 투자하는 돈의 선한 청지기가 될 수 있을까?

씀씀이를 돌아보라

재정의 선한 청지기가 되기 위한 방법 중 하나는 성 이그나티우스의 '성찰 기도'(매일의 반성)를 적용하는 것이다. 우리의 재량 지출이나 저축, 대출, 투자를 생각할 때 이런 질문을 던질 수 있다. '내가 어느 부분에서 기쁨과 평안을 느끼고 있는가? 어느 부분에서 내가 하나님과 연결되어 있는가?(위로)' 반대로 이런 질문도 필요하다. '어느 부분에서 내가 슬픔과 냉담, 하나님과 단절된 느낌(황폐)을 경험하고 있는가?' 이그나티우스라면 하나님 안에서 더 큰 기쁨과 평안을 누리게 해 주는 것에 우리 돈을 투자하라고 조언할 것이다.

그런데 '처음에' 기분이 좋아진다고 해서 꼭 지혜로운 소비라고 말할 수 없다. 시간이 지날수록 하나님에게서 멀어져 표류하게 된다면 그것은 어리석은 소비다. 따라서 처음과 중간, 끝까지 전체적으로 점검해서 '뱀의 꼬리'(사탄의 상징)를 조심해야 한다. 처음 뭔가를 구매했을 때는 기분이 좋은데 결국 그로 인해 하나님에게서 멀어지고 단절된 기분을 느낄 수 있다. 예를 들어 쇼핑에서 일시적인 즐거움을 얻을 수 있다. 하지만 쇼핑의 즐거움은 마약처럼 지속적인 행복으로 이어지지 못한다. 오히려 우리를 전보다 더 공허하게 만들 수 있다.

물론 모든 쇼핑이 이런 황폐로 이어지는 것은 아니다. 가족이나 친구를 위해 좋은 선물을 마련하는 즐거움은 오래 지속된다. 그런가 하면 좋은 친구와 함께 상품의 장단점을 따져 가며 삶의 이야기를 나누는 것은 유익한 시간일 수 있다. 그리고 우리는 시장 경제에서 살고 있기 때문에 사람답게 살기 위해서 사야 할 것도 있다. 하지만 재량 소비를 할 때는 그로 인해 하나님과 연결될지 단절될지 충분히 고민하고 기도하는 시간이 필요하다. 또한 구매에 앞서 이렇게 기도하며 성찰하면 구매 욕구가 줄어들어 충동구매로 인한 후회를 피할 수 있는 경우도 많다. 뭔가를 구매하기 전에 기도를 하면 그 구매가 하나님께 영광이 되는지를 분간할 수 있다.[10]

더 큰 집을 사는 문제로 기도하며 성찰하면 그 집을 사려는 것은 남들에게 잘 보이려는 욕구에서 비롯했다는 결론에 이를 수 있다. 반대로 자녀들이 자라서 정말로 더 큰 공간이 필요한 것일 수도 있다. 우리의 생활 수칙은 삶의 '모든' 부분을 신성하게 해 준다. 중요한 구매를 하기 전에 기도하면 '세상 재물'을 그리스도와 더 가까워지는 데 사용할 수 있다.

삶을 단순화하라

그리스도와의 우정으로 우리 마음과 욕구가 변하면 재물에서 진정한 만족을 얻지 못하고 오히려 그것을 하나님과의 사이를 가로막는 걸림돌로 여기게 될 수 있다. 거추장스러운 물질을 버려 그것들을 청소하고 관리하고 보호하고 신경 쓰는 데 드는 시간과 에너지를 줄이고 싶어질 수 있다. 실제로 재물을 버리면 몸과 마음이 가벼워지는 것을 경험할 수 있다. 하지만 우리가 추구하는 삶의 단순화를 모두 반기는 것은 아니다. 단순한 삶을 선택하면 어떤 이들은 우리가 제정신인지를 의심할 수도 있다. 수도사가 수도원에 들어가 청빈의 서약을 하며 세상 재물을 다 나눠 주면 미쳤다고 화를 내는 사람도 있고 불쌍하다고 혀를 차는 사람도 있다.

하지만 수도사가 단순한 삶을 선택한 것은 미쳤기 때문이 아니다. 예수회 사제 제임스 마틴(James Martin)은 유명한 와튼경영대학원(Wharton School of Business)을 졸업하고 수년간 GM(General Electric)에서 재무를 담당했다. 그는 수련 수사로 예수회에 들어갈 때 전 재산을 나눠 준 경험을 다음과 같이 묘사했다.

> 돈과 차는 부모님께 드렸다. 양복들은 수련 수사 과정에서 탈락할 경우를 대비해서 부모님 집에 두었다. 나머지 옷은 굿윌(Goodwill Industries)로 보내 가난한 사람들에게 나눠주게 했다. 책은 어느 무더운 오후에 내 서가를 뒤지기 위해 들른 친구들에게 나눠 줬다. "성직자가 되는 친구가 더 많았으면 좋겠군." 한 친구는 그렇게 말했다. …… (20년도 더 뒤에 이 글을 쓰면서) 처음 느낀 행복이 지금도 생생히 기억난다. 그 해방감이란! 양복이 고급스러운

회색인지, 신발이 좋은 브랜드인지, 넥타이의 색상이 괜찮은지 더 이상 신경 쓸 필요가 없다. 아파트를 임대해야 할지 사야 할지 더 이상 고민할 필요가 없다. 이런저런 것을 새로 사야 할지 더 이상 걱정할 필요가 없다."

제임스 마틴처럼 공식적인 청빈 서약을 하지 않더라도 삶을 단순화하면 기쁨이 찾아온다. 광고업계의 큐피드 화살을 피하고, 단순히 다들 갖고 있다는 이유로 최신 기기를 사지 말라. 욕심과 진짜 필요를 구분해서 살면 단순한 삶에서 오는 내적 자유를 누릴 수 있다.

혹시 한 걸음 더 나아가 정말 소중히 여기는 것까지 나눠 주고 싶지는 않은가?

나눌수록 충만해지는 기쁨

런던에서 살던 대여섯 살 때, 근처에 살던 한 친구의 집에 놀러 갔던 기억이 난다. 빛나는 은빛 투구를 쓴 친구의 영국 근위병 인형이 얼마나 탐이 났는지 모른다. 투구 꼭대기에 늘어진 긴 백마의 털. 의식을 위한 빨간 상의 위에 빛나는 철 호심경이 덮인 모습. 하얀 승마복. 길고 검은 인조가죽 장화. 나는 그만 넋이 나가 버렸다.

친구가 그 인형을 선물로 주겠다고 했을 때의 충격이란. 나는 너무 놀라서 할 말을 잃었다. 내가 그 선물을 넙죽 받아서 집으로 돌아가려는데 친구의 엄마가 문 앞에서 내게 다가오며 아들에게 말했다. "얘야, 친구가 이거 말고 이걸 갖고 싶대." 그러면서 내게서 근위병 인형을 빼앗고 녹색 군대 작업복을 입은 낡아빠진 군인 인형을 내밀었다. 팔도 하나 어디로 가고 없었다.

"전쟁터에서 팔을 잃었대. 진짜 영웅이지." 친구 엄마는 그렇게 맘대로 해석했다.

나는 다시 할 말을 잃었다. 어린 나이임에도, 그리고 깊은 상실감을 느끼는 중에도 나는 그 상황의 경제적 역학을 이해했다. 친구 엄마가 내게 좋은 새 장난감을 주지 않고 아들이 더 이상 갖고 놀지 않는 낡고 망가진 장난감을 주려고 한다는 걸 분명히 알 수 있었다. 현재 유아인 내 아들이 다섯 살이 되면 녀석이 가장 좋은 장난감을 친구에게 주려고 할 때 내가 어떻게 나올지 나도 잘 모르겠다. 하지만 지금 같아서는 아들에게 어서 주라고 권하는 아빠가 되고 싶다. 소중한 것을 나눠 주는 것이 너무도 아름답고 하나님을 닮은 행위이기 때문이다.

안타깝게도 소중한 것을 자발적이고 자연스럽게 나눠 주는 어린아이의 모습은 나이를 먹을수록 점점 사라져 간다. 얼마 전 이곳 밴쿠버에 있는 지인과 함께 자전거를 탔다. 그의 가족은 우리 지역의 하키 팀인 캐눅스(Canucks)의 시즌 티켓을 갖고 있다. 우리가 자전거를 타던 날은 캐눅스가 스탠리컵(Stanley Cup) 결승에서 역사적인 일곱 번째 경기를 벌이고 있었다.

"오늘밤 경기를 보러 가실 건가요?"

내가 묻자 그는 뜻밖의 대답을 했다.

"아니요. 제 티켓(수천 달러 상당)은 다른 사람에게 그냥 줬습니다."

그가 열렬한 하키 마니아라는 것을 알기에 다시 물었다.

"아니, 아깝지 않으셨어요?"

나는 그의 얼굴에서 작은 후회의 흔적이라도 발견할 수 있을 줄 알았다. 하지만 그는 그저 담담하게 이렇게 말했다. "그 사람에게 친절을 베풀고 싶었습니다. 그래서 기쁘게 줄 수 있었습니다."

그 순간 그의 얼굴이 기쁨으로 빛났다.

재물을 쌓으면 세상적인 부를 얻을 수 있다. 하지만 쌓은 재물은 결국 없어지고 썩고 먼지로 돌아간다. 반면에 아낌없이 나눠 줄 때 찾아오는 자유는 우리에게 초월적인 부를 안겨 준다. 언변이 뛰어났던 교부 요한네스 크리소스토무스는 연극에서는 상황이 꼭 보이는 그대로가 아니라는 점을 지적했다. 때로는 가난한 사람이 부유한 인물의 역할을 맡고 정말 부자는 가난한 사람을 연기할 수 있다. 이런 연극에서 부유하게 '보이는' 사람은 사실상 가난하고 가난하게 '보이는' 사람이 부자일 수 있다. 현실에서도 마찬가지다. 때로는 부유해 보이는 사람이 사실상 가난하고, 가난해 보이는 사람이 진정 부자다.[12] 가진 것을 아낌없이 내어 주는 사람이야말로 진짜 부자다.

우리는 우리를 노예로 삼는 돈의 힘을 생각하면서 이번 장을 시작했다. 하지만 아낌없이 나눠 주고 지혜롭게 사용한다면 돈은 우리를 하나님께로 이끌어 주고 남을 사랑으로 섬기게 만들 수도 있다. 돈은 우리로 하여금 하나님을 깊이 사랑하고 이웃을 실질적으로 섬기며 영원한 것을 사모하게 만드는 도구가 될 수 있다.

/ **새로운 시작을 위해 묻고 답하기** /

1. 어릴 적 돈에 관한 첫 기억은 무엇인가?
2. 성령의 변화시키는 역사를 경험하고 있는지를 보여 주는 구체적인 하나의 증거가 돈에 대한 태도의 변화라는 말에 동의하는가? 당신은 실제로 그런 경험을 해 봤는가?
3. 사키코의 다람쥐 '튼튼이'의 이야기를 기억해 보라. 자발적인 나눔이 어떻게 하나님에 대한 믿음과 감사의 표현인가?
4. 하나님의 특별한 물질적 공급하심을 경험해 본 적이 있는가? 그때 당신은 어떻게 반응했는가?
5. 하나님이 당신에게 삶을 단순화하라고 명령하고 계시는 것 같은가? 어떤 면에서 그것이 어려운가? 삶을 단순하게 하면 무엇이 좋을까?
6. 나눠 줄 때 기쁨을 느꼈던 적이 있는가? 어떤 경우였는가? 어떻게 하면 더 후히 나눠 줄 수 있는 사람으로 성장할 수 있을까?

지금 내가 시작할 수 있는 작은 일,
나만의 생활 수칙 세우기

어떻게 자발적으로, 기쁨으로 나누는 삶을 살지 써 보라.

GOD IN MY EVERYTHING

5부 어둠에 끌려다니는 세상, 생명 길로 이끌라

세상 속으로 들어가는 지혜자들의 '사명' 수칙늘

13장

창조주와 함께하는 창조 작업,

일

월요일이 기다려지는 평일 영성

1960년대 민주당 대선 예비 선거에서 젊은 상원의원 존 F. 케네디가 버지니아주 서부의 시골 지역에서 선거 유세를 벌이고 있었다. 케네디가 한 석탄 광산 옆에서 광부들과 악수를 하는데 한 광부가 다가와 물었다. "우리나라에서 아주 큰 부자 중 한 명의 아들이라고 하시던데 맞습니까?"

케네디는 깜짝 놀라서 대답했다. "그런 것 같습니다."

이 말에 광부가 인상을 잔뜩 찌푸렸다.

"그렇다면 먹고살기 위해 직접 일을 해 본 적은 없겠네요?"

케네디가 고개를 끄덕이자 광부가 탄성을 질렀다.

"정말 부럽군요!"

사람들은 대부분 일, 특히 힘든 육체노동을 필요악으로 여긴다. 즉, 할 수만 있다면 피하고 싶은 것으로 여긴다. 심지어 '화이트칼라' 일을 하는 사람도 일을 그렇게 여기는 경우가 많다. 최근 한 사람과 커피를 마시며 대화를 나누었다. 그는 대학 시절에 증권 중개인이 되어 40세에 은퇴할 계획을 세웠다고 말했다. 그런데 증권 중개인으로 일하다 이제 40세 생일을 앞둔 그는 한숨을 내쉬었다. "경기가 좋지 않아 아무래도 45세까지는 은퇴할 수 없을 것 같습니다. …… 저는 제 일이 싫어요. 어서 일에서 해방되고 싶습니다."

오늘닐 사람들은 '45세 혹은 55세의 자유'를 이야기한다. 이는 45세나 55세에 은퇴해서 일에서 해방되고 싶다는 희망을 담은 표현이다. 그런가 하면 좀 더 소박한 꿈을 꾸는 이들도 있다. "주말이 없었으면 벌써 죽었을 거야. 주말만이 내가 진짜 삶을 사는 시간이야. 주말에는 일을 안 해도 되니까 말이야."

이런 시각은 우리 사회만의 것은 아니다. 예로부터 사람들은 일은 하기 싫어도 억지로 해야 하는 것으로 여겨 왔다. 바빌로니아 창조 신화인 "에누마 엘리시"(Enuma Elish)를 보면 신들의 전쟁이 일어났다. 그때 마르두크(Marduk)가 승리하고 나서 적 티아마트(Tiamat)의 몸으로 세상을 창조했다. 그러자 다른 신들이 빈정거렸다. "이제 네가 땅을 창조했으니 관리하려면 고생 좀 할 것이다!"

이에 마르두크는 이렇게 대답했다. "'인간'이라고 하는 하등 생물을 만들어 땅을 대신 관리하게 만들 것이다."

이 신화에서 신들은 일을 경멸해서, 자신들이 하기 싫은 육체노동을 시키기 위해 인간을 창조했다. 많은 지성인도 비슷한 시각을 품고 있었다. 예를 들어 플라톤과 아리스토텔레스는 일(특히 육체적 일)을, 몸과 마음을 전락시키는 천한 것으로 여겼다.

일을 저주로 인한 징역형으로 여겨야 할까? 우리는 최대한 빨리 '형기'를 채워 '일의 감옥'을 탈출해야 하는 것인가? 그렇다면 깨어 있는 시간의 대부분을 일하는 우리 대다수는 얼마나 불쌍한 인생인가!

일하시는 하나님

성경은 일을 완전히 다른 시각으로 본다. 에누마 엘리시나 그리스 철학자들과 달리 성경은 하나님이 일하시며, 우리에게 중요한 일을 주신다고 말한다. 창세기 2장 15절을 보라. "여호와 하나님이 그 사람을 이끌어 에덴동산에 두어 그것을 경작하며 지키게 하시고."

아담과 하와는 에덴동산에서 죄를 지어 세상을 저주에 빠뜨리기 '전에도' 일하고 있었다. 따라서 일은 타락의 결과도, 죄로 인한 저주도 아니다. 일은 인간 존재의 자연스러운 일부다. 우리는 일을 하도록 창조됐다. 심지어 예수님은 다가올 영광스러운 세상에도 우리가 해야 할 새로운 종류의 일이 있을 것임을 암시하셨다(눅 19:11-27 참조).

내가 캘리포니아주에서 목회를 할 때였다. 하루는 정원에서 일하고 있는데 한 교인이 연락도 없이 우리 집에 들렀다. 그는 내가 무릎을 꿇고 잡초를 뽑는 모습을 보고 불쑥 이렇게 말했다. "이제야 비로소 '진짜' 일을 하시는 걸 보니 보기 좋네요!" 일할 때 우리는 하나님을 닮은 모습을 보이는 것이다.

창세기의 첫 장부터 우리는 '블루칼라'와 '화이트칼라'의 일을 모두 하시는 하나님을 만날 수 있다. 블루칼라 측면에서 하나님은 인간을 만드실 때 손에 흙을 묻히셨고 사람의 코에 생기를 불어넣으셨다. 첫 사람 '아담'이란 이름은 문자적으로 '땅으로부터'를 의미한다. 성경의 도입부에서 하나님은 나무와 농작물을 심을 원예사를 고용하셨다(창 2:9 참조). 하나님은 화이트칼라 일도 하셨다. 예를 들면 하나님은 인간을 만들기 위해 손에 흙을 묻히기 전 우주를 설계하셨다. 그리고 하나님은 말씀으로 세상과 그 안의 동식물을 창조하고 그분의 목적에 따라 그것들을 배열하셨다.

예수님의 12세에서 30세 사이 삶에 관해서는 정보가 별로 없지만 예수님은 그 기간의 대부분을 일하며 보내셨을 가능성이 높다. 누가복음에 따르면 예수님은 아버지 요셉의 뒤를 이어 주로 '목수'로 번역되는 "테크톤"(tekton)이라는 직업을 가지셨다.[1] 목수로서 예수님은 적당한 목재를 선정하고 구매자와 적절한 가격을 협상하며 이웃의 집을 짓거나 개조해 주셨다. 제임스 마틴에 따르면 테크톤은 오늘날의 '일용직 노동자'를 말할 때도 사용되는 단어다.² 그렇다면 예수님은 다른 종류의 육체노동도 하셨을 가능성이 있다. 예를 들어, 건축 현장에서 일하거나 밭을 갈고 농작물을 수확하는 일을 하셨을지도 모른다. 예수님의 비유에 건축, 씨 뿌리기, 포도나무 가지치기 같은 일터에 관한 이미지가 많은 것은 그분의 다양한 노동 경험에서 나온 것이리라.

이 땅에서의 마지막 3년 동안 예수님의 일은 가르침과 제자 훈련으로 바뀌었다. 예수님은 이렇게 말씀하셨다. "내 아버지께서 이제까지 일하시니 나도 일한다"(요 5:17).

요한복음에서 우리는 성령도 일하시는 것을 볼 수 있다. 성령의 일은 우리를 가르치고 죄를 깨닫게 하고 인도하시는 것이다(16:8 참조). 성령이 우리 안에 거하시면 우리가 복음을 전할 때만이 아니라 회사에서 프레젠테이션을 할 때도 성령이 우리를 통해 일하신다. 우리가 도미니카 공화국에 선교 여행을 가서 학교를 지을 때만이 아니라 일용직 노동자로 집을 지을 때도 성령이 우리를 통해 일하신다. 하나님이 끊임없이 육체노동과 정신노동을 하시는 것은 일이 본래 좋은 것임을 보여 준다.

동역자로 삼아 주시다

일을 할 때 우리는 하나님과 공동 창조자가 된다. 하나님은 사색을 하거나 어슬렁거리라고 아담을 에덴동산에 두신 것이 아니다. 하나님은 아담을 에덴동산의 '일꾼'으로 세우셨다.[3] 창세기 2장 5절을 보면 알 수 있다. "여호와 하나님이 땅에 비를 내리지 아니하셨고 땅을 갈 사람도 없었으므로."

물론 하나님이 혼자 하실 수 없는 일이란 없다. 그럼에도 하나님은 우리와 함께 창조 작업을 하기로 선택하셨다. 사도 바울은 이렇게 말했다. "나는 심었고 아볼로는 물을 주었으되 오직 하나님께서 자라나게 하셨나니"(고전 3:6). 씨앗은 우리가 뿌리고 그 씨앗에 물은 다른 사람이 줄 수 있다. 하지만 자라게 하시는 분은 하나님이시다. 하나님의 일은 우리와 '협력'하여 이루어진다.

당신의 일이 딱히 영적으로 '느껴지지' 않더라도 합법적인 일을 하고 있다면 당신은 하나님과 함께 창조 작업을 하고 있는 것이다. 우리 교회에 다니는 레이튼(Leighton)이란 젊은이는 1년 전 호수에서 캐나다로 왔다. 처음에 자신의 전문 분야에서 일을 찾을 수 없었던 그는 일용직 인력사무소에 출근하기 시작했다.

거기서 그가 처음 받은 일 하나는 건설 현장에서 점토와 섞여 있는 무거운 자갈을 삽으로 떠내는 일이었다. 그날은 종일 비가 왔다. 하루를 마치고 나자 손에 물집이 생기고 등이 쑤셨지만 십장이 다음 날 다시 와 달라고 부탁했기 때문에 집으로 오는 버스에서 그의 얼굴에는 미소가 가득했다. 결국 그는 그 현장에서 거의 한 달을 일했다. 주로 '무거운 것을 들어올릴' 때 '손을 보태거나' 다른 일꾼들이 하기 싫어하는 지저분한 일을 도맡아 했다.

그는 당시를 이렇게 회상했다. "잠시 멈춰서 주변을 돌아보며, 나무와 외장용 자재, 지붕 판자, 관 등이 하나의 집으로 변한다는 사실에 놀라워했던 기억이 난다. 나는 한 가족을 위한 안전한 보금자리를 만드는 일을 돕고 있었다. 나는 망치를 두드리고 삽질을 하는 가운데 나의 하늘 아버지처럼 일하는 모습을 세상 사람에게 보여 줄 수 있었다."

일용직 노동이라는 힘들고 천한 취급을 받는 일을 하면서도 레이튼은 자신이 하늘 아버지와 사람들에게 유익한 뭔가를 함께 창조하는 하나님의 도구라는 인식을 하고 있었다. 손으로든 머리로든 하나님과 나란히 뭔가를 만들며 만족감을 느낀다면 우리 일은 징역형처럼 느껴지지 않고, 삶의 리듬의 만족스러운 일부로 느껴진다.

우리 일도 하나님과의 관계를 키워 주는 격자 구조물의 일부가 될 수 있다. 달라스 윌라드는 영성이 만들어지는 '주된' 장소는 교회나 소그룹, 15분간 성경을 읽고 기도하는 곳이 아니라 일터나 학교, 집이라고 말했다. 전구나 기저귀를 가는 시간이야말로 주된 영성 형성의 시간이다. "직장을 주된 제자 훈련의 장소로 삼지 않는 것은 깨어 있는 시간의 대부분은 아닐지라도 많은 시간을 하나님과 함께하는 삶에서 배제시키는 것이다. 복음은 우리 일터를 영적 훈련 센터로 변화시킨다."[4]

옛 수도원은 일터를 하나님과 연합하기 위한 주된 장소로 봤다. 그들은 일을, 경건 훈련에 필수적인 것으로 여겼다. 베네딕토가 살던 6세기 세상에서 귀족은 육체노동을 하지 않고 노예를 사서 대신 시켰다. 그런 의미에서 수도원은 혁명적인 공동체였다. 수도원에서는 빈부귀천을 가리지 않고 모두가 부엌이나 밭에서 일하는 모습을 볼 수 있다. 수도사는 일을 저주가 아닌 선물로 봤다. 그들에게 일은 하나님과 연합하고 더 넓은 세상을 섬길 수 있는 방법이었다.

작은 일도 하나님의 존전에서 할 때

농사를 짓는 수도원에서 살지 않아도 우리 일은 생활 수칙의 중요한 일부요 하나님과 타인에게로 가는 문이 될 수 있다. 수도원에서는 기도로 일을 신성하게 만들었다. 성 베네딕토 규율은 육체노동과 정신노동 중간중간에 기도하고(성무일과) 쉼으로써 일을 '포함한' 삶의 모든 면을 하나님께 바칠 것을 권장한다.[5] 수도원에서 이렇게 일과 기도를 결합한 것은 '말 그대로' 쉬지 말고 기도하라는 바울의 권고를 따른 것이었다(살전 5:17 참조).

베네딕토 이전 시대를 살았던 존 카시안은 자신의 문하에 있던 사람들에게 농사나 바구니 짜기 같은 단순한 육체노동을 하면서 말 그대로 '끊임없이' 기도하라고 가르쳤다. 당연히 대부분의 수도사는 이것을 매우 힘들어했다. 심지어 카시안 자신도 나중에는 이 방법에 의구심을 품었던 것으로 보인다. 한 글에서 그는 이 "부단히 기도하는 방식이 예상보다 힘들었다"라고 인정했다.[6]

카시안과 달리 베네딕토는 일에 대해 다른 태도를 취했다. 앞서 지적했듯이 많은 사람이 "일하는 것이 곧 기도다"(laborare est orare)라는 유명한 표현으로 베네딕토의 일 철학을 정리했다. 베네딕토는 일 자체가 하나님에 대한 헌신의 행위라고 봤다. 일이 '말 그대로' 부단한 기도가 될 필요는 없다. 일하는 동안 계속해서 다른 '영적' 활동을 할 필요는 없다. 하나님께 영광을 돌리겠다는 목적으로 하는 단순한 일은 그 자체로 기도다. 반면에 수도사는 기도도 일 곧 하나님의 일(opus Dei)이라고 부른다. 베네딕토회 수도사들은 종교적인 활동과 일상적이고 세상적인 노동을 엄격하게 구분하지 않았다.[7] 그들은 기도와 일의 리듬 덕분에 육체노동이나 공부를 기도로서 경험할 수 있었다.

우리도 기도를 삶의 규칙적인 리듬으로 삼으면 일을 기도로서 경험할 수 있다. 많은 사람이 이미 식사 전에 기도하는 습관을 갖고 있다. 하지만 왜 기도 시간을 식전으로만 한정하는가? 글을 쓰거나 그림을 그리거나 수술을 하거나 장부를 쓰거나 콘크리트를 붓거나 식사를 준비하거나 잡초를 뽑기 전에도 기도할 수 있다. 이렇게 하면 우리 모든 일을 하나님과 그분의 목적을 위한 일로 만들 수 있다.

말레이시아의 한 투자 회사에서 경영자로 일하던 내 지인 앨빈 웅(Alvin Ung)은 안식년을 맞아 밴쿠버에서 신학을 공부하게 되었을 때 이렇게 말했다. "대학원에 다닐 때 옛 신자들에 관해서 읽고 쉬지 않고 기도하기로 마음을 먹었다. 불가능하게 보였지만 신학 논문을 쓰면서 실천해 보려고 노력했다. 나는 논문을 쓰기 전에 기도부터 했다. 걱정이나 성급함이 아니라 기도 가운데 논문을 쓰면서 지혜를 주신 하나님께 감사를 드렸다. 키보드 한 번 한 번 누르는 게 예배 행위였다. 논문을 마친 뒤에는 도와주신 하나님께 감사를 드렸다. 내 일, 그리고 일하는 과정이 일종의 기도가 될 수 있다는 것을 서서히 깨닫기 시작했다."

다시 치열한 경쟁 시장으로 돌아간 앨빈 웅은 처음에는 너무 스트레스가 심하고 바빠서 기도할 시간이 없었다고 한다. 그의 말을 들어 보자.

> 그러다가 한 가지 단순한 생각이 들었다. 내 일터를 하나님이 이미 임해 계시는 '수도원'으로 여겨야 한다는 생각이 들었다. 일하는 중에 내 동료들을 위해 짧게 기도할 수 있었다. 점심시간에는 예수님이 보이지 않는 내 대화 상대라고 상상했다. 문제를 만났을 때는 하나님께 도움을 요청했다. 이렇게 하니 기도할 기회가 정말 많았다. 하루에도 수많은 문제를 만났으니까 말이다! 일하는 내내 심지어 내가 의지하지 않을 때도 하나님이 늘 나와 동행하고 계셨다는 것을 서서히 깨닫기 시작했다.[8]

그는 아내와 함께 파리의 오르세미술관에 갔을 때 장 프랑수아 밀레(Jean-françois Millet)의 그림 〈만종〉(The Angelus)을 보고 우리의 모든 일이 하나님 앞에서 행해진 것이라는 사실을 새삼 분명히 깨달았다.[9]

〈만종〉은 두 농부가 밭에서 일하다가 아름다운 석양을 배경으로 고개를 숙이고 기도하는 그림이다. 지평선 위에는 교회의 뾰족

탑이 보인다. 그 탑의 만종(그림의 제목)이 기도 시간을 알린다. 그런데 햇빛을 유심히 보면 뾰족탑이 아니라, 심지어 기도하는 부부도 아니라 손수레, 포크, 농작물을 모아둔 광주리를 비추고 있는 것을 알 수 있다. 밀레는 이런 물체에 빛을 비춤으로써 하나님이 교회 생활과 공식적인 기도만이 아니라 우리의 일상적인 일에도 임하신다는 점을 암시하고 있다.

손으로 하는 일이든 머리로 하는 일이든 유급이든 무급이든 우리의 모든 일은 "코람 데오"(coram deo) 곧 하나님의 존전에서 하는 일이 될 수 있다. 베네딕토회 수도사와 이 농부처럼 우리도 하루 중에 틈틈이 짧게 기도하면서 우리 일의 가치를 기억할 수 있다. 기도할 때 우리는 일 자체가 하나님께 드리는 예배 행위임을 의식하게 된다. 그리고 이런 의식은 일의 질에 영향을 미친다.

앞에서 말했듯이 나는 대학교를 마치고 도쿄 소니 회사에서 하루에 14시간씩 일했다. 그때 돈은 많이 벌었지만 영혼이 피폐해지는 것을 느꼈다. 나는 이런 상황을 바꿔야 한다는 절박감에 나의 첫 번째 생활 수칙으로서 몇 가지 경계와 활동을 시작했다. 주말에 일을 하지 않고 온전히 안식을 지키기 시작했다. 그리고 우리 집에서 걸어서 10분 정도 걸리는 작은 교회에 다니기 시작했다. 아침에 출근할 때는 반쯤 졸면서도 어떻게든 기도하며 하나님께 내 하루를 드리려고 노력했다.

아침에 기도하며 하나님께 내 하루를 드리는 이 간단한 리듬 덕분에 나의 일하는 모습이 조금씩 변하기 시작했다. 점점 돈과 승진에서 눈을 떼어 내가 회사만이 아니라 하나님을 위해서 일하고 있다는 사실을 바라보기 시작했다.

그래서 내가 일을 덜 열심히 했을 거라고 생각하는가? 내가 '하나님을 위해서'는 많이 일하고 회사를 위해서는 적게 일했을까? 일 밖의 것에만 한눈을 팔았을까? 한동안 회사 일에 시간을 덜 투자한 것은 사실이지만 일의 질은 전보다 훨씬 높아졌다. 사도 바울의 말처럼 나는 "무슨 일을 하든지 마음을 다하여 주께 하듯 하고 사람에게 하듯 하지"(골 3:23) 않을 수 있었다.

2년 뒤 나는 신학교에 가기 위해 보스턴으로 갔다. 퇴사하기 전 내 상사는 언제라도 원하면 회사로 돌아와도 좋다는 말로 나를 칭찬했다. 그는 그리스도인은 아니었지만 주님을 위해 일하겠다는 내 결심이 회사에 도움이 된다는 사실을 이해했다. 하나님의 임재를 의식하며 일하니 내 일이 훨씬 의미 있게 느껴졌다.

인생의 대부분은 설거지, 메모 쓰기, 보고서 작성, 장보기, 청소 같은 눈에 띄지 않는 일상적인 일로 이루어져 있다. 늘 하나님께 관심을 집중하는 습관을 기르면 더없이 단순한 일도 기도하면서 할 수 있다. 로렌스 형제에게는 하찮은 "평범한 용무"도 하나님의 임재를 누리기 위한 좋은 기회가 될 수 있었다. 그는 이렇게 말했다. "삶에서 꼭 큰 일만 해야 할 필요는 없다. 작은 일도 하나님을 위해 할 수 있다. 나는 프라이팬에 작은 달걀을 뒤집을 때조차 하나님을 향한 사랑으로 한다. 그것을 하고 나서 달리 할 일이 없을 때는 일할 은혜를 주신 그분 앞에 엎드려 예배한다. 그리고 나서 일어날 때면 나는 어느 세상 나라 왕보다 더 큰 만족감을 느낀다. 하나님을 위한 사랑으로 하면 땅에서 지푸라기 하나 줍는 것만 해도 충분하다." 로렌스 형제는 하나님과 함께 요리를 하고 솥을 문지르고 볼일을 봤다. 우리도 그렇게 할 수 있다. 우리가 하나님 앞에서 일한다는 사실을 더 깊이 의식할수록 우리 일의 질이 더 높아진다.[10]

기도로 상황을 분별하다

오늘날 많은 사람에게, 심지어 출퇴근 시간이 정해져 있는 사람에게도 일은 정확히 아침 9시에 시작되어 오후 5시에 끝나지 않는다. 노트북과 스마트폰으로 인해 우리는 퇴근해서도 항상 대기하고 있어야 한다. 그리고 일이 아니어도 우리는 이어폰을 낀 채 웅크리고 앉아 노트북이나 휴대폰을 들여다보고 있다. 그렇다 보니 하나님과 우리 안의 미묘한 변화에 관심을 쏟기가 점점 더 어려워지고 있다. 홀로 조용히 기도할 시간이 없어서 하나님의 "세미한 소리"를 듣기가 어렵다(왕상 19:12).

내가 아는 찰리(Charlie)라는 남자는 일터에서 도덕적 딜레마와 마주했다. 규모가 꽤 큰 패스트푸드업체의 최고재무책임자였던 그는 회장에게 자사 주가를 높이기 위해 미래의 잠재 수익을 실제보다 부풀려서 발표하라는 지시를 받았다. 그렇게 해서 회사가 다른 회사에 매각되면 경영자들은 돈 잔치를 벌일 수 있었다. 그런데 그 일이 있기 얼마 전에 예수님을 영접한 찰리는 심한 갈등을 느꼈다. 사람들을 속여서 피해를 입히고 싶지는 않았다. 하지만 한편으론 홀벌이 가장으로서 일자리를 잃고 싶지도 않았다. 심란한 가운데 찰리는 투자자들 앞에서 프레젠테이션을 하기 위해 뉴욕으로 날아갔다.

전날 밤 호텔에서 잠을 이룰 수가 없었다. 그는 노트북이나 텔레비전을 보는 대신 밤새 주님께 기도하며 지혜를 구했다. 그날 밤 호텔방은 그의 수도원이 되었다. 비록 그는 하나님의 분명한 음성을 듣지는 못했지만 그분과 시간을 보내는 내내 마음이 그렇게 평안할 수가 없었다.

이튿날 아침, 프레젠테이션을 하기 직전 찰리는 복도에서 회장과 마주쳤다. 회장은 숫자를 부풀리라고 다시 한 번 강조했다. 하지만 찰리는 그럴 수 없었기에 회장에게 이렇게 말했다. "저희 회사의 미래가 밝다는 점을 최대한 설득시키겠습니다. 하지만 수익을 속일 수는 없습니다."

이에 회장은 최후통첩을 했다. "내가 시킨 대로 프레젠테이션을 하지 않으면 옷 벗을 각오를 하게."

몇 시간 뒤 찰리는 아내에게 전화를 걸어 방금 해고되었다는 사실을 알렸다. 그러자 아내는 "잘했어요. 어서 오세요"라고 대답했다. 찰리는 예수님이 직장을 잃더라도 거짓말을 하지 않게 이끌어 주셨다고 확신했다. 나중에 집에 와서 저녁 식탁에 아내와 함께 앉은 그는 그것이 그의 평생에 최고의 비즈니스 결정이었다고 말했다. 그리고 접시 위의 생선을 내려다보며 다시 말했다. "하나님이 우리에게 필요한 모든 것을 공급해 주시지 않은 날은 한 번도 없었어."

찰리는 예수님을 믿은 지 얼마 되지 않았지만 그분과 시간을 보내고 성령의 음성에 귀를 기울인 덕분에 하나님의 뜻을 분별할 지혜와 그 뜻대로 살 용기를 얻을 수 있었다. 수도사와 달리 우리는 오랫동안 사막이나 동굴에 들어갈 수 없다. 하지만 우리도 호텔방이나 사무실, 자동차 안에서 세상과의 통로를 모두 차단하고 성령의 인도하심에 온 정신을 집중할 수 있다.

성경을 읽으며 하나님의 성품에 관해 배울 시간을 내면 그분이 무엇을 좋아하고 무엇을 싫어하시는지 알 수 있다. 하나님이 기뻐하시는 것과 미워하시는 것을 직관적으로 분별할 수 있는 사람으로 성장할 수 있다. 기도로 하나님의 분명한 지시를 얻을 수도 있다. 하지만 분명한 지시를 얻을 수 없을 때도 하나님과 시간을 보내면 그분이 무엇을 원하고 기뻐하시는지 더 잘 이해할 수 있게 된다. 그럴수록 일터에서 어떻게 처신하는 것이 그분께 영광이 되는지를 분별할 수 있는 마음이 길러진다.

돈(Don)은 자동차 판매 대리점을 여러 개 운영하고 있었다. 그런데 자체 조사 결과, 같은 자동차를 남자가 여자보다 더 싸게 산다는 사실을 발견했다. 특히 백인 남성은 가장 저렴한 가격에 차를 구입하는 반면 대개 가난하게 사는 흑인 여성은 가장 비싼 가격에 차를 구입하고 있었다. 한마디로, 못사는 흑인 여성이 상대적으로 부유한 백인 남성의 자동차 구매 대금을 일부 지원해 주는 격이었다. 이 약한 여성들이 정가보다 비싼 값을 내는 바람에 다른 사람이 정가보다 싸게 차를 살 수 있었다. 예수님을 따르는 돈은 이 상황이 공평하지 않다고 판단했다. 그는 직원들에게 공정한 '정가' 정책을 도입해서 이런 차별을 없애겠다고 알렸다. "그리스도인으로서 나는 우리가 (정의를 위해) 수익의 일부를 포기할 수 있어야 한다고 생각합니다." 교회에 다니지 않는 직원까지 그의 결정을 따랐다.

하지만 새로운 정가 정책을 도입한 뒤에 수익은 거의 10퍼센트나 감소했다. 많은 백인 남성이 낮은 가격을 찾아 다른 대리점으로 갔기 때문이다. 직원들 사이에서 예전 방식으로 돌아가야 한다는 말이 나오기 시작했다. 하지만 돈은 차별적인 예전 방식으로 돌아가지 않고 영업 방식을 개선해서 효율성과 생산성을 높이기로 했다. 덕분에 수익 감소를 6퍼센트로 줄일 수 있었다(하나님 앞에서 옳은 일을 하고 일을 열심히 한다고 해서 수익이 증가한다는 보장은 없다). 비록 수익은 감소했지만 직원들은 정직한 회사에 속한 것을 더없이 자랑스러워했다.

하나님을 찾는 자들도 사업의 목적 중 하나가 충분한 투자 수익을 거두는 것임을 잘 알고 있다. 하지만 수익이 궁극적인 목적은 아니다. 기업은 금전적인 이익을 위해 하나님의 성품과 마음에 반하여 가난하고 약한 자를 억압하고 이용하지 말아야 한다."

그 자리에서 버텨야 할 때

기도하면 특정한 일터에 머물러야 할지 떠나야 할지 분별하는 데도 도움이 된다. 한때 의욕과 만족을 줬던 일이 짜증스럽고 고통스러워지면 떠나고 싶은 마음이 드는 것이 인지상정이다. 그런데 하나님이 떠날 자유를 주실 때도 있지만 힘들어도 그 자리에서 버티라고 명령하실 때도 있다. 겟세마네 동산에서 예수님은 하늘 아버지께 십자가의 굴욕과 고통을 피하게 해달라고 간청하셨다. "만일 아버지의 뜻이거든 이 잔을 내게서 옮기시옵소서 그러나 내 원대로 마시옵고 아버지의 원대로 되기를 원하나이다"(눅 22:42). 하지만 하나님은 예수님께 우리 죄가 깨끗해질 수 있도록 십자가의 길에 머물라고 하셨다.

6세기에 베네딕토는 자신의 수도원에 있는 수도사에게 정주(定住) 서약을 요구했다. 당시 떠도는 수도사들인 '자이로베이그'(gyrovague)는 여러 지역을 돌아다니면서 한 수도원에 며칠 동안 머물다가 뭔가 마음에 들지 않는 일(예를 들어 다른 수도사의 불쾌한 태도나 힘든 육체노동)이 생기면 훌쩍 떠나곤 했다.[12] 자이로베이그란 용어는 '방랑하다'와 '돌다'의 개념을 결합한 것으로, 한곳에 안주하거나 헌신하지 못하고 빙빙 도는 사람을 의미한다. 베네딕토는 이렇게 썼다. "그들은 항상 돌아다니며 정착하지 못한다. 그들은 자신의 뜻과 고약한 욕망의 노예들이다."[13]

오늘날에도 자이로베이그 같은 사람이 많다. 특히 젊은 세대는 한 직장에 오랫동안 헌신하지 못하고 수시로 한눈을 판다. 많은 사람이 일터나 관계에서 기분 나쁜 일이나 힘든 일을 만나면 주저 없이 더 푸른 초장을 찾아 떠난다. 심지어 그런 결정에 대해 '평안'을 느끼기도 한다. 하지만 주관적인 평안의 느낌은 기도, 성경, 건강한 공동체를 통해 검증되어야 한다.

힘든 상황을 떠날 때 느끼는 평안이 실제로 하나님의 선물일 수도 있지만 단순히 스트레스 상황이나 보기 싫은 사람을 떠나는 데서 비롯한 이기적인 안도감일 수도 있다. 혹은 그 평안은 단순히 돈과 영향력이 증가한 데서 비롯한 결과일 수도 있다. 하지만 돈과 영향력이 늘어난다고 해서 꼭 하나님의 뜻을 따르고 있다고 말할 수는 없다. 그리스도의 순례자들로서 우리는 안도감이 하나님으로부터 온 것인지 아닌지를 분별하는 법을 배워야 한다.

파커 파머는 저서 《삶이 내게 말을 걸어올 때》에서 한 대학의 총장 자리를 수락하기로 결정했던 이야기를 전해 준다. 파머는 한 퀘이커파 검증위원회(Clearness Commitee)에 그 결정을 내놓고 사람들의 지지를 받고 싶었다. 그 위원회는 일련의 솔직한 질문들을 던져 검증 대상이 하나님의 뜻을 분별하도록 도와주는 믿을 만한 지인들의 모임이었다. 파머는 그 총장 자리가 자신을 위한 자리라고 확신했다. 하지만 위원회의 한 사람이 "총장이 되면 가장 좋은 점이 무엇입니까?"라는 질문을 던진 순간 헷갈리기 시작했다.

"그건, 글을 쓰고 아이들을 가르치는 일을 포기해야 하는 것이 싫습니다. …… 총장 자리에 따르는 정치가 싫습니다. 진짜 친구가 누구인지 알 수 없는 것이 싫습니다. …… 단지 돈이 많다는 이유로 전혀 존경스럽지 않은 사람에게 반갑게 인사를 해야 하는 것이 싫습니다."

그때 질문자가 파머의 말을 끊으며 부드러우면서도 단호하게 말했다. "저는 가장 좋은 점을 물었습니다."

"아, 예, 답을 생각하고 있습니다." 파머는 그렇게 말해 놓고도 다시 불평을 늘어놓기 시작했다. 결국 질문자가 다시 질문을 상기시켜 줘야 했다.

결국 파머는 진짜 답을 말할 수밖에 없었다. 그는 그 답을 말하면서 자신도 모르게 몸서리를 쳤다. "그건…… 가장 좋은 점은 아무래도 신문에 제 사진과 그 아래에 '총장'이라고 실리는 것이겠죠."

질문자는 예의 차원에서 잠시 침묵했다가 다시 물었다. "파커씨, 당신 사진을 신문에 실을 더 쉬운 방법은 없을까요?"

파머는 당시를 이렇게 회상했다. "그 순간 총장이 되려는 것이 내 삶의 생태계보다 내 자아와 더 관련이 있다는 사실이 더없이 분명해졌다. 심지어 내 눈에도 그것이 분명히 보였다." 나중에 그는 만약 그 자리를 받아들였다면 자신에게는 손해요 그 학교에는 아예 재난이었을 것이라고 인정했다.[14]

결국 그는 알아주는 이 없는 메릴랜드주의 시골 동네에서 계속해서 아이들을 가르치기로 결정했다. 그 일이 대학 총장만큼 거창하지 않고 오히려 자존심이 상하는 일일 수도 있지만 그는 용기 있게 그 일을 선택했다. 물론 그가 그런 선택을 내릴 수 있었던 것은 혼자만의 힘이 아니었다. 기도로 분별력을 구하고 믿을 만한 친구들에게 기꺼이 솔직한 대답을 했기 때문에 현재의 자리에 머무는 것이 하나님의 뜻임을 발견하고 그 뜻을 받아들일 수 있었다.

한 직장에 오래 뿌리를 내리고 있으면 성장하고 변화할 가능성이 높다. 베네딕토는 사람을 변화시키는 평생 정주 서약의 힘을 분명히 알고 있었다. 나중에 다른 수도사는 베네딕토에 관해 이렇게 말했다. "(베네딕토가) 자신의 수칙에 (정주의) 서약을 포함시킨 것은 수도사의 한계, 그리고 그가 사는 공동체의 한계가 개인과 공동체를 모두 '성화시키기' 위한 하나님 계획의 일부라는 점을 알았기 때문이다."[15] '기쁠 때'와 '슬플 때'가 있는 결혼 생활처럼 각자 흠이 있는 사람들에게 오랫동안 헌신할 때 우리 이기심과 단점이 드러나 성장과 변화로 가는 길이 열린다. 이런 헌신된 관계 속에서는 단순히 사람이 서약을 지키는 것이 아니라 서약이 그 사람을 지켜 준다.

   삶의 리듬에 기도를 결합시키고, 하나님과 함께 창조하는 기쁨을 누리며, 하나님께 일을 통해 우리를 변화시켜 달라고 요청하자. 그러면 40세에 은퇴하지 못한다고 안타까워했던 그 증권 중개인과 달리, 조기 은퇴를 꿈꾸기보다는 매일 쉴 때만이 아니라 일 속에서도 하나님을 누릴 수 있게 될 것이다.

/ 새로운 시작을 위해 묻고 답하기 /

1. 왜 많은 사람이 일을 빨리 탈출해야 할 일종의 징역형으로 보는 것일까?

2. 성부 하나님과 예수님, 성령이 일을 어떤 식으로 고귀하게 여기시는가?

3. 당신이 일할 때 하나님과 함께 창조 작업을 하고 있다고 생각하는가? 그렇다면 어떤 의미에서 그러한가?

4. 우리가 회사나 학교, 집에서 일할 때 기도의 리듬이 어떤 식으로 하나님을 더 의식할 수 있게 해 주는가?

5. 우리 일을 하나님께 바치면 어떻게 해서 그 일의 질이 높아지는가?

6. 찰리와 돈은 기도하며 일한 덕분에 하나님의 인도하심을 받을 수 있었다. 기도로 일에 대한 하나님의 뜻을 분별한 적이 있는가?

지금 내가 시작할 수 있는 작은 일,
나만의 생활 수칙 세우기

일로 하나님께 영광을 돌릴 수 있도록 일에 관한 기본적인 경계를 정해 보라.

14장

'하나님 사랑'에 대한 최고의 화답,

섬김

영원히 남는 수고

　　　　　　　　도쿄를 대표하는 어느 고층 빌딩의 회의실. 그곳에서 나는 긴 직사각형 테이블 한쪽에 혼자 앉아 있었다. 그 기업의 전도유망한 자리를 위한 마지막 면접이었다. 테이블 반대편에는 경영진 세 명이 나란히 앉아 있었고, 비서 한 명이 오른쪽 끝에 앉아 있었다. 그중 가운데 앉은 면접관은 50대 중반으로 보였는데, 단단한 체격과 네모진 턱, 허스키한 목소리의 소유자였다. 한마디로, 잭 니콜슨(Jack Nicholson)을 꼭 닮은 일본 사람이었다. 그가 물었다.

"우리 회사에 들어오면 얼마나 오래 일할 생각인가요?"

나는 잠시 고민하다가 입을 열었다.

"그리 오래 일하지는 못할 것 같습니다. 한 이삼 년쯤이요."

"왜 그렇게 짧게?"

"언젠가는 목회를 할 생각이거든요. 그것이 제 장기적인 목표입니다."

그는 미간을 찌푸리더니 내 쪽으로 몸을 기울여 살짝 언성을 높였다. "목회는 왜 하려고요?"

순간, 심장 박동이 빨라지고 머릿속이 아득해졌다. "그것이 제가 사람들을 가장 잘 섬길 수 있는 길이라고 생각했습니다." 대충 그렇게 얼버무렸던 기억이 난다.

면접을 마치고 집으로 돌아오는 지하철 안에서 그 질문을 다시 곰곰이 생각했다. 아무리 생각해도 내 답은 불완전해 보였다. 사실 나는 단순히 사람을 섬기고 싶어서 목회를 하려는 것이 아니었다. 나는 영원히 빛날 일을 하고 싶었고, 내게는 그 일이 목회라고 생각했다.

물론, 의미 있는 삶을 위해 모두가 전임 목회자가 될 필요는 없다. 재능이나 소명과 상관없이 모두가 세상을 더 아름답고 정의로운 곳으로 만들기를 원한다. 우리 모두는 의미 있는 일, 영원히 빛날 일을 하기를 원한다.

많이 사랑받으면 많이 사랑한다

모든 영적 훈련의 목표는 먼저 하나님의 사랑에 흠뻑 취한 다음, 거기서부터 하나님과 남을 진정으로 사랑하는 사람이 되는 것이다. 우리가 하나님과 남을 사랑할 수 있는 것은 먼저 하나님께 사랑을 받았기 때문이다. 그리고 물론 하나님을 사랑하는 것과 남을 사랑하는 것은 밀접하게 연결되어 있다. 예수님은 우리가 하나님을 사랑하면 남을 사랑하고, 남을 사랑하면 하나님을 사랑한다고 가르치셨다. 예수님은 우리가 굶주린 자를 먹이고 낯선 자를 환대하고 아픈 이를 돌보고 갇힌 자를 찾아가는 것, 즉 사람을 섬기는 것이 곧 그분을 섬기는 것이라고 말씀하셨다(마 25:34-39 참조).

성 아우구스티누스(St. Augustinus)는 죄를 '자기 자신에게로 휘어진 것'(incurvatus in se)으로 정의했다. 이 신학적 용어는 하나님과 남을 향해 밖으로 뻗어 나가는 삶이 아닌 자신을 향해 안쪽으로 들어가는 삶을 죄로 정의한 것이다. 하지만 하나님의 사랑을 경험하면 우리 안의 뭔가가 고쳐지고 강해진다. 자신만을 위해서 살지 않고 하나님과 이웃을 위해 살게 된다.

남과 하나님을 사랑할 능력은 우리를 향한 하나님의 사랑에서 비롯한다. 그렇지 않은 '사랑'은 사랑이 아니라 의무요 귀찮은 일일 뿐이다. 위대한 성인은 단순히 사랑을 많이 한 사람이 아니라, 자신이 하나님께 사랑을 많이 받았다는 사실을 알았던 사람이다. 창조주께서 우리를 얼마나 소중히 여기시는지를 알면 다른 사람을 향한 사랑이 솟아나지 않고는 배길 수 없다.

생활 수칙은 예수님과 함께할 공간을 만들어 내서 우리를 향한 하나님의 사랑을 더 깊이 경험하게 해 준다. 우리가 그리스도와 진정으로 연합했다는 증거는 그분의 사랑이 우리의 마음속으로 흘러 들어 오는 것을 느끼는 것이다(롬 5:5 참조). 이 사랑이 우리 안에서 샘솟을 때 다른 이를 향한 사랑으로 흘러넘친다.

허리케인 카트리나가 루이지애나주를 강타했을 때 유나이티드 웨이(United Way)와 MTV는 구조 활동을 돕기 위해 방학을 맞은 학생 100명을 동원했다. 이것도 놀랍지만 한 기독교 단체는 무려 학생 7,000명을 자원 봉사자로 동원했다. 유명한 저널리스트이자 정치인 로이 해터슬리(Roy Hattersley)는 〈유케이 가디언〉(UK Guardian)지에 당시 구호 활동에 관한 글을 기고했다. 무신론자인 해터슬리는 교회와 기독교 단체들로부터 막대한 지원이 쏟아졌다고 말했다. "주목할 만한 점은 합리주의 학회와 무신론 단체에서 보낸 팀은 없었다는 것이다." 해터슬리는 허리케인 카트리나 이후 구세군(Salvation Army)이 여러 기독교 단체를 이끌어 구호 활동을 펼치는 것을 보고서 이런 발언을 했다. "그리스도인이 남을 돕기 위해 희생할 가능성이 가장 높다는 것은 부인할 수 없는 현실이다."¹

실제로 기독교 역사를 돌아보면 남을 섬기는 열심을 분명히 볼 수 있다. 물론 여느 가족사와 마찬가지로 기독교 역사 속에도 부끄러운 순간들이 있다. 하지만 헌신과 이타적인 섬김에 관한 이야기가 훨씬 더 많다. 고아원, 가난한 아이들을 위한 학교, 노숙자를 위한 쉼터, 병원, 호스피스 시설을 세운 아름다운 그리스도인의 이야기를 생각하면 자긍심이 밀려온다. 그리스도의 제자들은 여성 인권 신장에 결정적인 역할을 했고 노예를 위해 목숨을 걸었다.

1세기에 기독교가 불같이 퍼져 나간 것은 무엇보다도 모두가 외면할 때 어려운 형편에 놓인 사람들에게 도움의 손길을 펼쳤기 때문이다. 1세기 로마 제국의 도시 외곽에 자리한 쓰레기장에 가 보면 죽게 버려진 갓난아기를 쉽게 발견할 수 있었다. 당시 문서를 보면 부모에게 "사내아이면 키우고 계집아이면 버리라"라는 내용이 있다. 노예 판매상은 쓰레기장에 버려진 아기를 데려와 키운 다음 노예로 팔았다. 포주들은 쓰레기장에서 아기를 주워 와 나중에 성 노예로 부렸다. 그리스도인도 쓰레기장에 왔다. 하지만 그들은 버려진 아기를 데려가 친자식처럼 길렀다.[2]

초기 그리스도인은 문 앞에 찾아온 가난한 사람에게 나눌 음식이 충분하지 않을 때도 자신이 굶으면서까지 음식을 줬다. AD 250년 교황 고르넬리오(Pope Cornelius) 시절에는 한 해에 그리스도인 10만 명이 100일 동안 금식하여 가난한 사람 100만 명을 먹인 것으로 추정된다.[3] 이런 희생적인 사랑은 유례가 없는 것이었다. 이는 아무도 예상치 못한 반문화적이며 초월적인 섬김이었다.

5세기 초에는 패트릭(Patrick)이라는 16세 소년이 잉글랜드의 유복한 집 안에서 자라다가 해적들에게 납치되어 오늘날의 아일랜드 지역에 노예로 끌려갔다. 패트릭은 6년간 해적 두목의 돼지들을 치며 극심한 굶주림과 갈증, 외로움에 시달렸다. 그 고통 가운데 그는 기도하기 시작했고, 그리스도와의 새로운 우정을 통해 위로를 얻었다. 22세가 되었을 때 그는 하나님의 인도하심으로 숲을 통과하고 해변을 따라 걷다가 무려 300킬로미터가 넘게 떨어져 있는 곳에서 배 한 척을 발견했다. 이 기적적인 개입으로 그는 잉글랜드에 있는 부모의 품으로 돌아갈 수 있었다. 하지만 그는 그곳에 오래 머물지 않았다. 아일랜드에 있는 한 남자가 자신에게 돌아와 달라고 애원하는 환상을 보았기 때문이다. 결국 패트릭은 아일랜드로 돌아갔다. 노예로 납치되어 갔던 나라를 선교사로 다시 간 것이다. 아일랜드에 도착한 그는 그곳에 성행하던 노예무역에 반대하는 치열한 캠페인을 벌였다. 그로 인해 아일랜드의 노예 제도는 마침내 폐지됐다. 이제 아일랜드에서 인신공희는 생각할 수도 없는 일이 되었고 살인과 부족 간의 전쟁은 크게 줄어들었다.[4]

그로부터 14세기가 지난 뒤, 같은 지역에서 에이미 카마이클(Amy Carmichael)이라고 하는 놀라운 인물이 다시 나타났다. 카마이클은 북아일랜드의 부유한 집안에서 태어났지만 24세에 하나님의 부르심으로 선교사가 되었다. (그녀가 열여덟 살 때 친아버지를 잃은 뒤) 그녀의 양아버지가 된 존경받는 성직자 로버트 윌슨(Robert Wilson)조차 그녀를 말리려고 애를 썼다. "너처럼 아름답고 똑똑한 아이가 선교사가 되는 건 인생을 낭비하는 것이다."

건강이 좋지 않았음에도 불구하고(중국 내지선교회에 선교사로 지원했다가 탈락한 이유) 카마이클은 인도에서 55년간 선교사로 섬겼다. 그리스도와의 깊고도 친밀한 관계에서 나온 힘이었다. 그녀의 하루는 길었지만(새벽 5시에서 밤 10시까지) 그녀와 그녀의 선교 팀은 매시간 울리는 종소리에 따라 하던 일을 멈추고 기도를 드렸다. 아울러 한 달에 한 번씩 하루를 온전히 내어 기도하며 하나님을 찾는 데만 집중했다.[5]

카마이클은 사원 매춘에 동원된 소년소녀들을 구출하기로 마음을 먹었다. 지금도 마찬가지지만 당시 가난에 찌든 인도인들은 어린아이를 사원에 팔아 평생 매춘으로 살게 만들었다. 카마이클은 아이 한 명을 구하기 위해 뙤약볕 먼짓길을 종일 달리기도 했다. 그녀는 아이들을 보호하기 위해 인도 법정에서도 싸웠다. 그녀는 그리스도를 따르는 인도 여인들의 도움으로 수많은 아이를 구해서 입히고 먹이고 복음을 전하고 교육을 시켰다. 일부 보수적인 선교사들은 설교 같은 더 '영적인' 사역에 집중하라며 그녀를 몰아붙였다. 그럴 때마다 그녀는 이렇게 대답했다. "그냥 영혼만 구해서 천국으로 올려 보낼 수는 없잖아요. 영혼은 육체에 묶여 있잖아요."

패트릭과 카마이클의 이야기는 성령으로 충만하면 버려지고 억압받는 사람에게 그리스도와 사랑과 정의를 드러내게 됨을 보여 준다. 우리가 이 땅에서 그리스도의 가시적인 몸이 되어 그분의 사랑을 세상에 보여 주는 것이다.[6] 아빌라의 성 테레사(Saint Teresa of Avila)는 이런 말을 했다. "그리스도는 이 땅에서 당신의 몸, 당신의 손, 당신의 다리만 갖고 계신다. 세상을 향한 연민을 품은 그리스도는 당신의 눈을 통해 밖을 살펴보신다. 그리스도는 당신의 다리로 선한 일을 행하러 다니신다. 그리스도는 당신의 팔로 지금 우리를 축복하신다."[7]

지상대명령은 하나님을 사랑하라는 부름으로 시작되어 이웃을 사랑하라는 부름으로 이어진다. 앞서 살펴봤듯이 이 두 계명은 서로 겹치기도 하지만 이렇게 순서가 정해진 데는 분명한 이유가 있다. 이웃 사랑은 하나님을 향한 우리의 사랑과 우리를 향한 하나님의 사랑에서 흘러나와야만 한다. 이 순서를 바꿔서 하나님께 사랑을 받지 않고 남을 사랑하려고 해 봐야 소용이 없다. 줄 사랑이 없는데 어떻게 사랑을 할 수 있는가. 신학교에서 내 은사였던 해돈 로빈슨(Haddon Robinson) 교수는 이런 말을 했다. "남들에 대한 섬김의 목회 이전에 우리 영혼에 대한 목회가 있어야 한다."[8] 우리가 하나님을 '위해' 뭔가를 하려면 먼저 하나님이 우리 '안에서' 뭔가를 하셔야 한다.

이것이 기도가 섬김의 필수적인 부분인 이유다. 기도할 때 우리는 하나님, 그리고 우리와 우리 주변 사람을 향한 그분의 사랑을 더 깊이 깨닫게 된다. 심지어 예수님도 본격적인 사역을 시작하기 전에 성부 하나님의 임재를 맛보고 자신이 그분의 사랑받는 아들이라는 사실에 흠뻑 취하셨다. 그분은 그 어떤 사람보다도 더 성부 하나님과의 친밀한 관계를 누리셨다. 그분은 공생애를 시작하기 전 성령에 이끌리어 광야에서 40일 밤낮으로 기도하며 금식하셨다. 그리고 공생애가 시작된 뒤에도 자주 홀로 기도하셨다(눅 5:16 참조).

예수님은 기도를 통해 하나님의 이끄심과 인도하심을 받으셨다. 사역에 동참할 제자를 세우기 전에도 언덕에서 밤새 기도하셨다(눅 6:12-16 참조). 또한 예수님은 아버지에게서 일하기 위한 '생명'도

받으셨다. "내가 너희에게 이르는 말은 스스로 하는 것이 아니라 아버지께서 내 안에 계셔서 그의 일을 하시는 것이라"(요 14:10).

예수님이 이러셨다면 우리는 남을 섬기러 나가기 전에 얼마나 더 기도와 예배로 하나님의 사랑을 경험해야 하겠는가. 마더 테레사의 수녀회에 속한 사람들이 오랫동안 계속해서 섬김을 실천할 수 있었던 것은 각자 하나님과의 삶, 하나님을 위한 삶을 지탱해 줄 기도의 격자 구조물을 갖추고 있기 때문이다. 절규하는 사람들, 귀청을 때리는 자동차 경적, 물건을 파는 거리 상인들의 소음 속에서도 그들은 매일 정해진 시간에 모여 기도로 자신의 몸과 마음, 영혼을 고요히 정돈시킨다. 마더 테레사의 수녀들은 매일 6시간을 기도하고 5시간을 일한다.[9]

그들은 규칙적인 쉼의 리듬도 갖추고 있다. 일주일에 하루, 한 달에 한 주, 1년에 한 달, 6년마다 1년이 쉼의 기간이다. 몇 년 전 내 친구 중 한 명이 캘커타의 마더 테레사를 찾아가 이렇게 물었다. "세상에 문제가 끝없이 많은데 계속해서 사역하실 수 있는 비결이 뭡니까?" 그 말에 테레사는 이렇게 대답했다. "우리는 기도하며 사역합니다. 우리는 예수님과 함께, 예수님을 위해, 예수님께 사역합니다." 테레사는 가난한 사람을 위한 사역이 다른 무엇보다도 그리스도에 대한 헌신의 표현임을 정확히 이해하고 있었다.[10]

기도를 뒤로 미루지 말라

우리는 기도에 대한 생각을 바꿔야 한다. 기도는 단순히 섬김을 위한 준비 혹은 사역의 액세서리 혹은 '진짜 사역'을 하게 해 주는 발전기가 아니다. 매우 실질적인 의미에서 기도는 사역 자체다. 기도는 세상을 변화시키는 강력한 힘이다. 기도할 때 우리는 사람의 눈을 멀게 하는 악한 영의 세력을 물리칠 수 있다. 이것이 사도 바울이 다음과 같이 쓴 이유다. "우리의 씨름은 혈과 육을 상대하는 것이 아니요 …… 하늘에 있는 악의 영들을 상대함이라 …… 모든 기도와 간구를 하되 항상 성령 안에서 기도하고"(엡 6:12, 18).

IJM(International Justice Mission)에서 섬기는 션 리튼(Sean Litton)은 태국 북부의 매음굴에서 노예로 지내던 엘리자베스(가명)라는 젊은 여성의 이야기를 전해 준다.[11] 좋은 직장에 취직시켜 주겠다는 거짓말에 속아 태국에 온 엘리자베스는 강제로 매춘을 해야 했다. 한편 IJM의 사역자들은 인신매매를 당한 소녀들을 도울 수 있도록 장애물을 없애 달라고 하나님께 기도하고 있었다. 마침내 기도 응답으로 그들은 지역 경찰의 협조를 얻어(이것 역시 기적) 엘리자베스를 구해낼 수 있었다. 구조 작전이 성공한 뒤 사역자들은 엘리자베스가 갇혀 있던 비좁은 방의 벽에 작은 글씨들이 새겨져 있는 것을 발견했다. 리튼은 한 동료에게 그 글씨들을 영어로 번역해 달라고 부탁했다. 번역한 글은 다음과 같았다.

여호와는 나의 빛이요 나의 구원이시니

내가 누구를 두려워하리요

여호와는 내 생명의 능력이시니

내가 누구를 무서워하리요

악인들이 내 살을 먹으려고 내게로 왔으나

나의 대적들, 나의 원수들인

그들은 실족하여 넘어졌도다

군대가 나를 대적하여 진 칠지라도

내 마음이 두렵지 아니하며 전쟁이 일어나

나를 치려 할지라도

나는 여전히 태연하리로다.

구조 팀은 엘리자베스가 진심으로 하나님을 믿는 그리스도의 제자라는 사실을 알았다. 엘리자베스는 자기 방의 벽에 이 성경 구절을 새겨 놓고서 하나님께 매음굴에서 구해 달라고 매일같이 기도했다. 번역된 성경 구절을 듣는 순간, 리튼은 구조 팀이 태국에서 성 노예로 사는 수많은 소녀 중에서 특별히 하나님께 구원을 간구한 한 소녀를 구해 냈다는 사실을 깨닫고 깜짝 놀랐다. 하나님의 긍휼과 자비에 압도된 리튼은 그 자리에 주저앉아 뜨거운 눈물을 흘렸다. 수많은 난관과 장애물, 지역 경찰들과 협력하는 과정의 복잡성에도 불구하고 하나님은 그들을 결국 엘리자베스에게로 인도해 주셨다. 그렇게 그들의 기도와 그녀의 기도가 동시에 응답됐다.

하나님은 우리가 이해할 수 없는 기적적인 방법으로 우리의 기도를 이용하여 세상을 치유하고 변화시키신다. 기도는 구원의 행위다. 아울러 칼 바르트(Karl Barth)의 말처럼 기도는 현재 상태에 대한 도전의 행위이기도 하다.[12] 우리는 기도를 통해 이 시대의 질서에 맞서고, 이 망가진 세상 나라를 하나님의 나라로 변화시키는 역사에 참여한다(계 11:5 참조).

꼭 교회나 동굴에서 기도할 필요는 없다. 누군가의 고통을 보는 순간, 우리 입에서 저절로 기도가 나와야 한다. 눈앞의 문제에 반응해 기도할 때 우리 안에서 새로운 비전이 솟아날 수 있다. 내 친구 데이비드 고츠(David Gotts)는 19세 때 잉글랜드에서 신입 투자 전문가로 일했다. 그러던 어느 날, 그는 친구의 권유로 어려운 사람을 돕기 위해 중국에 갔다. 그곳에서 그는 한 고아원을 방문했고, 아기침대로 가득한 큰 방에 들어가게 되었다. 예쁜 아기가 새근새근 잠자고 있을 것을 상상하며 첫 번째 침대 속을 들여다보았는데, 뜻밖에도 아기 다섯 명이 없으로 누워 나란히 붙어 있었다.

고츠는 아기들이 자신과 눈을 맞출 줄 알았는데 아기들은 심각한 영양실조로 움직일 힘도 없이 인형처럼 가만히 누워만 있었다. 고츠는 정신이 혼미해진 가운데 고아원의 숨겨진 구역에 있는 다른 방에 들어갔다. 문 뒤에서 그는 누구든 경험해서도 봐서도 안 되는 것을 봤다. 어린 소녀 세 명이 굶어 죽어 있었고, 또 다른 한 명은 금방이라도 숨이 끊어질 것처럼 보였다.

고츠는 이렇게 말했다. "그날 밤 호텔 방에 가서 자리에 앉아 내가 본 상황을 이해해 보려고 애를 썼다. 왜 아이들이 이런 고통 속에 태어나는가?"

고츠는 하나님께 물었다. "하나님, 하나님의 교회는 어디에 있습니까? 중국에 가서 이 아이들을 도울 사람들은 어디에 있습니까?"

그때 세미한 음성이 귓가에 속삭이는 듯했다.

"고츠야, '네가' 여기 있지 않느냐? 너는 무엇을 하겠니?"

모세처럼 고츠는 자신이 과연 뭘 할 수 있을지 의심스러웠다. "하나님, 제가 무엇이라고요. 왜 저를 보내려고 하십니까? 저는 의사도 간호사도 개발 전문가도 아니잖아요. 제가 뭘 할 수 있겠습니까? 그리고 하나님, 저는 고통의 한복판에서 살고 싶지 않습니다. 죽어 가는 아이들이 가득한 곳에서 살고 싶지는 않아요. 다른 사람을 보내세요."

고츠는 18개월 동안 기도로 씨름했다. 그는 한편으론 엄두가 나질 않아 가고 싶지 않았지만 다른 한편으론 하나님이 자신을 중국의 고아들에게로 보내고 계신다는 확신이 강해졌다. 그리고 어느 날 아침, 그는 결국 하나님께 항복했다. "저는 부족한 사람입니다. 제가 이 일의 최적임자는 아닙니다. 하지만 하나님이 제게 이 도전을 감당하라고 명령하고 계시고, 하나님이 실수하셨을 리 없다고 믿습니다."

1993년 고츠는 오갈 데 없는 아이들에게 집을 지어 주는 기독교 개발 단체인 ICC(International China Concern)를 설립했다. 이 단체가 지은 집들은 중국의 수많은 장애아와 버려진 아이들에게 사랑과 희망, 기회의 공동체가 되어 줬다. 고츠처럼 우리도 고통을 마주하고 그 앞에서 기도로 반응하면 뜻밖의 비전이 나타날 수 있다. 우리의 소명은 고흐처럼 극적이지는 않을 수 있지만 우리가 눈앞의 고통을 보고 기도하면 하나님이 우리에게도 어떻게 섬겨야 할지 비전을 주실 수 있다.

우리가 세상의 문제를 목격하고 하나님이 어떤 식으로든 새로운 비전을 주시는 것을 느꼈다면 다음 단계는 당연히 그 비전에 따라 행동하는 것이다. 그것은 우리가 직접 기부를 하는 것일 수도 있고, 기부금을 모으는 것일 수도 있다. 돈이 아닌 몸으로 섬길 수도 있다. 이를테면 아이를 후원할 수도 있고, 찢어지게 가난하게 사는 사람에게 친구가 되어 줄 수도 있다. 이 모든 행동은 작아 보일지 모르지만 다른 사람의 삶에서 큰 변화를 일으킬 수 있다. 이런 작은 섬김의 행위는 우리가 일상에서 좀 더 쉽게 실천할 수 있다는 장점이 있다.

얼마 전 〈밴쿠버 선〉시에서 토머스(Thomas)란 젊은 노숙자와 우리 교회에 다니는 셰릴(Sherrill)이란 여성에 관한 이야기를 1면 기사로 소개한 적이 있다. 기사에 따르면 토머스는 밴쿠버 부촌의 런던 약국 앞에서 살았다. 그는 밤에는 약국 뒤쪽의 골목에서 잠을 잤다. 그는 확실하지는 않지만 자신이 위니펙(Winnipeg)에서 태어났다고 믿는다. 아버지가 누구인지는 모른다. 마약 중독자였던 그의 어머니는 생후 5개월밖에 되지 않은 그를 무정하게 버렸다.

그 뒤로 토머스는 여러 양부모 밑에서 자랐는데 육체적으로 성적으로 심하게 학대를 받았다. 겨우 일곱 살에 그는 양부모 중 한

명을 통해 코카인을 시작하게 됐고 여덟 살부터는 헤로인을 상용했다. 열세 살 때는 양부모의 집을 도망쳐 나와 그 뒤로 쭉 거리를 전전했다. 그러다 밴쿠버로 왔고, 얼마 되지 않아 셰릴을 만났다. 셰릴은 런던 약국에 자주 약을 사러 왔는데, 약국 앞에 있는 토머스를 보면 짧게 대화를 나누었다.

하루는 셰릴이 토머스에게 물었다. "가장 원하는 게 뭐니?"

토머스는 주저 없이 대답했다. "거리에서 탈출하는 거예요."

"정말?"

"네, 정말요."

셰릴은 토머스를 병원에 데리고 다니기 시작했다. 토머스가 체포되었을 때도 가서 데려왔다. 음식을 살 수 있는 상품권도 주고 기거할 장소도 찾아 줬다. 심지어 토머스를 위해 작은 기금을 마련하기도 했다(기부자 중 한 명은 셰릴의 열네 살짜리 아들이다. 매달 자기 용돈에서 10달러를 기부한다). 하지만 토머스는 중독에서 벗어날 줄 몰랐고, 셰릴은 이따금씩 자신의 노력이 헛수고라는 회의에 빠지곤 했다. 하지만 두 사람이 만난 지 5년 뒤, 토머스의 삶에서 큰 변화들이 일어났다. 그는 자립하기 전에 거쳐 가는 중도시설로 옮기고 알코올 중독자와 마약 중독자 재활 모임에 정기적으로 나가기 시작했다. 그리고 스물일곱 살의 나이에도 불구하고 고등학교 1학년에 입학하기로 결심했다. 토머스는 셰릴에 관해 이렇게 말한다. "셰릴 아주머니는 제 천사예요. …… 하나님이 제게 아주머니를 보내 주셨어요."[13]

이런 이야기를 들을 때마다 섬김의 열정이 타올랐다가도 이 세상의 수많은 문제를 생각하면 막상 움직일 엄두가 나지 않아 아무것도 하지 않는 사람이 너무나 많다. 그렇다면 어떻게 하면 좋을까?

집중할 한 가지를 택하라

마이크 얀코스키(Mike Yankoski)는 세상을 더 좋은 곳으로 만들기 위해 누구보다도 열심히 뛰어다니는 사람이다. 심지어 노숙자의 고초를 진정으로 이해하고자 5개월 동안 노숙 생활을 하기도 했다.

한번은 얀코스키에게 이렇게 물었다. "제가 어떻게 하면 세상을 더 잘 섬길 수 있을까요? 조언 좀 해 주세요."

그러자 그는 이렇게 대답했다. "집중할 한 가지를 선택하세요. 저와 제 아내에게 그 한 가지는 가난한 나라의 마을에 깨끗한 물을 제공하는 것입니다."

집중할 '한 가지'를 선택하라. 참으로 지혜로운 조언이다. 내게 '한 가지'는 아이들과 사역 단체, 모금 활동을 후원하고 월드비전의 이사로 활동함으로써 가난한 국가의 가난한 아이를 돕는 것이다.

당신이 세상의 문제를 보고 기도하면 당신의 '한 가지'가 나타날 수 있다. 인신매매나 에이즈 퇴치, 가난한 국가의 국제 부채 해결, 집 없는 사람을 위한 거처 제공, 교육, 자연 보호 같은 것이 우리가 집중해야 할 '한 가지'들이다. 당신의 '한 가지'를 찾으면 생활 수칙의 일부로서 그 명분을 구체적으로 추구할 방법을 고민하라.

섬길 때 우리는 기쁨을 느끼고 하나님과 더 가까워질 수 있다.

하지만 때로는 우리 노력이 인간의 고통이라는 거대한 바다에 물한 바가지를 붓는 것에 지나지 않는 것처럼 느껴질 수도 있다. 그러나 우리 노력이 헛되지 않다는 성경의 약속을 늘 기억하라(고전 15:58 참조). 우리가 이생에서 그리스도와 함께, 그리고 그분을 위해서 한 일은 하나도 허비되지 않는다. 그 모든 것은 결국 새 세상으로 이어진다.

요한계시록 21장 5절에서 하나님은 "내가 만물을 새롭게 하노라"라고 말씀하신다. 하나님은 "내가 모든 새로운 것을 만들 것이다"가 아니라 "모든 것을 새롭게 할 것이다"라고 말씀하신다. 우리의 현재 몸과 다가올 세상에서의 부활한 몸 사이에 연속성이 있는 것처럼, 현재의 지구와 새 지구 사이에도 연속성이 있을 것이다. 우리가 이 땅에서 행한 선한 일은 언젠가 새 세상에서 기억되고 확장될 것이다.

그리스도의 다시 오심으로 지금의 세상이 새로워지면 지금 우리가 하는 일들(기도, 나눔, 아이 후원, 고아원 설립, 우물 파기, 노숙자 대접, 자연 보호, 하나님 나라의 복음 전파, 정의를 위한 캠페인 등)은 영원히 이어질 것이다. 톰 라이트(Nicholas Thomas Wright)에 따르면 "이런 활동은 단순히 현재의 삶을, 우리가 완전히 떠날 때까지 조금 덜 추악하게, 조금 더 참을 만하게 만드는 것이 아니다. 그 활동들은 '하나님 나라 건설'의 일부다."[4] 라이트는 계속해서 이렇게 말한다. "우리는 곧 절벽 아래로 굴러 떨어질 기계의 바퀴에 기름을 칠하고 있는 것이 아니다. 우리는 곧 불 속에 던질 위대한 그림을 복원하고 있는 게 아니다. 우리는 곧 건설을 위해 뒤엎어질 정원에 장미를 심고 있는 것이 아니다. 이상하게 들릴지 모르지만, 심지어 부활 자체만큼이나 믿기 어렵겠지만, 우리는 때가 되면 하나님의 새 세상의 일부가 될 뭔가를 이루고 있는 것이다."[15]

그렇다면 우리의 모든 기도, 모든 사랑과 친절의 행위, 장애아에게 읽기나 걷기를 가르치기 위해 혹은 외로운 노인의 말을 들어 주기 위해 투자한 모든 시간, 하나님의 사랑에 대한 감격 가운데 창조해 낸 모든 예술 작품, 모든 돌봄의 행위, 복음을 전하기 위해 애쓴 모든 시간, 이 모든 것은 하나님이 지금 만들고 계시고 언젠가 영광스럽게 완성하실 새 피조 세계 안으로 녹아들어 갈 것이다.

/ 새로운 시작을 위해 묻고 답하기 /

1. 영원한 흔적을 남기고 싶은 열정이 강하게 타올랐던 적이 있는가?
2. 대부분의 가족사가 그렇듯 교회사에도 부끄러운 사건이 많다. 하지만 우리가 자랑스러워해도 좋을 만한 사건이 훨씬 더 많다. 당신에게 특히 감동적인 이야기가 있는가? 어떤 이야기인가?
3. 왜 기도가 하나님을 위한 우리 사역에 그토록 중요한가? 어떤 면에서 기도 자체가 사역인가? 예수님은 사역하시는 동안 어떤 식으로 기도를 통해 하나님을 의지하는 본을 보여 주셨는가?
4. 마음속에서 하나님 일을 위한 비전이 떠올랐던 적이 있는가? 어떤 비전이었는가? 그때 어떻게 반응했는가?
5. 당신이 집중할 만한 '한 가지'는 무엇인가?

지금 내가 시작할 수 있는 작은 일,
나만의 생활 수칙 세우기

당신이 집중해야 할 '한 가지'가 나타나면 구체적인 시간 단위(매달, 분기마다, 매년)를 정해 그 하나님의 일을 어떻게 행할지 계획을 세워 보라.

15장

내가 받은 생명을 나누는 일, 전도

성령으로 두드리면 성령이 여신다

세 살짜리 우리 아들은 립(ribs; 미국식 갈비 요리)이라면 사족을 못 쓴다. 녀석을 데리러 어린이집에 갈 때면 "립! 립!"이라고 어찌나 떠드는지 귀청이 따가울 정도다. 그래서 지난 몇 달 동안 아들아이와 함께 근처의 얼스(Earls)라는 식당에서 저녁거리로 립을 사오는 것이 우리 가족의 일상 중 하나가 되었다. 그런데 최근의 한 월요일, 아들과 주문한 음식을 받기 위해서 그 식당에 들어갔는데 점원이 레이첼(Rachel)이란 이름의 지배인이 우리를 만나고 싶다고 전했다.

잠시 후 레이첼이 우리를 찾아와 말했다. "월요일마다 아드님과 함께 립을 사러 오시는 걸 봤습니다. 감사하다는 뜻으로 오늘 저녁은 저희가 대접하겠습니다." 그러면서 립 한 상자를 건넸는데, 상자에는 이렇게 쓰여 있었다. "월요일 밤마다 찾아 주셔서 감사합니다." 그 글씨 아래에 큰 하트가 그려져 있고 "레이첼과 얼스 직원 일동"이라고 서명이 되어 있었다.

나는 입이 떡 벌어졌다. 수많은 손님 중에서 우리를 기억한다는 사실이 놀라웠다. 얼스는 테이크아웃 전문점이 아니고, 우리는 그 식당에 앉아서 먹은 적이 손에 꼽을 정도다. 그런데도 우리를 기억하고 친절을 베풀어 주니 감동이 밀려왔다. 집으로 가는 길에 나는 아내에게 전화를 걸어 이 일을 알렸다. 그리고 집에 와서는 고등학교 식당에서 서빙을 컨 긱이 있는 몬트리올의 여동생에게도 전화를 걸어 이 이야기를 해 줬다.

작은 일이라도 좋은 일이 생기면 우리는 주변에 알리고 싶어 한다. 대학교 입학이나 승진, 약혼, 입양 같은 큰일이 생기면 더더욱 사람들에게 전한다. 하물며 그리스도와 가까워져서 그분이 우리에게 얼마나 큰 자비를 베푸셨는지를 깊이 이해하게 되면 그 복된 소식을 누군가에게 전하지 않고는 배길 수 없다.

복음을 나누는 사람의 첫걸음

1장에서 말했듯이 6세기 켈트 수도사들은 하나님과 가까워질수록 오히려 그리스도의 사랑으로 사람에게 다가가기 위해 '세상', 이를테면 마을이나 유명한 산, 정해진 항로 근처의 섬들에 수도원을 지었다. 수도원은 기도의 장소만이 아니라 숙소, 비상 대피소, 도서관, 대학, 미술관, 선교 기지 역할도 했다.

우리는 성령의 인도하심을 받기 때문에 우리 가치는 세상 가치와 다르다. 하지만 우리는 세상에 등을 돌리거나, 살아 계신 하나님을 모르는 사람을 멀리해서는 안 된다. 하나님이 예수님을 이 세상에 보내신 것처럼 우리가 그리스도 안에 있고 그리스도가 우리 안에 거하시면 우리는 "세상에서 살되 세상에 속하지는 않는" 삶을 살 수 있다(요 17:13-19 참조).

Good Christian Bitches(선한 그리스도인 암캐들)라는 도발적인 제목의 소설을 원작으로 한 〈굿 크리스챤 벨〉(GCB)은 남부 바이블벨트의 기독교를 풍자한 드라마다. 비록 이 드라마만큼은 아니지만 실제로 세상 사람 못지않게 남 욕을 잘하고 야한 차림으로 피상적인 삶을 사는 교인들이 적지 않다. 교회 안에 살면서도 세상에 '속해서' 사는 것이 가능하다. 세상과 절교한 채 기독교의 울타리 안에 스스로를 가뒀지만 그 안에서 그토록 혐오하는 세상의 가치를 따르는 아이러니한 삶이 가능하다. 물론 이것은 진정한 제자의 모습이 아니다. 그리스도와 연합하고 그분의 성품을 닮아 갈수록 세상과 뚜렷이 구별되는 가치를 실천하되 예수님을 모르는 사람을 진정으로 사랑

하게 된다. 예수님처럼 살아 계신 하나님을 믿지 않는 사람에게 다가가 '죄인의 친구'가 되어 주게 된다.

복음을 나누는 사람이 되기 위한 중요한 첫걸음은 그리스도를 모르는 주변 사람을 위해 기도하고 하나님이 그들의 삶에서 역사하시리라 믿는 것이다. 하나님은 사람들이 그분을 받아들일 수 있도록 이미 그 마음을 움직이고 계신다. 우리는 이 사실을 늘 기억하며 기도로 하나님을 의지해야 한다. 그리스도를 전하는 열쇠는 우리 능력이 아니라 우리를 통한 성령의 역사다.

사빈(Sabine)은 우리 교회에 다니는 대학원생인데, 국제 학생·교수 팀에 속해 남극 대륙을 탐사한 적이 있다. 여러 가지 이유로 그녀는 팀원들과 신앙에 관한 대화를 하는 것이 적합하지 않다고 판단했다. 대신에 그녀는 어느 날 팀원들이 탐사하는 자연 이면에 진짜 주인이 계시다는 증거를 발견하게 해 달라고 기도했다. 그녀의 말을 들어 보자.

다음 날 우리는 산 정상에 올라 파라다이스만(Paradise Bay)을 굽어보았다. 파라다이스만. 반짝거리는 빙하와 석양에 둘러싸인 거울처럼 투명한 물에 딱 어울리는 이름이 아닐 수 없었다.
창조의 선함과 그 창조주의 위대하심을 그토록 분명히 보여 주는 증거는 본 적이 없었다. 모두 아무 말도 없이 넋을 잃고 그 광경을 지켜봤다. 그날 저녁 배 주변은 조용히 반짝거렸다. 저녁 보고 시간, 매일 우리에게 선한 업보를 강조했던 탐험 대장이 그날의

경험만큼은 더 높은 존재에게서 비롯한 것이 분명하다는 말을
했다. 그 말에 나는 깜짝 놀랐다. 농담을 즐기던 한 인솔자가
웬일인지 한마디도 하지 않고 있다가 마침내 내뱉은 말은 더욱
놀라웠다. 그는 자신이 종교와는 거리가 멀지만 그날의 영적
경험은 너무도 강렬해서 신에게서 온 것이 분명하다는 말을 했다.
그날 하나님은 자연의 엄청난 아름다움을 통해 우리 탐사 팀을
만나 주셨다. 대개 우리가 해야 할 일은 그리 많지 않다. 우리는
그저 다른 사람들과 더불어 살아가며 그들을 위해 기도하기만
하면 된다.

자연의 아름다움을 통해서든 누군가의 친절을 통해서든 혹은
고난을 통해서든 성령이 사람의 마음을 열고 계신다는 사실을 알
면 우리 어깨에서 무거운 짐이 떨어져 나간다.

하나님의 신비로운 역사

예수님을 믿은 지 얼마 되지 않아 막 복음을 전하기 시작했을
때 나는 복음을 간단명료하게 정리해서 전할 수 있어야 한다고 생
각했다. 물론 하나님은 사람의 언변을 통해서도 역사하실 수 있고,
실제로 그렇게도 역사하신다. 하지만 나는 이제 사람의 회심은 무
엇보다도 그의 삶에서 이루어지는 하나님의 역사를 통해 이루어
진다고 믿는다. 그 역사는 내가 그에게 처음 다가가기 훨씬 전부

터 시작되어 내가 그에게서 떠난 뒤에도 계속된다. 내 친구 네이든(Nathan)의 경우가 그랬다.

네이든은 증권 중개인으로 성공했지만 금융권에 몸담은 시간이 길어질수록 영혼은 점점 더 공허해져만 갔다. 십 대 시절 그는 미술 재능을 인정받아 캐나다 유수의 미술 학교 한 곳에 합격했다. 하지만 집안 형편이 넉넉하지 않아 비즈니스의 길로 들어섰다. 이제 성공할 만큼 성공한 그는 금융권을 떠나 (그의 표현을 빌자면) "자신의 천복을 따라가기로" 결심했다. 그때부터 불교 서적을 섭렵했지만 공허함은 채워지질 않았다. 그러다 한 친구를 통해 우리 교회에 오게 되었고, 약 1년 뒤에는 그가 예수님과 나날이 가까워지는 것을 모든 교인이 확인할 수 있었다. 금융권에서의 경험은 그의 내적 공허함을 수면 위로 드러내는 역할을 했다. 그리고 미술을 통해 아름다움을 추구하고 불교에 살짝 발을 담근 경험으로 예수님이 필요하다는 사실을 볼 준비가 되었다.

선행 은총(prevenient grace)의 교리는 사람이 하나님께 끌리고 있다는 가시적인 증거가 나타나기 훨씬 전부터 하나님이 그의 삶 속에서 역사하고 계신다는 것이다. 여기서 "선행"(prevenient)이란 단어는 말 그대로 '먼저 오다'를 뜻한다(라틴어 "프레"[prae]는 '이전'을 뜻하고, "베니레"[venire], "벤트"[vent]는 '오다'를 뜻한다). 하나님의 은혜는 회심에 선행한다. 즉 하나님의 은혜는 사람이 하나님을 찾기로 의식적인 결심을 하기 '전에 온다'(요 6:44 참조). 그런 의미에서 우리가 하나님을 갈망하는 것 자체가 하나님의 선물이다. 위대한 신학자 조나단 에드워즈(Jonathan Edwards)는 진정한 회심을 사람들이 주도적으로 하는 것이 아니라 하나님이 사람에게 해 주시는 것으로 봤다. 이런 의미에서 회심은 사람이 예수님을 위해 '결심하는' 것이라기보다 하나님의 주권적인 은혜를 깨닫는 것에 가깝다.[1]

그렇다면 복음을 전하는 사람으로서 우리의 주된 역할은 판매원이 아니라 하이킹 안내인이다. 우리 역할은 하나님을 따라야 한다고 사람을 설득하는 것이 아니다. 그들이 이미 자신의 삶에서 이루어지고 있는 하나님의 역사를 보도록 돕는 것이 우리 역할이다. 사람들이 '계약서'에 사인을 하게 만들어야 한다는 강박관념을 가질 필요는 없다. 우리는 그저 그들의 동무가 되어 그들과 나란히 걸으며 그들의 삶 속에서 펼쳐지는 하나님의 은혜로운 역사를 구경하기만 하면 된다.

거절에 대한 부담감

하나님의 은혜를 이런 식으로 이해해도 누군가에게 복음을 전하는 것은 여전히 부담스럽다. 우리는 스스로 자격도 능력도 없다고 생각한다. 자칫 부담스럽게 구는 거리 전도자처럼 보일까 봐 걱정된다. 유명한 전도자 빌리 그레이엄(Billy Graham)도 믿지 않는 친구와의 대화가 영적인 주제로 흐르면 식은땀이 흘렀다는 사실을 알고서 얼마나 위로가 되었는지 모른다. 그레이엄은 심지어 노년에도 그런 두려움을 완전히 떨쳐내지 못했다고 한다. 때로 우리는 믿음으로 인해 거부를 당할 수 있다. 예수님은 우리의 전도가 거부를 당하는 것이 자연스러운 일이라고 말씀하셨다. "사람들이 나를 박해하였은즉 너희도 박해할 것이요"(요 15:20).

내 오랜 친구 중에 하나님을 믿지 않는 친구가 있다. 그에게 '신'은 자연이며, 그는 산악자전거 타기로 그 신을 만난다. 가끔 내가 하나님에 관한 이야기를 꺼내면 그는 "넌 너대로 믿음이 있고 나는 나대로 믿음이 있어"라고 말한다. 기분 나쁘게 하려고 하는 말이 아닌 줄은 알지만 그럼에도 거부의 침이 내 심장을 찌른다. 잠시 어색한 침묵이 흐르다가 이내 다른 주제로 넘어간다. 복음을 전할 때 부담감을 느껴 본 경험이 다들 있을 것이다. 하지만 성령의 역사로 인해 복음이 자연스럽게 전해질 때도 있다. 나도 복음을 전할 때 뜻밖에도 "모든 지각에 뛰어난" 평안과 기쁨을 경험한 적이 많다. 항상 그런 것은 아니지만, 그럴 때는 성령이 우리를 통해 역사하고 계신 것이다.

복음의 네 가지 면

그렇다면 구체적으로 어떻게 복음을 전해야 할까? 복음 전도에 관한 가장 좋은 조언 하나는 전 월드비전인터내셔널 부총재 브라이언트 마이어스(Bryant Myers)의 조언이 아닐까 싶다.

마이어스는 다른 문화, 특히 기독교에 적대적인 문화에서 복음을 전할 때는 복음을 피라미드의 네 면으로 보는 것이 바람직하다

고 말한다. 여기서 네 면은 삶, 행위, 이적(sign), 말이다.[2]

배경과 성령의 인도하심에 따라 복음의 특정한 한 면에서 시작하고, 기회가 닿으면 나머지 면들로 확장하면 된다. 목표는 결국 삶, 행위, 이적, 말을 아우르는 유기적인 전체로서 복음을 전하는 것이다.

예를 들어, 월드비전은 정부가 그리스도에 관한 발언을 허용하지 않는 국가에서 구호와 개발 사역을 한다. 이런 국가에서는 먼저 말로 복음을 전하기가 힘들다. 그래서 삶이나 행위, 징조가 우선해야 한다. 심지어 대체로 '기독교적'으로 여겨지는 북미나 유럽 같은 곳에서도 워낙 다양한 종교를 가진 사람이 살기 때문에 복음을 피라미드의 네 면으로 보는 방식이 유용하다.

복음을 삶, 행위, 이적, 말로 기술하는 것이 다소 추상적으로 느껴질 수 있는데, 지금부터 각 요소를 구체적으로 살펴보겠다.

삶

복음을 가장 가시적으로 전하는 방법은 삶을 보여 주는 것이다. 그리스도로 인해 변화된 삶은 하나님이 살아 계심을 보여 주는 확실한 증거다. 사도 바울은 우리에게 믿지 않는 사람이 살아 계신 하나님께 끌릴 수 있도록 그리스도의 제자로서 모범적인 삶을 살라고 권고했다(벧전 2:12 참조). 생활 수칙을 따르면 점점 더 예수님을 닮아 가고, 그럴 때 우리는 삶을 통해 부지불식간에 주변 사람들에게 그리스도를 전하게 된다. 먼저 이런 식으로 복음을 전할 때 사람들, 특히 기독교에 반대하는 사람들에게 말로 복음을 설명할 기회가 생기는 경우가 많다.

강하고 완고한 성격의 CEO이셨던 나의 할아버지는 그리스도인을 대체로 좋아하지 않았다. 일본에서 일할 때 나는 할아버지에게 C. S. 루이스의 책 《순전한 기독교》(Mere Christianity, 홍성사 역간)를 선물했는데, 심지어 할아버지는 비서에게 책 전체를 한 쪽으로 요약해서 제출하라고 시켰다! 하지만 할아버지의 회사에 할아버지가 유일하게 '진정한 그리스도인'으로 인정하는 직원이 한 명 있었다. 그 사람은 더없이 정직하고 양심적이어서 믿을 만한 사람이었다. 그 사람이 할아버지에게 복음을 전한 적이 있는지는 모르겠다. 다만 그는 자신의 신앙을 분명히 드러냈기 때문에 할아버지를 비롯한 모든 직원은 그가 그리스도인인줄 알고 있었다. 할아버지는 그를 깊이 존경했다. 나중에 할아버지가 86세에 그리스도를 영접한 것은 고상한 인격으로 그리스도의 실재를 증명해 보인 그 남자 덕분이었다.

우리가 삶에서 예수 그리스도의 변화시키는 능력을 경험하면 사람들이 우리 안에서 역사하는 하나님이 과연 어떤 분인가 궁금해하게 되어 있다. 킴(Kim)은 우리 집 근처에 살았는데 뉴 에이지 스타일의 영성을 선호했다. 천성적으로 연민이 많았던 그녀는 꾸준히 노숙자들을 돕는 우리 교회의 모습에 깊은 감명을 받아, 교회에 나오지는 않아도 우리의 봉사 활동에 자원했다. 그녀는 그리스도께 끌렸지만 그분이 하나님께로 가는 유일한 길이라는 주장은 좀처럼 받아들이기 힘들어했다.

그런 그녀가 얼마 전 내게 보내온 생일 카드를 나는 평생 잊지 못할 것이다. 다른 내용은 잘 기억이 나지 않지만 이 한 문장만큼은 똑똑히 기억난다. "그리스도를 믿을 만큼 믿을 만한 사람을 제게 보내 주신 하나님께 감사합니다."

우리가 사랑과 희락, 화평, 오래 참음, 자비, 양선, 충성, 온유와 절제 같은 가시적인 성령의 열매를 완벽하게 보여 줄 수는 없다(갈 5:22-23 참조). 그리스도가 우리 중심에 계시면 우리가 그분에 관해 한마디도 하기 '전에' 우리의 삶을 통해 그분이 환히 빛나게 되어 있다.

행위

복음을 전하기 위한 두 번째 방법은 '행위'다. 물론 삶과 행위는 서로 연결되어 있다. 하지만 내가 '삶'을 통한 복음 전파라고 말할 때는 '인격'을 강조하는 것이고 '행위'는 '행동'을 강조하는 것이다.

이 개념을 성경 어디에서 찾을 수 있을까? 예수님은 사람들이 우리의 선한 "행실"을 보고 하나님께 마음이 열리도록 우리 빛이 사람들 앞에서 비치게 하라고 명령하셨다(마 5:16 참조). 사도행전 4장에서 우리는 이 명령을 실천하는 사람들을 볼 수 있다. 당시 초대 교인들은 서로 재물을 나누어 썼기 때문에 그들 중에 굶는 사람이 단 한 명도 없었다. 그들의 희생적인 행동은 질문 세례를 낳았고, 그 질문으로 인해 말로 복음을 선포할 기회의 문이 열렸다. 행위로 복음을 전하는 방식은 예수님에 관한 말을 듣기 싫어하는 사람에게 그리스도를 전힐 때 특히 유용하다.

한 젊은 캄보디아인은 이런 이야기를 전해 줬다. "몇 년 전 월드비전이 우리 동네에 와서 결핵에 걸린 사람들을 치료하기 위한 클리닉을 세웠다. 그뿐만 아니라 학교도 개선해 주고, 획기적인 새로운 농사 기법도 전해 줬다. 캄보디아 대량 학살 이후로 나는 낯선 사람을 믿지 않았다. 그래서 월드비전 사람에 대해서도 의심의 눈초리로 바라보았다. '이 낯선 자들이 무슨 속셈으로 우리를 돕는 것일까?'

하루는 월드비전 리더를 찾아가 물었다. '왜 여기에 온 겁니까?'

그때 리더는 이렇게 말했다. '우리는 예수 그리스도의 제자로서 이웃을 내 몸처럼 사랑하라는 명령을 받았습니다.'"

그 캄보디아 사람은 "예수가 누구요?"라고 물었다. 그러자 월드비전 팀원들은 그에게 성경 한 권을 주고, 나중에는 한 캄보디아 그리스도인을 소개해 줬다. 결국 이 남자는 예수님의 제자, 나아가 한 교회의 목사가 되었다. 현재 오우룽(Ourng) 목사는 83명이 다니는 캄보디아 교회를 목회한다.

우리가 사랑을 실질적으로 증명해 보이면 가난에 찌든 국가의 빈민들만이 아니라 마음의 공허함에 시달리는 북미의 중산층도 질문을 던지게 되어 있다. 로즈(Rose)는 우리 교회의 열심 신자다. 20년 전 그녀는 브리티시컬럼비아여성병원(British Columbia Women's Hospital)에서 친구 패티(Patti)를 만났다. 당시 그 병원에서 같은 날 로즈의 딸과 패티의 아들이 태어났다. 6년 뒤 패티의 가족은 로즈의 집에서 세 시간 떨어진 곳으로 이사를 왔다. 그리하여 두 사람은 20년 넘게 단짝 친구로 지내게 되었다.

그런데 4년 전 안타깝게도 패티가 충수암에 걸리고 말았다. 암은 복부를 거쳐 척추로 전이되었다. 패티가 치료를 받는 약 5개월간 로즈는 친구들을 동원해 돌아가며 패티의 곁을 지켰다. 덕분에 패티의 남편은 잠깐씩이라도 눈을 붙일 수 있었다.

패티의 임종이 가까워졌을 때 로즈는 완화치료실에서 패티의 남편 크리스(Chris)와 함께 병상을 지켰다. 패티가 고통이 극에 달한 모습을 보이자 두 사람은 마지막이 얼마 남지 않았음을 알았다. 로즈는 패티의 팔다리를 쓰다듬으며 조용히 친구에게 속삭였다. "괜찮아. 괜찮아. 곧 더 좋은 곳에 가게 될 거야."

얼마 지나지 않아 패티는 숨을 거두었다. 패티는 수년 전에 예수님을 영접했지만 남편 크리스는 아직 하나님을 믿지 않고 있었다. 크리스는 로즈를 비롯한 우리 교회 식구들이 자신의 아내에게 보여 준 섬김과 사랑을 보고 나서 그리스도를 탐구해 보고 싶어졌다. 그는 내게 이렇게 말했다. "그분들이 내가 모르고, 또 생각지도 않았던 현실을 알고 있다는 걸 느꼈습니다. 내가 무엇을 놓치고 있는지 알고 싶어졌습니다."

패티를 향한 로즈의 사랑, 그리고 하나님을 향한 두 사람의 믿음을 본 크리스는 자신이 놓친 뭔가가 있다는 결론을 내렸다. 그리하여 로즈와 그녀의 남편은 크리스를 우리 교회로 초청했고, 크리스는 지난 2년간 우리 교회에 열심히 출석했다. 최근 크리스는 우리 교회에서 처음으로 성찬식에 참여했다.

때로는 행동이 말보다 더 크게 말하며, 행동은 하나님이 살아 계심을 강력히 증언하여 예수님의 복음을 전할 기회의 문을 열어 줄 수 있다.

이적(異跡)

성령 충만했던 초대 교회는 이적과 기사(奇事)로 그리스도와 그분의 능력을 증언한 경우가 많았다. 예수님은 회의적인 사람들이 믿음으로 나아갈 수 있도록 그들 앞에서 자주 기적을 행하셨다(요 10:38 참조). 사도행전을 보면 초대 교인들도 하나님의 역사로밖에 설명할 수 없는 이적을 경험했다. 예를 들어, 그들은 공부해 본 적도 없는 언어로 말을 하고 불가사의한 치유를 경험하고 위험에서 초자연적으로 구조되었다.

그리스도를 믿고 성령으로 충만해지면 우리도 이적을 통해 하나님이 살아 계심을 증언할 수 있다. 우리 가족의 영적 유산도 이적과 함께 시작되었다. 나는 대부분의 사람이 불교나 신도(神道)를 믿는 국가에서 태어났다. 우리 가족의 기독교 역사는 종조부(할아버지의 남자 형제)가 당시로서는 불치병으로 여겨졌던 결핵에 걸리면서 시작되었다. 치유할 길이 없어 종조부는 6개월의 시한부 삶을 선고받았다. 그때 한 선교사가 종조부에게 성경을 주며 그분이 예수님을 개인적으로 알게 해 달라고 기도했다. 종조부는 그 성경을 읽다가 복음서에서 예수님이 사람들을 치유해 주신 이야기를 보게 되었다. 그때부터 종조부는 치유를 위해 기도했고, 감사하게도 기적적으로 치유되었다. 결국 종조부는 건강하게 장수를 누렸다. 종조부는 그 일로 예수님을 믿게 되었고, 나중에는 우리 어머니도 전도했다. 그리고 어머니의 영향으로 나도 그리스도를 알게 되었다.

내 친구 아이샤(Aisyah)의 영적 여정도 하나님의 이적으로 시작되었다. 아이샤는 이슬람교 국가, 그것도 선지자 마호메트까지 거슬러 올라가는 이슬람교 집안에서 태어났다. 아이샤의 부모는 그녀를 독실한 무슬림으로 키웠다. 그래서 그녀는 라마단 기간마다 빠짐없이 이슬람교 사원에 가서 기도하고 금식했으며 성지순례도 여러 번 했다.

그런데 아이샤가 대학에 갈 때가 되자 부모는 친척의 친구가 교수로 있는 미국의 작은 기독교 대학에 그녀를 보냈다. 거기서 성경 수업을 따라가기 힘들었던 아이샤는 한 기독교인 친구에게 성경에 관해 가르쳐 달라고 부탁했다. 그녀는 그때 예수 그리스도의 가르침을 처음 접했다.

하루는 그 친구가 아이샤에게 복음서의 예수님을 볼 수 있게 기도해 보라고 권했다. 아이샤는 고개를 끄덕이면서 한 가지 조건을 내걸었다. 그 친구도 알라에게 똑같은 기도를 하라는 것이었다. 아이샤는 난생처음으로 자신의 이슬람교 신앙에 의문을 품기 시작했고, 자신이 실제로 예수님을 믿게 되면 어떤 일이 벌어질지 상상해 봤다. '가족에게 버림을 받을까?' 그럴지 모른다는 두려움에 아이샤는 기독교 친구들과의 왕래를 끊었다. 두어 달이 지나니 마음의 동요가 사라진 것 같았다.

그런데 룸메이트가 집에 가서 혼자 있게 된 어느 주말, 아이샤는 한밤중에 이상한 경험을 하게 되었다. 바로 부활하신 예수님을 만난 것이다. "꿈인지 실제로 누군가가 방에 들어온 것인지 모르지만 그가 '나를 믿으라'라고 말했다. 몇 년 뒤 나 외에도 많은 무슬림들이 나처럼 꿈에서 하나님을 보았다는 사실을 알게 되었다. 우주의 하나님이 내게 오시다니, 너무 놀랍지 않은가!"

이튿날 아침 아이샤는 그 친구에게 가서 예수님이 찾아온 사실을 알렸다. 그러자 친구는 그리스도를 따르고 그분을 삶의 주인으로 삼고 싶으냐고 물었다. 아이샤는 조용히, 하지만 단호하게 고개를 끄덕였다.

물론, 하나님의 실재에 관한 모든 표징이 치유나 환상처럼 극적인 것은 아니다. 교회 역사 속의 수많은 사람이 단순히 강력한 사랑과 기쁨을 경험한 뒤에 영적 순례를 시작했다. 휴스턴의 한 증권 중개인은 경력이 흔들릴 만큼 엄청난 실패를 경험했다. 누구보다도 야망이 컸던 그는 한밤중에 서재에서 울음을 터뜨렸다. 이윽고 눈물이 잦아들고 시야가 깨끗해지자 자신도 모르게 두 손이 포개져 있는 것을 발견했다. 어릴 적 주일학교에서 배운 손 모양이었다. 교회에 다닌 지 몇 십 년이 지났지만 슬픔의 한복판에서 나타난 그 단순한 기사는 그에게 깊은 영향을 끼쳤다. 정말이지 거룩한 순간이었다. 그로부터 몇 주 뒤 그는 가장 가까운 교회를 찾아가 다시 하나님을 찾기 시작했다. 그러다 그는 내 친구 제이콥(Jacob)의 교회에 오게 됐고, 그곳에서 놀라운 신앙 성장을 경험했다.

이적과 기사는 사도행전에 기록된 초대 교회만의 경험이 아니다. 오늘날에도 성령은 사람들을 그리스도께로 이끌기 위해 계속해서 이적을 보여 주신다. 생활 수칙을 통해 그리스도께 더 가까이 다가가 그분의 영으로 충만해지면 우리도 기적적인 일들을 통해 누군가에게 그분을 전하게 될지 모른다.

말

복음은 삶이 변화된 증거, 남들에 대한 섬김의 행위, 기적적인 사건, 살아 계신 예수님을 증언하는 말을 모두 아우르는 유기적 전체다. 복음 전체를 표현하다 보면 어느 순간에는 말을 사용하게 된다. 바울은 단도직입적으로 물었다. "사람들이 들어 보지도 못한 그리스도를 어떻게 믿을 수 있겠는가?"(롬 10:14 참조) 말은 우리 삶이 변한 이유, 우리 행위의 동기, 기적 이면의 힘을 분명히 설명할 수 있게 해 준다. 우리 삶과 행위만으로는 복음을 온전히 전할 수 없다. 삶이 모든 것을 말해 주기 때문에 말로 증언할 필요는 없다고 말하는 사람들이 있다. 얼핏 겸손한 말처럼 들리지만 하나만 알고 둘은 모르는 말이다. 삶만으로는 복음을 분명히 전할 수 없다.[3]

저명한 기독교 리더 빌 브라이트(Bill Bright)는 삶으로만 복음을 전하겠다고 결심한 어느 고지식한 그리스도인에 관한 이야기를 전해 줬다. 하루는 그의 동료 중 한 명이 찾아와 말했다. "밥, 자네는 뭔가 다른 것 같네."

그 말에 밥은 '할렐루야! 내 방법이 통했군!' 하며 속으로 웃었다.

"자네는 우리와는 달라."

밥은 계속해서 속으로 쾌재를 불렀다.

"자네는 좀 달라. 자네, 혹시 채식주의자인가?"

혼동을 피하기 위해서라도 복음을 말로 표현할 필요가 있다.

말로 복음을 전하는 것을 어렵게 생각할 필요는 없다. 우리가 예수님과의 관계를 중시하고 그 관계가 우리 삶에서 나날이 성장하면, 그분을 향한 사랑을 표현하고 그분께 영광을 돌리는 것이 자연스러운 삶의 일부가 된다. 얼마 전 정부에서 수여하는 최고의 상인 캐나다 훈장(Order of Canada)을 받은 저명한 정치인이 주최한 작은 만찬회에 참여한 적이 있다. 그 정치인은 우리에게 각자 가장 큰 열정을 품고 있는 것에 관해 5분씩 이야기를 해 달라고 요청했다. 사람들이 이야기를 하는 동안 나는 귀를 기울이면서도 내 차례가 오면 무슨 말을 할지 고민했다.

우리 집 개와 숲을 달리는 것이나 배 타는 일에 관한 이야기를 할까 하다가, 내가 가장 큰 열정을 품고 있는 것은 바로 예수 그리스도와의 관계라는 생각이 들었다. 하지만 그 이야기를 하면 사람들이 인상을 찌푸릴까 봐 망설여졌다. 내 차례가 오자 나는 숨을 한 번 깊이 들이마시고 나서 입을 열었다.

"저는 개신교 목사입니다. 이곳 밴쿠버의 텐스교회를 목회하고 있죠. 한때 제가 유명 대기업에 몸담고 있었다는 것을 알면 사람들은 왜 목회라는 쉽지 않은 길을 선택했는지 궁금하게 여깁니다. 저의 십 대 시절은 반항의 계절이었습니다. 상점에서 물건을 슬쩍 훔치고 소량이긴 하지만 마약을 먹고 팔기도 했죠. 남의 차를 몰래 빌리기도 했답니다. 보수적인 아시아 남자인 제 아버지는 저 때문에 속을 많이 끓였죠. 참다못한 아버지는 저를 데리고 지역 교도소로 '현장 학습'을 갔습니다. 거기서 제게 이렇게 말씀하셨죠. '자, 네가 나중에 살 집이다. …… 내 세금으로 마련한 네 방이다.' 안타깝게도 저는 전혀 정신을 차리지 못했죠. 당시 아버지는 막 예수님을 영접한 상태였습니다. 그래서 저를 포기하지 않고 다른 방법을 찾아내셨죠. 아버지는 저를 교회 청소년 수련회에 보냈답니다. 수련회에서 저는 예수 그리스도와의 관계를 통해 새 출발을 할 수 있다는 이야기를 처음 들었습니다. 그때 제가 그릇된 길로 가고 있다는 걸 제대로 깨달았죠. 기도 시간에 저는 예수님께 제 자신을 드렸습니다. 제 인생을 돌아보면 그 순간이 제 인생에서 가장 강력한 변화의 순간이었습니다. 이제 저는 목사입니다. 제가 목사가 된 것은 사람들이 예수님과의 관계를 통해 변화의 기적을 맛보는 공동체를 일구고 싶었기 때문입니다."

여기까지 말하고 나서 왼쪽 사람에게 고개를 돌려 "이상입니다"라고 말했다.

나중에 식후 행사로 노래를 부르던 젊은 여성이 노래를 잠시 멈추고 청중에게 짧게 한마디를 해도 되겠냐고 물었다. 우리가 고개를 끄덕이자 그녀는 이렇게 말했다. "지난 6개월간 저는 저기 계신 시게마츠 목사님이 목회하시는 교회를 다녔습니다. 그리고 불과 한 달 전에 그 교회에서 예수님을 영접하고 세례를 받았고요. 그로 인해 제 삶이 180도로 변했답니다."

그 순간이 내게는 더없이 거룩한 순간으로 느껴졌다.

그리스도가 우리의 삶 속에서 역사하시면 자연스럽게 성령이 기회를 주실 때마다 우리의 이야기를 전하고 싶어진다. 그리고 우리가 그렇게 입을 열면 다른 그리스도인도 입을 열 용기를 얻는다. 입으로 우리의 이야기를 전하는 것은 가장 자연스럽고 강력한 복음 전도의 방식 중 하나다. 그리스도와 가까워질수록 남들에게 그분을 전하는 것이 의무가 아닌 즐거움과 기쁨이 된다.

도쿄에서 일할 때 나는 나니면 작은 교회에서 가끔 설교를 하기 시작했다. 여든이 넘은 담임목사님은 가끔씩 힘을 덜어 줄 대타를 찾고 있었다. 나는 언젠가 신학교에 들어가서 목회를 할 꿈을 꾸고 있었으므로 그 기회를 넙죽 받아들였다. 한편 어느 주일 내가 설교할 것이라는 소식을 들은 우리 할머니는 기대 반 호기심 반을 품으셨다. 할머니가 기억하는 나는 가장 좋아하는 책이 백화점 크리스마스 장난감 카탈로그이며 틈만 나면 "할머니, 어떻게 하면 커서 부자가 될 수 있어요?"라고 묻는 철부지 장난꾸러기였다. 할머니는 그런 손주가 커서 어떻게 설교하는지 보러 오기로 결심하셨다. 할머니는 20년 넘게 교회에 발길을 끊었던 분이었다.

춥고 습한 2월의 어느 아침, 할머니는 한 시간 넘게 도쿄 지하철과 버스를 타고 우리 교회를 찾아왔다. 할머니는 작은 우리 교회의 오른편 줄 맨 뒤에서 두 번째 칸 자리에 앉으셨다. 나는 자리에서 일어나 갈라디아서 2장을 본문으로 십자가 역사에 관한 짧은 설교를 전한 뒤 자리에 앉았다. 그러자 담임목사님이 강대상으로 나와 이렇게 말했다. "시계마츠 형제, 설교를 마쳤으면 예수님을 영접할 사람들을 앞으로 초대해야지요? 자, 어서 다시 나와서 마무리를 하세요."

나는 그 순서에 관한 준비가 전혀 되어 있지 않아 난감했다. 순간, 최근 빌리 그레이엄 목사의 동영상을 본 기억이 나서 따라해 보기로 결심했다.

"아직 그리스도를 영접하시지 않은 분이 계시거나 그리스도께 다시 헌신하기를 원하는 분이 계시면 자리에서 일어나 앞으로 나

오시길 바랍니다."

폐회 찬송의 1절이 끝나고 나서 고개를 들어 보니 아무도 나와 있지 않았다. 얼굴이 화끈거렸다. 2절이 끝날 때까지도 아무도 움직이지 않았다. 내겐 목회자에게 필수적인 특별한 기름부음이나 성령의 은사가 전혀 없다는 생각이 들기 시작했다. 3절이 끝나자 한 여성이 쭈뼛거리며 앞으로 걸어 나왔다. 마침내 마지막 구절이 다 끝났다.

다시 고개를 들자 놀랍게도 앞에는 거의 스무 명의 사람이 모여 있었다. 게다가 그중에는 우리 할머니도 있었다! 할머니의 두 눈에서는 눈물이 하염없이 쏟아지고 있었다. 나는 당장 설교단 아래로 뛰어 내려가 할머니를 붙들었다.

"할머니, 왜 그러세요?"

할머니는 눈물 그득한 얼굴에 미소를 띠었다.

"오늘이 내 평생에 가장 기쁜 날이구나. 내가 그리스도인이라고 생각했는데 예수 그리스도께서 왜 나를 위해 십자가에서 돌아가셨는지를 오늘 처음으로 알았구나."

나도 그날을 내 평생에 가장 기쁜 날 중 하나로 꼽는다. 사랑하는 우리 할머니가 하나님과 다시 화목하게 된 날만큼 기쁜 날이 또 있겠는가. 자기 할머니도 좋지만 다른 누군가의 할머니나 누군가의 아들, 누군가의 딸, 누군가의 여동생, 누군가의 아버지, 그리고…… 누군가의 '누군가'까지 누가 우리의 전도로 예수님을 영접하든 그보다 더 기쁜 일은 없다.

예수 그리스도의 제자로서 우리는 생활 수칙을 통해 날마다 그분과 더 깊은 관계를 누릴 수 있을 뿐 아니라 세상에서 가장 큰 기쁨을 누릴 수 있다. 우리의 삶과 행위, 이적, 말을 통해 사람들이 영혼의 가장 깊은 욕구를 만족시킬 수 있는 유일한 분을 만날 때 그 기쁨은 그 무엇과도 비교할 수 없다.

/ 새로운 시작을 위해 묻고 답하기 /

1. 남극 대륙의 사빈이나 내 친구 미술가 네이든의 경우처럼 하나님의 선행 은총(사람이 '의식적으로' 믿기 전에 하나님이 그의 삶 속에서 역사하시는 것)을 느낀 적이 있는가?

2. 하나님의 선행 은총을 알면 왜 그분이 살아 계심을 증언할 때 두려움이나 불안감이 줄어드는가?

3. 심지어 빌리 그레이엄도 믿지 않는 친구와의 대화가 영적인 주제로 흐를 때마다 두려움을 느꼈다고 말했다. 누군가에게 복음을 전할 때 어색함(혹은 거부감)을 경험한 적이 있는가? 그럴 때 어색함을 어떻게 다루었는가?

4. 브라이언트 마이어스에 따르면, 복음 피라미드의 네 면은 무엇인가? 당신의 경우에는 복음을 전할 때 어떤 면이 가장 쉬운가? 어떤 면이 가장 어려운가?

지금 내가 시작할 수 있는 작은 일,
나만의 생활 수칙 세우기

그리스도를 충성스럽게 전하기 위해 어떤 간단한 활동을 규칙적으로 하면 좋을까?
그 활동을 기술해 보라.

에필로그

**하루를 사는 모습이
곧
평생을 사는 모습이다**

유독 기분 좋은 날이었을까? 특별히 감사한 일이 생겨서 그랬을까? 잘 기억은 나지 않는다. 어쨌든 얼마 전 아내가 내게 "당신은 제가 아는 가장 행복한 목사예요!"라고 말했다.

나중에 내가 행복과 기쁨을 누리는 것은 무엇보다도 사랑하는 가족과 든든한 텐스교회 식구들이 있기 때문이라는 생각이 들었다. 보통 귀한 선물이 아니다.

아울러 내 행복의 많은 부분은 내 생활 수칙, 즉 하나님과의 관계를 지탱해 주는 격자 구조물에서도 비롯한다.

예전에는 늘 제자리걸음을 하는 기분이었다. 끝없이 밀려오는 일의 파도에 휩쓸려 익사할지 모른다는 두려움도 언제나 나를 괴롭혔다. 하지만 내 수칙 덕분에 지금은 안식일이라는 생명을 주는 선물과 어수선하지 않은 단순한 삶을 살고 있다. 전보다 훨씬 더 많은 쉼과 평안을 누리고 있다. 그렇다고 해서 게으른 것은 아니다. 오히려 바쁘다. 그리고 위기도 끊임없이 찾아온다. 하지만 삶이 감당할 수 없을 만큼 버겁게 느껴지는 경우는 좀처럼 없다.

나는 본래 엉뚱한 벽에 성공의 사다리를 놓고 미친 듯이 오르기 쉬운 인간이다. 다행히 내 생활 수칙들은 내가 가장 중요한 것에 제일 집중할 수 있게 도와준다. 내게 가장 중요한 것은 하나님과 내 가족과 소명이다. 그렇다고 해서 내가 전혀 실패하지 않는다는 말은 아니다. 나라고 해서 후회를 전혀 하지 않는 건 아니다. 나도 자주 실패하고 후회한다. 하지만 내 수칙들은 삶에서 무엇이 중요한지를 분명히 밝혀 주고, 그것을 중심으로 '행동'을 취하도록 내게 박차를 가해 준다.

예를 들어 혼란의 한복판에서도 수칙 덕분에 나는 단순한 기도의 리듬을 유지할 수 있다. 이 리듬을 통해 나는 내 일, 가족의 삶, 운동, 놀이까지 하루 종일 그리스도를 의식하며 살아간다. 그야말로 나의 모든 것에서 하나님과의 관계를 누린다. 아마도 이것이 사람들이 내게 "당신은 늘 만족해 보입니다" 혹은 "당신은 일에 얽매이지 않는 것 같네요"라고 말하는 이유가 아닐까 싶다.

한때 내 섬김의 삶은 마른 우물에서 물을 긷거나 허허벌판에서 동전을 찾는 것처럼 느껴졌다. 하지만 지금은 내 저수지의 수위가 건강한 수준까지 올라온 느낌이다. 하나님, 그리고 사람들과의 우정이라는 선물 덕분에 지금은 생수의 근원에서 물을 마시고 있다. 물론 지금도 낙심하는 날이 많다. 그럴 때마다 생활 수칙 덕분에 꿋꿋이 한 걸음씩 내딛을 수 있고, 좋은 날에는 아예 내달리고 심지어 독수리처럼 날아오를 수도 있다.

행복은 생활 수칙의 목표가 아니다. 그러나 희락과 화평과 사랑은 그리스도께 뿌리내린 삶의 열매이며, 우리의 격자 구조물은 이 관계를 지탱해 준다.

매일 삶을 인도하는 생활 수칙은 단순해 보이지만 우리 삶 전체에 선한 영향을 미친다. 애니 딜라드(Annie Dillard)에 따르면 하루를 사는 모습이 곧 평생을 사는 모습이다. 당신이 자신만의 생활 수칙을 만들어 안식일의 쉼을 누리고 예수님과 깊은 관계를 누리며 가장 중요한 것을 제일 먼저 챙기고 하나님과 남에 대한 섬김의 삶을 계속해서 유지할 수 있도록 성령이 인도해 주시길 기도한다. 당신이 삶의 모든 부분에서 그리스도를 경험하기를, 당신의 모든 날에 하나님을 누리게 되기를 바란다.

당신과 나는 아일랜드에서 이 여행을 시작했다. 이 책을 마치면서 다시 한 번 그곳으로 돌아가 성 패트릭(St. Patrick)의 축복을 당신에게 해 주고 싶다. 이 기도는 생활 수칙의 목표가 수칙 자체가 아니라 그리스도를 우리 삶의 중심에 모시는 것임을 상기시켜 준다.

하나님의 힘이 당신을 인도해 주길.
하나님의 지혜가 당신을 지지해 주길.
성령의 권능이 당신을 지탱해 주길.

그리스도께서 당신의 오른편, 그리스도께서 당신의 왼편에,
그리스도께서 당신의 앞에,
그리스도께서 당신의 뒤에,
그리스도께서 당신의 아래에, 당신의 위에, 그리고
그리스도께서 당신의 안에 계시길.

성부와 성자와 성령의 이름으로 기도합니다. 아멘.

부록

생활 수칙 예시

내 생활 수칙은 이 책에서 자세히 소개했다. 이 부록에서는 내 생활 수칙만이 아니라 다양한 연령대와 삶의 단계에 있는 몇 사람의 생활 수칙을 정리해 봤다.

◎ **시게마츠(나)의 수칙**

- 일주일에 한 번씩 24시간의 안식을 갖는다.
- 매일 성경 읽기와 기도로 하루를 시작한다.
- 밤에 잠들기 전에 '성찰 기도'를 드린다.
- 일주일에 두세 차례 이상 달리고, 두 차례 이상 수영을 한다.
- 매일 오후 5시 15분까지 귀가하고, 일주일에 최소한 네 번은 저녁 시간을 집에서 보내는 것을 목표로 삼는다.
- 화요일마다 금식한다.
- 2-3주에 한 번씩 아내와 바깥으로 데이트를 나간다.
- 한 달에 한 번씩 영적 스승을 만난다.

- 한 달에 한 번 정도 나와 배경이 다른 사람을 우리 집에 초대한다.
- 내 멘토링 그룹과 함께 매년 영적 수련회를 갖는다.
- 매년 가족과 함께 여름 휴가를 보내고, 신년은 일본에서 처가 식구들과 보낸다.
- 십일조를 드리고, 가난한 나라의 가난한 아이들과 선교 단체에 부담 느껴질 정도의 액수를 기부한다.

◎ 브리타니(Brittany; 20대 대학원생)의 수칙

_ 매일
- 성경 공부나 말씀 묵상, 말씀 암송, 기도나 예배를 통해 하나님과 시간을 보낸다.
- 최대한 건강하게 먹고(밀가루나 유제품을 먹지 않고 설탕 섭취량을 최소로 한다) 매일 밤 최소한 7-8시간을 잔다.

_ 매주
- 주일마다 안식일을 지킨다.
- 주일 저녁 예배와 월요일 밤 청년 모임에 참석한다.
- 남자 친구와 양질의 시간을 보낸다(놀이와 여가 활동만이 아니라 함께 기도한다).
- 절친한 친구와 양질의 시간을 보낸다(놀이, 운동, 여가 활동).
- 일주일에 서너 차례 운동한다.

_ 격주 혹은 매달

- 가족과 양질의 시간을 보낸다.
- 십일조를 드린다.
- 내 또래의 멘토이자 영적 친구와 교제한다.
- 내가 목표를 달성하고 있는지 혹은 수칙을 잘 실천하고 있는지 돌아봐 고칠 점을 찾는다.

◎ 준(June; 어린 아들을 둔 엄마, 교사)의 수칙

_ 안식일

- (상황에 따라) 주로 토요일이나 주일에 쉬고 예배를 드린다.

_ 기도

- 가능한 한 하루 종일 기도한다. - 차 안에서, 걸으면서, 식사 전에
- 더 집중된 기도 (1) 아이를 침대에 눕힐 때 (2) 잠자리에 들기 전에

_ 말씀 묵상

- 밤에 잠자리에 들기 전에. 가능한 한 다음 날 이 성경 구절로 기도한다.

_ 영적 우정

- 어린 자녀를 둔 가족과의 소그룹 활동(현재 자녀 양육에 관한 성경 공부 책으로 활동하고 있다.)

_ 놀이
- 영화와 좋아하는 드라마를 보고, 가족이나 친구와 집에서 혹은 밖에서 식사하며 어울리고, 공연을 보러 간다.

_ 몸
- 가능한 한 일주일에 한 번씩 조깅을 한다. 겨울에는 힘들지만 봄과 여름에는 좀 더 쉽다.

_ 가정
- 일주일에 한 번씩 아들을 데리고 부모님을 찾아뵙는다.

_ 돈
- 매달 십일조를 낸다.
- 매달 선교단체와 자선단체를 후원한다.

_ 섬김
- 두 달에 한 번씩 근처 양로원에서 온 가족이 자원 봉사를 한다.
- 여름마다 수련회에서 자원 봉사를 한다.

_ 전도
- 교제를 통해, 사람들을 교회에 초대함으로써, 우리 교회의 부활절과 성탄절 봉사 활동을 통해 전도한다.

◎ **스티븐**(Stephen; 어린 자녀들을 둔 30대 가장, 브라질 NGO 사역자)**의 수칙**

_영적 훈련
- 샤워 후 아침 식사 자리에서 아침 큐티를 한다.
- 저녁에 '성찰 기도'로 하루를 마무리한다

_정신과 집중
- 내 시간과 에너지의 첫 열매를 영적 삶과 창조적인 일에 투자한다.
- 이메일과 인터넷은 오후와 저녁에만 한다.

_일
- 매일 짧은 교제를 통해서라도 사람들과 어울린다.
- 내 재능을 통해 일한다. 즉 가르치고 이끌고 교제한다.
- 독서와 라디오, 텔레비전, 영화를 통해 브라질 문화에 익숙해진다.
- 매일 행동 목록을 검토하고 다음 날을 위한 목표를 세운다.

_재정
- 특히 나눔과 투자를 통해 자금을 잘 관리한다.

_ 결혼과 가정생활
- 저녁 시간의 대화, 데이트, 영어 공부 도움, 설거지로 매일 아내를 섬긴다.
- 아이들의 잠자리를 돕고 딸의 학업을 도우며 아들과 함께 개의 산책을 시키는 식으로 매일 아이들에게 투자한다.

_ 여가 활동
- 자주 친구들이나 가족과 운동 경기를 관람하며 응원한다.
- 가끔 여행하고 구경하고 탐험한다.
- 재밌는 영화, 드라마, 책을 통해 일상을 탈출한다.

_ 몸
- 아침 6시 30분에 일어나 밤 10시에 잠자리에 든다.
- 매일 아침 일찍 운동을 한다.
- 밤에 약간 출출한 채로 잠자리에 든다. 밤 8시 이후에는 음식을 먹지 않는다.
- 매일 아침 스트레칭을 한다.

◎ 조나단(Jonathan; 자녀가 없는 30대 기혼 엔지니어)의 수칙

- 매일 저녁 10시에서 아침 5시 30분까지 잔다.
- 매주 아침 네다섯 차례 이상 성경을 읽는다.
- 매일 두 번 이상, 하던 일을 5분간 멈추고 하나님과 함께 반성한다.
- 매주 교회에 간다.
- 일주일에 4-5회 이상 자전거를 탄다.
- 매주 축구를 한다.
- 매주 소그룹 활동을 한다.
- 일주일에 다섯 번 이상 아버지에게 전화를 드린다.
- 매주 밤에 데이트를 한다.
- 일주일에 네 번 이상 저녁 식사를 준비한다.
- 매달 수입의 15퍼센트를 하나님께 드린다.
- 매년 캠핑을 한다(일주일).
- 1년에 2회 이상 수련회를 갖는다.
- 매년 콜롬비아에 있는 처가를 방문한다.

◎ 롭(Rob; 50대 아티스트)의 수칙

- 가능한 한 그날 일어날 모든 일에 대해 하나님께 감사하며 매일 아침을 시작한다. 그날 일어날 모든 일에서 하나님의 선하심과 사랑을 기대한다.
- 가능한 한 매일 20분씩 침묵 기도를 하며 하루를 시작한다.
- 가능한 한 매일 '렉시오 디비나', 즉 지식을 쌓기보다 내 마음의 변화를 목적으로 느리게 읽는 영적 묵상으로써 성경 한 구절을 읽는다.
- 가능한 한 매달 '영적 친구'를 만나 생활 수칙과 관련해서 서로 어떤 점이 힘들며 하나님이 어떻게 격려해 주셨는지를 나눈다.
- 가능한 한 하나님과의 관계를 향한 내 가장 깊은 소망을 잘 알고 공감하는 소그룹 식구들을 정기적으로 만난다.
- 가능한 한 어수선하지 않은 단순한 삶을 산다. 매일 만나는 사람들을 환대하고, 특히 하나님과의 시간을 즐기다 다른 사람들을 내 삶과 내 집, 내 영적 여정 속으로 초대한다.
- 가능한 한 다른 사람들을 위해 내 시간과 돈, 노동력을 사용할 정기적인 창구를 찾는다.
- 가능한 한 하루나 주말, 한 주 전체를 하나님과 단둘이 조용히 보낼 집중적인 영적 훈련의 시간을 계획한다.

◎ 미셸(Michelle; 어린 자녀를 둔 기혼자, 목사)의 수직

	영적/여가 활동	정신/정서	관계	몸	가정/재정	일/선교
매일	아침 기도	잠자리에 들기 전 독서. (한 번에 한 책만)	아들과 함께 책을 읽는다.	하루에 두 번씩 이를 닦는다. *하루에 한 번씩 치실질을 한다. *아침에, 끼니마다 물을 마신다. *성유질 24그램 *비타민 소 *7-8시간 잠	밤 9-10시까지는 하루 마무리를 위한 시간으로 정한다.	
매주	안식일. (기도하고 쉰다)		부부 모임(금). 밤 데이트(금). 부모님께 전화.	일주일에 3-5번 운동을 한다. 개인적인 몸단장.	계획 시간(월). 세탁(월). 예산 짜기(월). 이메일 처리(월).	휴식(목.금). 다음 주 계획(금).
매달			아기 보기 데이트 멘토, 친구와의 의미 있는 만남.		심일조를 드린다. 빛을 갚는다.	
매분기			미용실에 간다.	치석 제거.		
반년마다				산부인과 방문.		야외 휴식.
매년	수련회. 생활 수칙 수정.		기념일 축하.			가족 선교 활동을 한다. 배움을 이어 간다.

주

-------- 1부

1장

1. George G. Hunter, *The Celtic Way of Evangelism: How Christianity Can Reach the West...Again* (Nashville: Abingdon, 2000), 28. 그들은 선교에도 깊이 헌신했다. 성 패트릭은 교회를 무려 700개나 세우는 데 힘을 보탰고, 수천 명의 사제와 수도사, 수녀를 세웠으며, 아일랜드를 기독교 국가로 만드는 데 중요한 역할을 했다. 저자 미상의 *Annals of the Four Masters* (Dublin, Ireland: School of Celtic Studies, 1636)를 보라.
2. Ian Bradley, *Colonies of Heaven: Celtic Christian Communit ies* (Kelowna, BC: Northstone, 2000), 11.
3. Herbert B. Workman, *The Evolution of the Monastic Ideal* (Boston: Beacon, 1962), 139-140.
4. 팀 휴즈의 앨범 'Holding Nothing Back'(Sparrow/Survivor, 2007)에 수록된 찬양곡 〈Everything〉의 가사를 살짝 바꾸었다.

2장

1. 격자 구조물에 관해 더 알고 싶다면 Peter Scazzero, *Emotionally Healthy Spirituality* (Nashville: Thomas Nelson, 2001)와 David Steindl Rast, *Music of Silence* (Berkeley, CA: Ulysses, 1995)를 보라. 피터 스카지로, 《성서직으로 건강한 영성》(두란노 역간).
2. Dallas Willard, *The Great Omission: Reclaiming Jesus' Essential Teachings on Discipleship*

(San Francisco: HarperSanFrancisco, 2006), 80. 달라스 윌라드, 《잊혀진 제자도》(복있는사람 역간).

3. 바울과 베드로는 둘 다 우리가 삶으로 사랑, 희락, 자비, 절제, 오래 참음 같은 예수님의 성품을 드러내도록 부름을 받았다는 점을 강조했다. 나아가 바울과 베드로는 둘 다 이 과정에서 하나님 은혜의 역할을 인정했다(갈 5:22-23; 벧후 1:5-7 참조). 단, 바울은 성령의 역할을 강조한 반면, 베드로는 덕, 절제, 사랑 같은 믿음의 품성들을 더하기 위해 "더욱 힘써" 노력하라고 말했다. 이 성경 저자들은 서로 모순된 것이 아니다. 그들은 우리의 성장에서 하나님과 우리가 둘 다 역할을 한다는 점을 인정했다. 단지 바울과 베드로는 각각 하나님의 역할과 우리의 역할을 강조했을 뿐이다.

4. 달라스 윌라드와 존 오트버그(John Ortberg)도 이 이미지를 사용했다. Dallas Willard, *The Divine Conspiracy* (San Francisco: Harper-SanFrancisco, 1998), 313-339와 John Ortberg, *The Life You've Always Wanted* (Grand Rapids: Zondervan, 1997), ch. 3을 보라. 달라스 윌라드, 《하나님의 모략》(복있는사람 역간). 존 오트버그, 《평범 이상의 삶》(사랑플러스 역간).

5. 결과적으로, 달라스 윌라드는 영적 훈련이 우리의 직접적인 노력으로 할 수 없는 것을 하게 해 준다는 점을 지적했다. 웨이트트레이닝처럼 의식적인 연습의 주기적 반복은 지금 우리가 들 수 없는 것을 나중에는 들 수 있게 된다.

6. 예수회의 표현을 그대로 차용했음.

7. Thomas Merton, *New Seeds of Contemplation* (New York: New Directions, 1961), 19. 토머스 머튼, 《새 명상의 씨》(가톨릭출판사 역간).

8. Evelyn Underhill, *The Spiritual Life* (Harrisburg, PA: Morehouse, 1955), 93-94. 이블린 언더힐, 《영성생활》(누멘 역간).

9. Patrick Henry 편집, *Benedict's Dharma* (New York: Riverhead, 2001), 2, 19.

10. Ronald Rolheiser, *Forgotten Among the Lilies* (Toronto: Doubleday, 2005), 116.

11. Thomas R. Kelly, *A Testament of Devotion* (San Francisco: HarperSanFrancisco, 1941), 93. 토머스 켈리, 《거룩한 순종》(생명의말씀사 역간).

3장

1. Thomas Moore, James White, *Serious Times: Making Your Life Count in an Urgent Day* (Downers Grove, IL: Inter-Varsity Press, 2004), 90에 인용.

2. Kathleen Norris, *Acedia and Me: A Marriage, Monks, and A Writer's Life* (New York: Riverhead, 2008), 187.

3. 이 이미지를 만들도록 도와준 짐 화이트(Jim White)에게 감사한다.

4. John F. Mogabgab, "The Vineyard, Editor's Introduction," *Weavings 16*, no. 5 (2001년 9월/10월): 2-3.

5. Jim Loehr, Tony Schwartz, *The Power of Full Engagement: Managing Energy, Not Time, Is the Key to High Performance and Personal Renewal* (New York: Free Press, 2003), 3-5. 짐 로어, 토니 슈워츠, 《몸과 영혼의 에너지 발전소》(한언 역간).

6. 내가 이끄는 멘토링 그룹에 속한 미셸 산체스(Michelle Sanchez)는 고든콘웰신학교 학생 시절에 쓴 출간되지 않은 논문에서, 적절한 균형과 유연성이 베네딕토 규율이 그 어느 규율보다도 오래 지속되고 큰 영향을 미친 이유라고 지적했다.

7. Alan Deutschmann, *Change or Die* (New York: HarperCollins, 2007), 1-5. 앨런 도이치먼 《Change or Die: 변하지 않으면 죽는다》(황금가지 역간).

2부

4장

1. Timothy Fry 편집, *The Rule of St. Benedict in English* (Collegeville, MN: Liturgical Press, 1981), chs. 11-12.

2. Thomas Merton, *Conjectures of a Guilty Bystander* (Garden City, NY: Doubleday, 1966), 73.

3. Wayne Muller, *Sabbath: Restoring the Sacred Rhythm of Rest* (New York: Bantam, 1999), 69. 웨인 멀러, 《휴》(도솔 역간).

4. Eugene H. Peterson, "The Pastor's Sabbath," *Leadership* 55 (Spring 1985): 82.

5. 왜 일주일에 하루인가? *Keeping the Sabbath Wholly: Ceasing, Resting, Embracing, Feasting* (Grand Rapids: Eerdmans, 1989)에서 마르바 던(Marva Dawn)은 애리조나대학교(University of Arizona)의 후안 카를로스 러먼(Juan-Carlos Lerman)의 연구를 언급했다. 그 연구에 따르면 우리는 7일마다 하루를 쉬어야 할 생체 리듬을 갖고 있다. 러먼의 이론에 따르면 연속해서 6일을 일하고 나서 쉬지 않으면 불면증, 졸음, 호르몬 불균형, 피로, 짜증, 장기의 스트레스를 비롯한 심각한 육체적 정신적 증상이 나타난다. 일주일에 하루를 안식일로 지키지 않으면 중독에 빠지기도 쉽다. 마르바 던, 《안식》(IVP 역간).

6. 안식일은 랍비 아브라함 헤셸(Abraham Heschel)이 말하는 "시간 속의 성소"를 제공해 준다.

7. Eugene Peterson, *Answering God: The Psalms as Tools for Prayer* (New York: HarperCollins, 1989), 65. 유진 피터슨, 《응답하는 기도》(IVP 역간).

8. 시편 127편은 하나님이 우리가 잠자는 동안 필요한 것을 공급해 주신다고 말한다. 히브

리어 시편 127편은 "하나님이 사랑하는 자에게 잠을 주신다" 혹은 "하나님이 사랑하는 자가 잠자는 동안 필요한 것을 주신다"로 해석할 수 있다. 시편 127편에서 기자는 생산성을 걱정하여 일찍 일어나서 늦게 자지 말고 하나님이 공급해 주실 줄 믿으라고 권한다. 배경으로 볼 때 나는 두 번째 해석인 "하나님이 사랑하는 자가 잠자는 동안 필요한 것을 주신다"가 더 적합하다고 생각한다.

9. Dawn, *Keeping the Sabbath Wholly*, 9. 미르바 던, 《안식》(IVP역간).
10. Mark Buchanan, *The Rest of God: Restoring Your Soul by Restoring Sabbath* (Nashville: Thomas Nelson, 2006), 126. 마크 부캐넌, 《하나님의 휴식》(가치창조 역간).
11. James E. Loehr, Tony Schwartz, *The Power of Full Engagement: Managing Energy, Not Time, Is the Key to High Performance and Personal Renewal* (New York: Free Press, 2003), 42, 3-5. 짐 로어, 토니 슈워츠, 《몸과 영혼의 에너지 발전소》(한언 역간).

5장

1. 시몬 투그웰(Simon Tugwell)은 기도가 선물이라는 점을 강조한다. Simon Tugwell, *Prayer in Practice* (Springfield, IL: Templegate, 1974), 3-15를 보라.
2. Richard J. Foster, *Celebration of Discipline: The Path to Spiritual Growth* (San Francisco: Harper and Row, 1978), 33. 리처드 포스터, 《영적 훈련과 성장》(생명의말씀사 역간).
3. Gordon T. Smith, *On the Way: A Guide to Christian Spirituality* (Colorado Springs: NavPress, 2001), 71.
4. Tugwell, *Prayer in Practice*, 6.
5. Tugwell, *Prayer in Practice*, 13.
6. 그 방법 중 하나는 가끔씩 수련회를 갖는 것이다.
7. C. S. Lewis, *The Screwtape Letters* (London: Collins), 25. C. S. 루이스, 《스크루테이프의 편지》(홍성사 역간).
8. Dietrich Bonhoeffer, *Life Together* (New York: Harper and Row, 1954), 62-63. 디트리히 본회퍼, 《말씀 아래 더불어 사는 삶》(빌리브 역간).
9. Ruth Haley Barton, *Sacred Rhythms: Arranging Our Lives for Spiritual Transformation* (Downers Grove, IL: InterVarsity Press, 2006), 62에 인용. 루스 헤일리 바턴, 《영적 성장을 위한 발돋움》(살림출판사 역간).
10. M. Basil Pennington, *Centering Prayer: Renewing an Ancient Christian Prayer Form* (New York: Doubleday, 2001), 50.
11. James Martin, *The Jesuit Guide to (Almost) Everything: A Spirituality for Real Life* (San

Francisco: HarperOne, 2010), 102.

12. Martin S. Laird, *Into the Silent Land: A Guide to the Christian Practice of Contemplation* (Oxford: Oxford University Press, 2006), 53에 인용된 토머스 머튼의 말을 살짝 바꾸었다.

6장

1. Eugene H. Peterson, *Answering God: The Psalms as Tools for Prayer* (San Francisco: HarperSanFrancisco, 1991), 24.
2. Eugene H. Peterson, *Eat This Book* (Grand Rapids: Eerdmans, 2006), 1. 유진 피터슨, 《이 책을 먹으라》(IVP 역간).
3. A. W. Tozer, *The Pursuit of God* (Harrisburg, PA: Christian Publications, 1982), 10. A. W. 토저, 《하나님을 추구하라》(복있는사람 역간).
4. 렉시오 디비나는 '렉시오'(lectio, 읽기), '메디타시오'(meditatio, 묵상), '오라시오'(oratio, 기도), '콘템플라시오'(contemplatio, 관상)의 단계를 사용한다. 실제로는 이 순서대로 진행되지 않는다. 나도 이 순서를 염두에 두지 않고 단지 기도하고 묵상하며 성경을 읽는 방식을 권하기 위해 렉시오 디비나라는 용어를 사용했을 뿐이다. Michael Casey, *Sacred Reading: The Ancient Art of Lectio Divina* (Liguori, MO: Triumph Books, 1996), 44를 보라. 마이클 케이시, 《거룩한 책 읽기》(성서와함께 역간).
5. Dietrich Bonhoeffer, *Meditating on the Word* (Cambridge, MA: Cowley, 2000), 33.
6. Peterson, *Eat This Book*, 3-4. 유진 피터슨, 《이 책을 먹으라》(IVP 역간).
7. 같은 책, 14-17. 유진 피터슨, 《이 책을 먹으라》(IVP 역간).
8. 같은 책, 17. 유진 피터슨, 《이 책을 먹으라》(IVP 역간).
9. Jean Leclercq, *The Love of Learning and the Desire for God: A Study of Monastic Culture* (New York: Fordham University Press, 1961), 15.
10. Michael Casey, *Sacred Reading* (Liguori, MO: Liguori Publications, 1997).
11. Casey, *Sacred Reading*, 84.
12. Christopher Hall, "Reading Christ into the Heart: The Theological Foundations of Lectio Divina", *Life in the Spirit: Spiritual Formation in Theological Perspective*, eds. Jeffrey P. Greenman and George Kalantzis (Downers Grove, IL: IVP Academic, 2010), 155-156.
13. *The Spiritual Exercises of Saint Ignatius of Loyola*, Elder Mullan 번역 (Grand Rapids: Christian Classics Ethereal Library, 1991), 214-264.
14. William of Saint Thierry (d. 1148), *The Golden Epistle: A Letter to the Brethren at Mont*

Dieu 1.120-1.124, trans. Theodore Berkeley, in *The Works of William of St. Thierry*, Cistercian Fathers 12 (Spencer, MA: Cistercian Publications, 1971), 51-52.

15. Leclercq, *Love of Learning*, 13-17.

------- **3부**

7장

1. Hal Niedzviecki, "Facebook in a Crowd," *New York Times*, 2010년 2월 5일에 확인, http://www.nytimes.com/2008/10/26/magazine/26lives-t.html.

2. William Deresiewicz, "Faux Friendship," *Chronicle of Higher Education*, 2012년 2월 23일에 확인, http://chronicle.com/article/Faux-Friendship/49308/.

3. Robert D. Putnam, *Bowling Alone: The Collapse and Revival of American Community* (New York: Simon and Schuster, 2000), 39. 로버트 퍼트넘, 《나 홀로 볼링》(페이퍼로드 역간).

4. Mary Bray Pipher, *Another Country: Navigating the Emotional Terrain of Our Elders* (New York: Riverhead, 1999), 170.

5. Joshua Wolf Shenk, "What Makes Us Happy?" *Atlantic*, 2006년 6월자, 2010년 2월 10일에 확인, http://www.theatlantic.com/magazine/archive/2009/06/what-makes-us-happy/7439/.

6. 내 친구 대럴 존슨(Darrell Johnson)이 자주 사용하는 표현.

7. Paul J. Wadell, *Friendships and the Moral Life* (Notre Dame, IN: University of Notre Dame Press, 1989), 101.

8. Aelred of Rievaulx. *Spiritual Friendship*, Mary Eugenia Laker 번역, SSND (Kalamazoo, MI: Cistercian, 1977), Paul J. Wadell, *Becoming Friends: Worship, Justice, and the Practice of Christian Friendship* (Grand Rapids: Brazos, 2002), 113에 인용.

9. Wadell, *Becoming Friends*, 116.

10. Richard Rohr, Joseph Martos, *From Wild Man to Wise Man: Reflections on Male Spirituality* (Cincinnati: St. Anthony Messenger Press, 2005), 172.

11. John O'Donohue, *Anam Cara: A Book of Celtic Wisdom* (New York: HarperCollins, 1998), 13. 존 오도나휴, 《영혼의 동반자》(이끌리오 역간).

12. Aelred of Rievaulx, *Spiritual Friendship*, 3.83 (114).

13. 같은 책.

14. 출처를 찾을 수 없었다. 머튼의 출간되지 않은 글에 있는 내용으로 생각된다.

15. Aelred, *Spiritual Friendship*, 3.84 (113).

16. Aelred, *Spiritual Friendship*, 3.40 (100).

17. Aelred, *Spiritual Friendship*, 2.11 (72).

18. O'Donohue, *Anam Cara*, 25.

19. Wadell, *Becoming Friends*, 107.

20. Deresiewicz, "Faux Friendship."

21. Aelred, op. cit., Book 1:1, 51.

22. Deresiewicz, "Faux Friendship."

8장

1. *Anchor Bible Dictionary*는 "아가페"와 "에로스"가 서로 연결되어 있다는 점을 지적한다. "황홀이 에로스 개념의 중심에 있다면 에로스 없이 진정한 아가페는 없다." (David Noel Freedman 편집, *Anchor Bible Dictionary*, Volume 4: K-N (New York: Doubleday, 1992), 385. 아가서에서 사랑에 해당하는 히브리어들인 "아하바"(ahava, 충실한 사랑)와 "라야"(raya, 우정), "도딤"(dodim; 에로틱한 사랑)은 서로 하나로 연결되어 있고 그 의미들이 서로 겹친다.

2. Rolheiser, *The Holy Longing*, 193.

3. Gordon Neufeld, Gabor Mate, *Hold On to Your Kids: Why Parents Need to Matter More Than Peers* (New York: Ballantine, 2005), 159. 고든 뉴펠드, 《아이의 손을 놓지 마라》(북라인 역간).

4. 바울이 성적 부도덕에 대해 사용한 단어는 배우자 외 대상과의 성관계, 즉 매춘이나 간음, 혼전 성관계를 지칭하는 히브리어 "포르네이아"(porneia)다 (갈 5:19; 살전 4:3 참조).

5. 《기적을 부르는 뇌》에서 노먼 도이지(Norman Doidge) 박사는 포르노 중독이 마약 중독과 얼마나 비슷한지를 보여 준다. 중독자들에게 적당히는 불가능하다. 따라서 무엇에 중독되었든 그것을 아예 끊어야 한다. 달리기 등 마약과 상관없는 중독과 마찬가지로 코카인 중독은 쾌감을 일으키는 신경전달물질 도파민의 분비를 촉진시킨다. 도파민은 '보상 전달물질'이다. 우리가 뭔가를 성취할 때 뇌에서 이것을 분비시킨다. 중독성 물질은 우리의 도파민 시스템을 강탈하여 노력 없이 쾌감을 제공한다. 도이지 박사는 중독성에서 포르노를 코카인과 동급으로 본다. 포르노를 보면 성관계 시와 똑같은 도파민을 분비시킨다. 따라서 포르노는 똑같은 중독성을 갖고 있다. "포르노는 중독, 내성, 결국적으로 쾌락의 감소로 이어진다." 포르노를 보면 사람의 뇌 지도가 완전히 바뀌며, 쾌감을 유지하기 위해 점점 더 많은 양 혹은 더 폭력적인 이미지를 필요로 한다. Norman

Doidge, *The Brain That Changes Itself: The Frontiers of Brain Science* (London: Penguin, 2007), 102-109. 노먼 도이지, 《기적을 부르는 뇌》(지호 역간).

6. Lauren F. Winner, *Real Sex: The Naked Truth about Chastity* (Grand Rapids: Brazos, 2005), 106-107.

7. http://davecarder.com/을 보라.

8. Shirley P. Glass, Jean Coppock Staeheli, *Not "Just Friends": Rebuilding Trust and Recovering Your Sanity after Infidelity* (New York: Free Press, 2003), 25-26.

9. Naomi Wolf, "Naomi Wolf on Why Porn Turns Men Off the Real Thing," *New York Magazine*, 2010년 3월 28일에 확인, http://nymag.com/nymetro/news/trends/n_9437/.

10. G. K. 체스터튼(Chesterton)의 글로 여겨짐.

11. James Martin, *The Jesuit Guide to (Almost) Everything: A Spirituality for Real Life* (San Francisco: HarperOne, 2010), 222.

12. John Mordechai Gottman, Nan Silver, *Why Marriages Succeed or Fail: What You Can Learn from the Breakthrough Research to Make Your Marriage Last* (New York: Simon and Schuster, 1994)를 보라.

13. Kathleen Norris, *The Cloister Walk* (New York: Riverhead, 1996), 120.

14. 같은 책, 120-123.

15. Richard J. Foster, *Money, Sex, and Power: The Challenge of the Disciplined Life* (San Francisco: Harper and Row, 1985), 6. 리처드 포스터, 《돈 섹스 권력》(두란노 역간).

16. Ronald Rolheiser, *Forgotten Among the Lilies: Learning to Live Beyond Our Fears* (New York: Doubleday, 2005), 88.

9장

1. 내가 2011년 8월 마크 듀몬트(Mark Dumont) 신부와 인터뷰한 내용.

2. Gary L. Thomas, *Sacred Marriage* (Grand Rapids: Zondervan, 2000), 13에 실린 내용을 조금 바꾸었다. 게리 토마스, 《결혼, 영성에 눈뜨다》(좋은씨앗 역간).

3. Neil MacQueen, "The Life Benefits of Regular Church Attendance," *The Sunday Software*, 2011년 10월 15일에 확인, http://www.sundaysoftware.com/stats.htm.

4. Stephen Covey, *First Things First* (New York: Free Press, 1994), 88에 실린 이야기를 조금 바꾸었다. 스티븐 코비, 《소중한 것을 먼저 하라》(김영사 역간).

5. Timothy Fry 편집, *The Rule of St. Benedict in English* (Collegeville, MN: Liturgical Press, 1981),

73.

6. James Martin, *The Jesuit Guide to (Almost) Everything: A Spirituality for Real Life* (San Francisco: HarperOne, 2010), 245.

7. Thomas W. Ogletree, *Hospitality to the Stranger* (Philadelphia: Fortress, 1985), 46.

8. RB 48, 38: Fry 편집, *Rule of St. Benedict*, 69, 60.

9. "Americans Watching More TV Than Ever; Web and Mobile Video Up Too," *NielsenWire*, 2009년 5월 20일, 2012년 4월 22일에 확인, http://blog.nielsen.com/nielsenwire/online_mobile/americans-watching-more-tv-than-ever/.

10. RB 48: Fry 편집, *Rule of St. Benedict*, 69.

11. 뉴욕대학교 아동연구센터(New York University Child Study Center)는 부유한 집(연봉 75,000-160,000달러 사이) 청소년들의 퇴학, 우울증, 근심, 마약 상용이 점점 늘고 있다는 연구 결과를 발표했다. 지난 30년 사이 이 인구 집단의 청소년 자살률은 두 배로 늘었다. 이 보고서는 부유한 청소년들이 배움과 여가 활동, 엔터테인먼트를 누릴 여건이 매우 좋은데도 냉담이나 게으름, 노력과 성과의 부족, 방종, 특권의식에 빠지는 경우가 많다는 점을 지적했다. "The Parent Letter," 2007년 5월, 2011년 1월 11일에 확인, http://www.aboutourkids.org/files/articles/english_parent_letter_may_07.pdf.

------- 4부

10장

1. 존 카시안의 말을 조금 바꾸었다. *John Cassian: Conferences*, Colm Luibheid 번역 (Mahwah, NJ: Paulist Press, 1985), 76-80을 보라.

2. 예를 들어, 요한네스 크리소스토무스는 가혹한 금욕적 훈련으로 소화 기관이 망가져서 2년 동안 누워서 잠을 자지 못했다. 성 시므온(Simeon Stylites)은 시리아 알레포 근처의 한 기둥 위에서 37년간 삶으로써 명성을 얻었다.

3. 육체적 장애가 있는 사람들에게는 몸을 포함한 온전한 자아가 회복되는 부활의 희망이 특히 더 격려가 된다.

4. Dallas Willard, *The Divine Conspiracy* (San Francisco: Harper-SanFrancisco, 1998), 86. 달라스 윌라드, 《하나님의 모략》(복있는사람 역간).

5. 레이튼 포드는 암스테르담 86번가에서 하나님이 엘리야를 회복시켜 주신 사건에 관한 설교를 한 적이 있다. 그 설교를 듣고 나는 처음으로 엘리야의 이야기를 우리의 존재 전

체에 관심을 갖고 하나님을 보여 주는 이야기로 보게 되었다.

6. RB 8.1: Timothy Fry 편집, *The Rule of St. Benedict in English* (Collegeville, MN: Liturgical Press, 1981), 38을 보라.

7. William C. Dement, *The Promise of Sleep* (New York: Dell, 2000), 263.

8. Dorothy C. Bass, *Receiving the Day* (San Francisco: Jossey-Bass, 2001), 33.

9. Tim Loerh, Tony Schwartz, *The Power of Full Engagement* (New York: Free Press, 2003), 61에 인용. 짐 로어, 토니 슈워츠, 《몸과 영혼의 에너지 발전소》(한언 역간).

10. The Order of Saint Benedict, *The Rule of Benedict, English*, 2003, http://www.osb.org/rb/text/rbemjo2.html (accessed February 16, 2011).

11. R. Paul Stevens, Alvin Ung, *Taking Your Soul to Work: Overcoming the Nine Deadly Sins of the Workplace* (Grand Rapids: Eerdmans, 2010), 34. 폴 스티븐스, 앨빈 웅, 《일 삶 구원》(IVP 역간).

12. D. Martin Lloyd-Jones, *Studies in the Sermon on the Mount* (Grand Rapids: Eerdmans, 1960), 2:38. 마틴 로이드 존스, 《산상설교》(베드로서원 역간). 그는 이렇게 말했다. "올바로 이해된 금식은 …… 음식과 물에만 국한되지 말아야 한다. 뭐든 그 자체로는 합당한 것을 특별한 영적 목적을 위해 삼가는 것은 다 금식이다. 옳고 정상적이며 완벽히 합당하지만 특정한 상황에서 특정한 목적을 위해 절제해야 하는 육체적 기능들이 많다. 그 기능들을 절제하는 것이 금식이다."

13. Richard J. Foster, *Celebration of Discipline: The Path to Spiritual Growth* (San Francisco: Harper and Row, 1978), 66. 리처드 포스터, 《영적 훈련과 성장》(생명의말씀사 역간).

14. Debra K. Farrington, *Living Faith Day By Day* (New York: Perigee, 2000), 180.

15. Gerald G. May, *Addiction and Grace: Love and Spirituality in the Healing of Addictions* (San Francisco: HarperSanFrancisco, 1988), 21-27. 제럴드 메이, 《중독과 은혜》(IVP 역간).

16. Kathleen Norris, *The Quotidian Mysteries: Laundry, Liturgy and "Women's Work"* (Mahwah, NJ: Paulist Press, 1998), cited in Bass, Receiving, 32.

17. Parker J. Palmer, *Let Your Life Speak: Listening to the Voice of Your Vocation* (San Francisco: Jossey-Bass, 2001), 30. 파커 파머, 《삶이 내게 말을 걸어올 때》(한문화 역간).

11장

1. 〈워싱턴 포스트〉(*Washington Post*)지는 사람들이 정말 아름다운 것을 듣기 위해 발걸음을 멈추는지 그냥 바빠 지나가는지를 보기 위해 몰래카메라 실험을 했다.

2. Ronald Rolheiser, *The Holy Longing: The Search for a Christian Spirituality* (New York:

Doubleday, 1999), 60-61.

3. 같은 책, 67.

4. Ronald Rolheiser, *Forgotten Among the Lilies: Learning to Live Beyond Our Fears* (New York: Doubleday, 2005), 115.

5. 예수님 당시의 결혼식은 대개 2-3일 동안 치러졌고, 일주일까지 가는 경우도 있었다.

6. Gerard Manley Hopkins, "As Kingfishers Catch Fire," *Poems of Gerard Manley Hopkins* (London: Humphrey Milford, 1918).

7. 놀이의 '유익'이 놀이 자체보다 중요해지면 그것은 더 이상 놀이가 아니라고 볼 수 있다. Stuart Brown, MD와 Christopher Vaughan, *Play: How It Shapes the Brain, Opens the Imagination, and Invigorates the Soul* (New York: Penguin, 2009), 17. 스튜어트 브라운, 크리스토퍼 본, 《플레이, 즐거움의 발견》(흐름출판 역간).

8. Os Guinness, *The Call: Finding and Fulfilling the Central Purpose of Your Life* (Nashville: Thomas Nelson, 1998), 190. 오스 기니스, 《소명》(IVP 역간).

9. 기질이 다른 사람들에게는 경쟁적인 보트 타기나 스포츠가 놀이로 적합할 수 있다.

10. Brown, Vaughan, *Play*, 59-60. 스튜어트 브라운, 크리스토퍼 본, 《플레이, 즐거움의 발견》(흐름출판 역간).

11. 같은 책, 33-34. 스튜어트 브라운, 크리스토퍼 본, 《플레이, 즐거움의 발견》(흐름출판 역간).

12. C. S. Lewis, *Surprised by Joy: The Shape of My Early Life* (London: Collins, 1955), 7-8. C. S. 루이스, 《예기치 못한 기쁨》(홍성사 역간).

13. Brown, Vaughan, *Play*, 177. 스튜어트 브라운, 크리스토퍼 본, 《플레이, 즐거움의 발견》(흐름출판 역간).

14. William A. Barry and William J. Connolly, *The Practice of Spiritual Direction* (New York: HarperCollins, 1986), 49.

15. 같은 책, 50.

16. I am drawing this insight from William A. Barry, *A Friendship Like No Other: Experiencing God's Amazing Grace* (Chicago: Loyola University Press, 2008), 33-34.

12장

1. Os Guinness, *The Call: Finding and Fulfilling the Central Purpose of Your Life* (Nashville: Thomas Nelson, 1998), 132. 오스 기니스, 《소명》(IVP 역간).

2. 이것은 다음 글을 조금 바꾼 것이다. "그리스도인의 삶에서는 세 가지 회심이 필요하다.

마음, 정신, 지갑의 회심이 그것이다." Richard J. Foster, *Money, Sex, and Power: The Challenge of the Disciplined Life* (San Francisco: Harper and Row, 1985), 19. 리차드 포스터, 《돈 섹스 권력》(두란노 역간).

3. 빅터 셰퍼드(Victor Sheperd) 목사의 말을 조금 바꿔서 차용했다.
4. 그때 그들의 삶의 만족도는 약 55개 국가의 대학생 표본 집단과 동일했다.
5. Bill McKibben, *Deep Economy: The Wealth of Communities and the Durable Future* (New York: Times Books, 2007), 41-42.
6. Dave Denison, "Watching the Rich Give," *New York Times Magazine*, 2008년 3월 9일자, 2010년 7월 10일에 확인, http://www.nytimes.com/2008/03/09/magazine/09wwlnidealab-t.html.
7. 이스라엘에는 세 가지 십일조가 있었고, 그중 하나는 3년마다 한 번씩 드리는 십일조였다. 따라서 이 사람들은 매년 수입의 약 23퍼센트를 하나님께 드렸다. 하나님의 백성들은 포로 생활 중에 있을 때 바사(페르시아)에 무거운 세금을 바쳐야 했다.
8. 비례적 드림에 대해 더 알고 싶다면 Ronald Sider의 *Rich Christians in an Age of Hunger* (Nashville: Thomas Nelson, 2005)를 보라. 로날드 사이더, 《가난한 시대를 사는 부유한 그리스도인》(IVP 역간).
9. 또한 웨슬리는 거의 평생 혼자 살았고 한 명의 자식도 없었다. 만약 부양할 가족이 있었다면 그의 수칙은 어느 정도 바뀌었을 것이다. Richard J. Foster, *Freedom of Simplicity* (New York: HarperCollins, 1981), 131을 보라.
10. 같은 책, 145.
11. James Martin, *The Jesuit Guide to (Almost) Everything: A Spirituality for Real Life* (San Francisco: HarperOne, 2010), 179.
12. John Chrysostom, *On Wealth and Poverty* (New York: St. Vladimir's Seminary Press, 1999), 46-47.

-------- 5부

13장

1. James Martin, *The Jesuit Guide to (Almost) Everything* (San Francisco: HarperOne, 2010), 372.
2. 같은 책, 372.
3. Joan Chittister, *Wisdom Distilled from the Daily* (San Francisco: HarperSanFrancisco, 1990), 84.

4. Dallas Willard, *The Divine Conspiracy* (San Francisco: Harper-SanFrancisco, 1998), 285. 달라스 윌라드, 《하나님의 모략》(복있는사람 역간).

5. Mayeul de Dreuille, *The Rule of Saint Benedict: A Commentary in Light of World Ascetic Traditions* (New York: Newman Press, 2000), 236.

6. Columba Stewart, *Cassian the Monk* (New York: Oxford University Press, 1998), 113. 미셸 산체스가 고든콘웰신학교 시절 쓴 출간되지 않은 논문을 참고했다.

7. Nigel Thrift, "Vivo Voco: Ringing the Changes in the Historical Geography of Time Consciousness", Michael Dunlop Young and Tom Schuller, *The Rhythms of Society* (New York: Taylor and Francis, 1988), 75.

8. Paul Stevens, Alvin Ung, *Taking Your Soul to Work* (Grand Rapids: Eerdmans, 2010), 124. 폴 스티븐스, 앨빈 웅, 《일 삶 구원》(IVP 역간).

9. Jean Francois-Millet, *The Angelus*, ca. 1857-59, oil on canvas, 55.5 x 66 cm, the Musee d'Orsay, Paris.

10. Wikipedia, "Brother Lawrence," 2011년 7월 17일에 확인, http://en.wikipedia.org/wiki/Brother_Lawrence.

11. 베네딕토 시대에는 노예가 흔했지만 수도원은 노예를 부리기를 거부했다. 베네딕토는 수도원이 부당한 노동으로 "이익을 얻는" 것을 금했다. 앞서 말했듯이 수도원에서는 노예에서 왕족까지 이전의 신분에 상관없이 모두가 육체노동을 했다. 귀족의 자녀가 농노의 자녀와 나란히 일했다. 어떤 계급의 사람들도 남들보다 과중한 노동에 시달리지 않았다.

12. Dennis L. Okholm, *Monk Habits for Everyday People: Benedictine Spirituality for Protestants* (Grand Rapids: Brazos, 2007), 92.

13. RB: 1. Timothy Fry 편집, *The Rule of St. Benedict in English* (Collegeville, MN: Liturgical Press, 1981), 20-21.

14. Parker Palmer, *Let Your Life Speak* (San Francisco: Jossey-Bass, 2000), 45-46. 파커 파머, 《삶이 내게 말을 걸어올 때》(한문화 역간).

15. Fry 편집, *Rule of St. Benedict*, 20-21.

14장

1. Jeffery Jones, "Christian Students More Willing to Help Katrina Victims," *Preaching Today*, 2012년 5월 2일에 확인, http://www.preachingtoday.com/illustrations/2006/march/4032706.html.

2. 릭 와츠(Rikk Watts)가 2011년 밴쿠버 텐스교회에서 전한 강의를 요약한 것.

3. Phillip E. Johnson, *Darwin on Trial* (Downers Grove, IL: Inter-Varsity Press, 1991), 144. 필립 E. 존슨, 《심판대의 다윈》(까치 역간).

4. Thomas Cahill, *How the Irish Saved Civilization* (New York: Doubleday, 1995), 148.

5. Elizabeth Skoglund, *Amma: The Life and Words of Amy Carmichael* (Grand Rapids: Baker, 1999), 72-73.

6. 물론 이것을 정확히 어떻게 해석해야 하는지에 관해서는 신학자들마다 의견이 다르다.

7. Richard Stearns, *The Hole in Our Gospel* (Nashville: Thomas Nelson, 2009), 14. 리처드 스턴스, 《구멍 난 복음》(홍성사 역간).

8. 누가복음 10장의 마리아와 마르다 이야기를 바탕으로 한 이 통찰에 대해 나의 옛 은사 해돈 로빈슨 교수에게 감사한다.

9. Scott A. Bessenecke 편집, *Living Mission: The Vision and Voices of New Friars* (Downers Grove, IL: InterVarsity Press, 2010), 28.

10. 같은 책, 108.

11. Mike Yankoski, Danae Yankoski, *Zealous Love* (Grand Rapids: Zondervan), 27-29.

12. 2009년 6월 14일 대릴 존슨이 텐스애비뉴연합교회(Tenth Avenue Alliance Church)에서 전한 설교.

13. 〈밴쿠버 선〉 기사에서 언급하지는 않았지만 그는 예수님을 영접했다.

14. N. T. Wright, *Surprised by Hope* (New York: HarperOne, 2007), 193. 톰 라이트, 《마침내 드러난 하나님 나라》(IVP 역간).

15. 같은 책, 208. 톰 라이트, 《마침내 드러난 하나님 나라》(IVP 역간).

15장

1. Gordon Smith, *Beginning Well: Christian Conversion and Authentic Transformation* (Downers Grove, IL: InterVarsity Press, 2001), 89. 고든 스미스, 《온전한 회심 그 7가지 얼굴》 (CUP 역간).

2. Bryant L. Myers, *Walking with the Poor* (Maryknoll, NY: Orbis, 1999), 212-214.

3. Elton Trueblood, *Confronting Christ* (Waco, TX: Word, 1960), 12.

감사의 말

18세기 역사가 에드워드 기번(Edward Gibbon)은 자신의 첫 책을 이런 글로 시작했다. "배운 바도 없고 사고의 습관도 기르지 못했으며 작문 실력도 일천한 내가 글을 쓰기로 결심했다." 내가 바로 그렇다. 그래서 많은 사람들의 도움과 아이디어, 격려가 아니면 이 책이 탄생하지 못했을 것이라는 점을 통감하고 있다.

이 책의 씨앗이 된 아일랜드 순례로 나를 초대하고, 나 자신도 믿지 못하는 나의 목소리를 먼저 믿어 주고 글로 옮기게 격려해 준 레이튼에게 감사한다.

다네 얀코스키(Danae Yankoski)가 처음부터 협력을 약속해 줬기 때문에 나는 강둑에서 강물로 몸을 던져 헤엄을 칠 수 있었다.

글을 향한 제이콥 버마(Jacob Buurma)의 열정 덕분에 적절한 단어들을 찾을 수 있었다. 사라 창(Sarah Tsang)의 날카로운 관찰 덕분에 하나님과 함께하는 삶을 더 깊이 돌아볼 수 있었다.

내 설교와 글을 늘 날카롭게 분석해 주는 제이드 할로우니아(Jade Holownia)에게 큰 빚을 졌다.

나보다 앞서 가서 묵상의 길을 개척해 준 피터(Peter)와 제리 스카지로(Geri Scazzero) 부부에게 감사한다.

마크 부캐넌의 은혜와 영성은 내 돛을 가득 채우는 강한 바람이다.

고든 스미스는 내게 엄하고도 지혜로운 일본 선생님과도 같았다. 감사하다.

피터 미트햄(Peter Mitham)의 정확함은 언제나 내게 명료함을 선사한다.

이 책의 개념에 관한 내 사고를 자극하고 피드백을 해 준 롭 데스 코테스(Rob Des Cotes), 앨빈 웅, 대럴 존슨(Darrell Johnson), 웨이먼(Wayman)과 페니 크로스비(Penny Crosby) 부부, 댄 매데슨(Dan Matheson), 리 코사(Lee Kosa), 샘 리마(Sam Rima), 엘리자베스 아처 클레인(Elizabeth Archer-Klein), 크리스 우드헐(Chris Woodhull), 에릭 테일러(Eric Taylor), 에디 드완(Edie Dwan), 앨리슨 바풋(Allison Barfoot), 제임스 피터슨(James Peterson), 밈 위켓(Mim Wickett), 수잔 필립스(Susan Phillips), 브루스 힌드마시(Bruce Hindmarsh), 제임스 휴스턴(James Houston), 폴 스티븐스(Paul Stevens), 찰스 링마(Charles Ringma), 라일 도셋(Lyle Dorsett), 제프 레이머(Jeff Reimer), 앤 마리 엘리소프(Anne-Marie Ellithorpe), 수지 웰치(Suzy Welch), 메리케이트 모스(MaryKate Morse), 스콧 깁슨(Scott Gibson)에게 감사한다.

이 책의 내용을 늘 실천하며 살고 있는 미셸 산체스(Michelle Sanchez), 조나단 마이크스(Jonathan Mikes), 스티븐 탠(Stephen Tan), 조시 무디(Josh Moody), 조엘 해슬러(Joelle Hassler), 크리스 킴(Chris Kim), 제이콥 버마, 웬디 데어(Wendy Der)에게 감사한다.

자기 삶에서 이 개념을 실험해 준 우리 생활 수칙 소그룹 식구들인 스티븐(Stephen)과 게일 청(Gail Cheung) 부부, 매리언 드 기어(Marian de Gier; 이 책의 격자 구조물 그림 원본을 그려준 화가), 셜리 하니스(Shirley Harness), 조나단 헬무스(Jonathan Helmus), 데이비드 리(David Lee)와 그레이스 김(Grace Kim) 부부, 켄 메어(Ken Mair), 브리티니 포우셋(Brittany Pousett), 제니퍼 서(Jennifer Seo), 제시카 툰(Jessica Toon), 빅터 웡(Victor Wong), 리처드 웨일랜드(Richard Weiland), 질(Gil)과 준 양(June Yeung) 부부에게 감사한다.

이 책의 비전을 늘 지지해 준 내 조수 수 리마(Sue Rima)에게 감사한다. 이 책 출간의 세부적인 부분을 챙겨준 이들린(Edlyn)에게 감사한다.

여기서 일일이 다 언급할 수는 없지만 텐스교회의 목회 팀과 지인 팀, 장로님과 집사님들에게 감사한다.

라이언 파즈두어(Ryan Pazdur), 앤드류 로저스(Andrew Rogers), 그렉 클로우스(Greg Clouse)를 비롯한 존더반 출판사 팀과의 협력은 내내 즐거웠다. 이들의 전문성과 배려 덕분에 이 책을 적정한 분량으로 가지치기하는 과정이 생각만큼 고통스럽지는 않았다.

변함없는 사랑과 기도로 응원해 주시는 아버지와 어머니에게 감사한다. 늘 동생에게 평범하지 않은 상식을 알려 주는 리(Rie)에게 감사한다. 형제 테츠로(Tetsuro)의 솔직함과 창의성은 내게 한없이 귀한 선물이다. 여동생들인 세츠(Setsu)와 하나(Hana)가 우리 가족을 늘 하나로 묶어 주니 얼마나 감사한지 모른다.

자원해서 내 비서 역할을 해 주는 겐 닉슨(Ken Nixon)은 변함없이 내 곁을 지켜 주는 좋은 친구다. 그의 후함은 도무지 끝이 어딘지 모르겠다.

내게 마음과 집의 문을 열어 준 처가 식구들에게 감사한다. 덕분에 시차로 피곤한 중에서도 이른 아침에 글을 쓸 수 있었다.

물론 내 평생의 사랑 사키코를 빼놓을 수 없다. 이 비전을 믿어 주고 날카로운 통찰로 지원해 준 아내에게 감사한다. 아들 조이에게서 하나님을 본다. 아들이 자라면서 모든 일에서 하나님을 알게 되기를 간절히 소망한다.

무엇보다도 하나님께 감사한다. 하나님은 이 책을 쓰는 내내, 아니 살아가는 내내 마음이 경이감으로 부풀어 오르게 만드신다. "어찌 저 같은 자에게 이토록 아낌없는 사랑을 부어 주십니까? 제가 어떤 인간인 줄 잘 아시지 않습니까?"

> 여호와여 영광을 우리에게 돌리지 마옵소서
> 우리에게 돌리지 마옵소서
> 오직 주는 인자하시고 진실하시므로
> 주의 이름에만 영광을 돌리소서
>
> (시 115:1).